Gestalt-terapia integrada

Dados Internacionais de Catalogação na Publicação (CIP)
(Câmara Brasileira do Livro, SP, Brasil)

Polster, Erving
  Gestalt-terapia integrada / Erving Polster, Miriam Polster;
[tradução de Sonia Augusto]. – São Paulo : Summus, 2001.

  Título original: Gestalt therapy integrated
  Bibliografia
  ISBN 978-85-323-0759-0

  1. Gestalt (Psicologia) 2. Gestalt-terapia 3. Psicoterapia
I. Polster, Miriam. II. Título.

                                              CDD-616.89143
01-455   NLM-WM 420

          Índice para catálogo sistemático:

          1. Gestalt: Psicoterapia: Medicina 616.89143

Compre em lugar de fotocopiar.
Cada real que você dá por um livro recompensa seus autores
e os convida a produzir mais sobre o tema;
incentiva seus editores a encomendar, traduzir e publicar
outras obras sobre o assunto;
e paga aos livreiros por estocar e levar até você livros
para a sua informação e o seu entretenimento.
Cada real que você dá pela fotocópia não autorizada de um livro
financia o crime
e ajuda a matar a produção intelectual de seu país.

Gestalt-terapia integrada

Erving e Miriam Polster

summus
editorial

Do original em língua inglesa
GESTALT THERAPY INTEGRATED
Copyright © 1973 by Erving e Miriam Polster
Direitos desta tradução adquiridos por Summus Editorial

Tradução: **Sonia Augusto**
Revisão técnica: **Rosane Bernardini**
Capa: **Tereza Yamashita**
Editoração: **Join Bureau**

Summus Editorial
Departamento editorial
Rua Itapirucu, 613 – 7º andar
05006-000 – São Paulo – SP
Fone: (11) 3872-3322
http://www.summus.com.br
e-mail: summus@summus.com.br

Atendimento ao consumidor
Summus Editorial
Fone: (11) 3865-9890

Vendas por atacado
Fone: (11) 3873-8638
email: vendas@summus.com.br

Impresso no Brasil

Para
Isadore From
mestre e amigo

Em pouco tempo ele estava respirando suavemente a não-geografia de estar perdido. Ele provou o elixir de estar perdido, quando qualquer coisa que aconteça é necessariamente surpresa. Não conseguia mais achar nenhum sentido em suas próprias coisas essenciais (isso nunca o havia deixado feliz); podia senti-las escapando; no entanto, não se agarrou desesperadamente a elas. Em vez disso, tocou seu corpo e olhou ao redor e sentiu: "Aqui estou e agora", e não entrou em pânico.

Paul Goodman, *The Empire City*

Sumário

Apresentação à edição brasileira 9

Introdução 13

Prefácio 17

1 O *ethos* do agora 19
  Novas perspectivas teóricas 22
  O poder está no presente 25
  A experiência é o mais importante 30
  O terapeuta é seu próprio instrumento 35
  A terapia é boa demais para ficar limitada aos doentes..... 40

2 A figura viva 45
  Background da experiência........................... 46
  Acessibilidade do fundo.............................. 61

3 Resistência e além dela............................. 67
  Composição.. 72

4 O comércio da resistência........................... 85
  Introjeção... 86
  Projeção.. 92
  Retroflexão... 96
  Deflexão.. 102
  Confluência... 105

5 A fronteira de contato 111
  Contato... 112
  Fronteiras do eu 120
  Fronteiras do corpo................................. 127

Fronteiras de valor 129
Fronteiras de familiaridade 130
Fronteiras expressivas. 132
Fronteiras de exposição 134

6   As funções de contato 139
Olhar 142
Ouvir 148
Tocar 152
Falar 155
Mover-se 166
Cheirar e provar 175

7   Episódios de contato 181
Sintaxe 182
Representatividade 191
Recorrência 200
Outras influências nos episódios de contato 202

8   *Awareness* 213
Sensações e ações 218
Sentimentos 227
Desejos 232
Valores e avaliações 234

9   Experimento 237
Representação 241
Comportamento dirigido. 254
Fantasia 257
Sonhos 267
Lição de casa 279

10   Além do um a um 287
Hot seat 287
Hot seat móvel 289
Grupos naturais 293
Planejamento de grupos grandes 302
Casais e famílias 306

A   Algumas influências teóricas na gestalt-terapia 313

B   Encontro de grande grupo e seminário
Universidade Case-Western Reserve
Sessão 2 – 6 de abril de 1971 319
Tornando-se conhecido 319

Apresentação à edição brasileira

Gestalt-terapia integrada, primeiro livro escrito pelo casal Polster, é indubitavelmente leitura indispensável para quem deseja conhecer o que é a gestalt-terapia e se aprofundar em seus conceitos. Publicado em 1973, esse livro nasceu de uma série de palestras proferidas por Erving no Gestalt Institute of Cleveland durante os anos 1960 e das discussões gravadas entre Miriam e Erving sobre suas idéias a respeito da gestalt-terapia. Escrito a quatro mãos, retrata o estilo pessoal do casal, numa linguagem simples, direta e próxima do cotidiano, superando os clichês da época.

A motivação para escrevê-lo, segundo Erving, veio da necessidade de maior integração e desenvolvimento dos conceitos da abordagem gestáltica, pois naqueles dias a gestalt-terapia estava numa fase antiintelectual que conduzia a uma considerável desorganização teórica. Erving e Miriam concretizam brilhantemente nesse livro uma interconexão coerente dos vários conceitos gestálticos e, o que é mais precioso, estabelecem uma ligação entre a teoria e a prática por meio dos inúmeros exemplos clínicos apresentados, preenchendo uma lacuna existente até então nas publicações sobre a gestalt-terapia.

Esse livro marca o início de 25 anos de colaboração profissional entre Erving e Miriam, escrevendo livros, artigos e trabalhando em treinamentos em gestalt-terapia. Apesar de terem estilos expressivos diferentes, Erving mais efusivo e irreverente enquanto Miriam revela uma extrema dignidade e precisão de linguagem, ambos mostram uma afinidade e uma clara concordância ao escrever suas idéias, o que também é plenamente visível em seus treinamentos e no contato pessoal com o casal.

Miriam é uma terapeuta e professora brilhante, clara e objetiva em suas exposições teóricas, delicada e charmosa no contato humano. Seu trabalho é detalhista, envolvente, calmo e gentil. Erving é hábil em transformar as velhas idéias em experiências inéditas e em comunicar uma irresistível fascinação pela teoria da gestalt-terapia. Isso se evidencia em sua forma de ensinar e trabalhar, marcada tanto pelo seu característico humor e seu estilo provocativo, quanto pelo profundo comprometimento nas experiências com o outro.

Ao longo dos anos que trabalharam juntos o casal construiu uma história profissional competente, criativa e extremamente humana, iniciada no Gestalt Institute of Cleveland, fundado por Erving em 1953, onde permaneceu com Miriam trabalhando e ensinando até 1973. Naquele ano, logo após a publicação desse livro, mudaram para a Califórnia. Lá, em San Diego, criaram o Gestalt Training Center — San Diego, que se transformou num dos centros formadores de gestalt-terapeutas mais famosos e procurados de todo o mundo. Profissionais vindos de vários países freqüentaram os cursos oferecidos e coordenados por Erving e Miriam durante as últimas décadas, levando consigo uma bagagem conceitual e vivencial desenvolvida de forma profunda, inteligente e, mais do que isto, o aprendizado de uma postura humanista, acolhedora e amorosa sempre presente em ambos.

Introduzidos na gestalt-terapia por Fritz e Laura Perls, Erving e Miriam Polster pertencem à primeiríssima geração de gestalt-terapeutas americanos, respeitados pela comunidade americana e internacional como eminentes teóricos da gestalt-terapia, psicoterapeutas e formadores, tendo sido oficialmente reconhecidos e homenageados por sua importante contribuição para o desenvolvimento da gestalt-terapia na Conferência Internacional de Gestalt, carinhosa e significativamente denominada de "O coração e a alma da gestalt-terapia", realizada pelo *Gestalt Journal*, em agosto de 2000, em Montreal, Canadá.

Em 1999 anunciaram seu afastamento progressivo das atividades profissionais, deixando a direção do Centro de Treinamento e participando apenas parcialmente das atividades. Erving, numa breve despedida em seu último grupo de treinamento em La Jolla, em 1999, fala emocionado do que considera ser seu maior legado: "Para todos, desejo apenas que usem sua sabedoria pessoal e que amem trabalhar com as pessoas com quem estão trabalhando, como eu amo trabalhar com as pessoas com quem trabalho. Se forem verdadeiramente gentis e amorosos, então não há com que se preocupar a respeito do que vão dizer, pois as palavras nascerão deste espaço existencial dentro de vocês".

São as palavras de um "velho terapeuta" que em sua sabedoria deixa os conceitos como fundo e permite que sua humanidade flua no contato com seu cliente.

Essa integração entre o conhecimento teórico e a sabedoria pessoal nos é revelada nas páginas desse livro, o primeiro de uma profícua produção teórica que se seguiu, por meio da publicação de outros livros e artigos.

No *Gestalt-Terapia integrada*, conceitos importantes da gestalt-terapia, como contato, *awareness* e a utilização de experimentos são amplamente explorados, aprofundados e trazidos às relações cotidianas e à prática clínica, mostrando claramente a linguagem terapêutica e a relação fluida e criativa entre cliente e terapeuta. Uma visão saudável do conceito de resistência é acrescido a uma detalhada discussão sobre as diversas formas de contato, saudáveis e não-saudáveis. Há um nítido desenvolvimento e aprofundamento dos conceitos da gestalt-terapia existentes até então e novos conceitos são criados, baseados em reflexões a partir da prática clínica.

Esse livro foi uma de minhas primeiras leituras sobre gestalt-terapia, no início dos anos, 1980 quando iniciava minha formação, sendo grande nutridor de minha paixão pela abordagem. Desde então sempre me acompanha, principalmente nas atividades de ensino e supervisão aos alunos do curso de formação em gestalt-terapia. Hoje, ao revisar a presente edição, ainda me parece surpreendente, novo e extremamente rico. É um grande presente podermos tê-lo novamente disponível para todos os estudantes e gestalt-terapeutas brasileiros, num momento em que a gestalt-terapia cresce em nosso país encantando as gerações atuais, como nos velhos tempos.

Para os que estão ensinando gestalt-terapia, este livro é indispensável por conter, de forma unificada e inovadora, muitos dos conceitos necessários à formação do gestalt-terapeuta.

Para os que estão iniciando na gestalt-terapia, é uma fonte de fácil leitura sem prejuízo da precisão conceitual.

Para todos, sempre aprendizes desta arte, este livro é guia e companheiro de reflexões, abrindo possibilidades criativas de uma compreensão mais abrangente da gestalt-terapia.

Rosane Granzotto Bernardini
Configuração — Centro de Estudos e Atividades Gestálticas
Florianópolis, agosto de 2001

Introdução

Nossa sociedade está testemunhando uma luta contínua entre as forças do humanismo e as forças da alienação e desumanização. A gestalt-terapia, uma força importante nessa luta, tem desenvolvido e apresentado seu método de crescimento pessoal mediante duas vertentes. Uma é pelo trabalho voltado para a liberação das questões inacabadas *psicopatológicas*. A outra direção é pelo seu apoio para catalisar e nutrir o *potencial humano* não realizado ou pouco desenvolvido. Numerosos gestaltistas têm se dedicado, como profissionais de saúde mental, especialistas e humanistas, a esforços dirigidos para expandir a teoria e as técnicas da gestalt-terapia, seguindo a liderança e o estímulo de Fritz Perls, o gênio que a desenvolveu e seu principal proponente. Os autores dessa contribuição ao crescente corpo de publicações sobre a gestalt-terapia, Erving e Miriam Polster, trouxeram sua sagacidade e suas experiências clínicas para a tarefa de ampliar criativamente a compreensão da gestalt-terapia por parte de profissionais, tanto de áreas relacionadas como outros estudantes interessados em saúde mental e no movimento de crescimento.

Em qualquer campo, uma nova luz exige abertura para rever teorias e práticas mantidas por muito tempo, e implica um possível abandono — ou, pelo menos, a revisão — de teorias populares no momento. A gestalt-terapia é tanto um caminho quanto um desafio para suposições psiquiátricas e psicanalíticas mantidas há muito tempo, embora certamente não para todas. Observamos aqui que esses autores felizmente não "jogaram o bebê junto com a água do banho". Eles enfatizam reiteradamente a importância da orientação teórica entre os terapeutas, de modo que os atuais métodos de "ação" se tornem mais do que truques mágicos, imitação ou supersimplificações loquazes. Eles também reconhecem seus antecessores ao dizer: "A energia integradora da psicanálise em nosso desenvolvimento social durante a primeira metade deste século é bem conhecida e impressionante. Ela é a base sobre a qual todos os teóricos da psicoterapia fizeram suas construções". No movimento inevitável a partir da base psicanalítica, eles vêem a gestalt-terapia como uma força integradora importante no desenvolvimento social contemporâneo. Os autores travam uma luta bastante eloqüente com os paradoxos inerentes a suas discordâncias em relação a Freud — especialmente quando elaboram sua visão de *significado*, comparando-a com a visão dos freudianos. Eles retratam a busca de significado como um reflexo humano, mas também mostram como a *compulsão* pelo significado pode encobrir a própria experiência.

Nos últimos anos, a gestalt-terapia muitas vezes tem sido mencionada junto com a terapia do comportamento, com a análise transacional e com o movimento de encontro. Englobar esses novos desenvolvimentos num só não tem sido útil para nenhum deles, e tem causado uma aura de mistério e confusão, a qual tem atraído alguns, mas também repelido estudantes e profissionais sérios no campo da psicoterapia.

A gestalt-terapia de hoje — conforme desenvolvida por Perls, com base no trabalho de Köhler — é reconhecida como uma força importante na corrente das influências de vanguarda nas abordagens psicoterapêuticas. À medida que cada vez mais técnicas de gestalt são entendidas e usadas com sucesso em intervenções psicoterapêuticas com indivíduos, casais e grupos perturbados por "questões pendentes" e com um excesso de introjeções psicopatológicas, existe um aumento na demanda por uma articulação dos princípios da gestalt-terapia que seja de pronto compreensível e relevante para as necessidades da terapia atual. Os autores responderam a essa demanda de um modo adequado, erudito e ao mesmo tempo clinicamente abrangente e prático. Os conceitos da gestalt que precisaram ser definidos mais claramente e são mais elaborados neste livro incluem a capacidade de estabelecer contato, a resolução de polaridades, os experimentos comportamentais e o desfazer de introjeções incapacitantes ou que retardem o crescimento. Além disso, eles mostram como a gestalt-terapia — uma terapia orientada para a ação — evoca um novo tipo de envolvimento criativo e fluente por parte do *terapeuta* e também do paciente.

Os autores de *Gestalt-terapia integrada*, como o próprio Perls, não apresentam a gestalt-terapia em termos de alegria instantânea, de *awareness* sensorial instantânea ou de cura instantânea. Está claro que eles concordam com a afirmação de Perls em sua introdução a *Gestalt therapy verbatim*: "O processo de crescimento é um processo demorado. Não podemos apenas estalar os dedos e dizer: 'Venha, vamos ser felizes!'. Gestalt-terapia... não é nenhum atalho mágico. Você não precisa se deitar num divã ou ficar num templo de meditação zen durante vinte ou trinta anos, mas tem de se empenhar na terapia; e crescer leva tempo".

Este livro é provocativo e também oportuno, inserindo seus princípios e as ramificações destes no cenário contemporâneo no qual a gestalt-terapia deve ser experimentada e entendida. Os autores dizem, por exemplo: "Como é inevitável que as perspectivas mudem, a integração teórica precisa incluir o novo espírito que essas perspectivas reflitam e criem. Algumas das novas perspectivas mais persuasivas, que formam os alicerces para a gestalt-terapia — e sem dúvida para uma grande parte do movimento humanista — , são as seguintes: 1) o poder está no presente; 2) a experiência é o mais importante; 3) o terapeuta é seu próprio instrumento; e 4) a terapia é boa demais para ficar limitada aos doentes".

Os autores não perpetuam a rigidez dos que de forma literal permitem apenas ou exclusivamente os dados do aqui-e-agora e consideram tudo o mais como mero "falar sobre" ou "arqueologia". Em vez disso, apresentam uma visão da experiência do aqui-e-agora que amplia a experiência da gestalt-terapia de modo a incluir preocupações humanas comuns que seriam excluídas por uma visão estreita do aqui-e-agora.

Erving Polster faz parte do grupo da segunda geração de gestaltistas (incluindo-se, entre outros, Joen Fagen, Abraham Levitsky, Irma

15

Sheperd e James Simkin) que aprenderam com o trabalho de Fritz e Laura Perls, e o desenvolveram e o refinaram ainda mais. Ele e a co-autora, Miriam Polster, estão bem equipados para nos trazer uma visão unificada da gestalt-terapia, e também das possibilidades de integrá-la tanto internamente quanto com as variedades em geral mais usadas de psicoterapia de orientação analítica com indivíduos, famílias e grupos. Seus *workshops* de gestalt-terapia têm atraído muitos estudantes, incluindo profissionais experientes e novatos.

Nota-se um ponto de vista oportuno, acadêmico, holístico e humanista que se expressa por todo este livro. Isso combina comigo, especialmente porque tenho divulgado ativamente visões semelhantes durante muitos anos, não apenas na terapia individual, de casais e de grupo, mas também em muitas áreas da psiquiatria da comunidade.

Fica óbvio, para o participante sério no desenvolvimento de novas e melhores abordagens na psicoterapia, que a gestalt-terapia não é um modismo, porém ocupa um lugar importante no repertório crescente de maneiras valiosas para enfraquecer a psicopatologia e promover o crescimento.

Antevejo uma ampla aceitação deste volume entre psicoterapeutas das mais diversas formações.

Milton M. Berger
Diretor de Educação e Treinamento
Centro Psiquiátrico de South Beach
Nova York

Prefácio

O objetivo principal deste livro é transmitir a essência e o alcance da gestalt-terapia numa unidade coerente, integrando as perspectivas teóricas e as escolhas terapêuticas abertas ao gestaltista. Para tanto, apresentamos os fundamentos da gestalt-terapia bem como desenvolvemos novos conceitos, além de reformular alguns conceitos familiares. Tentamos evocar um senso de novas dimensões na gestalt-terapia que abranja o ritmo entre a razão e a empolgação, a humanidade e a técnica, os horizontes pessoais e a universalidade.

Esperamos que este livro traga um estímulo para que os profissionais das artes psicológicas, que estejam a ponto de reconhecer e experimentar os métodos da gestalt, busquem mais experiências e treinamento com a gestalt e explorem pessoalmente o poder e o alcance desses princípios.

Gostaríamos especialmente de agradecer à ativa comunidade de colegas da Faculdade de Treinamento do Instituto Gestalt de Cleveland, que é ainda mais preciosa para nós neste momento em que nos preparamos para deixar Cleveland. Eles têm sido nossos companheiros na busca da ação e da perspectiva gestáltica — alguns deles durante vinte anos. Eles são mais que uma "Faculdade". São: Marjorie

Creelman, Rainette Fantz, Cynthia Harris, Elaine Kepner, Ed Nevis, Sonia Nevis, Bill Warner e Joseph Zinker, aos quais se uniram recentemente Frances Baker e C. Wesley Jackson. Nosso querido colega, Richard Wallen, não integra essa lista em razão de sua morte precoce. Desejamos igualmente testemunhar o trabalho prodigioso de nossa secretária, Harriet-Carole Senturia, cuja eficiência, humor e amabilidade tornaram a comunicação do que desejávamos neste livro o mais agradável possível, não deixando passar nenhum erro ou confusão, e permitindo que um profundo senso de reciprocidade se desenvolvesse entre nós.

E por último — e mais importante — queremos expressar nosso amor por Sarah e Adam, nossos filhos, que alegremente transformaram nossas preocupações em encontros animados pela sua irreverência e perspectiva simples. Sarah editou algumas partes deste livro com um deleite tocante e amoroso, e Adam aceitou os momentos em que não estivemos disponíveis para ele com áspera cortesia e humor. Além disso, inventaram inúmeros títulos estrondosos, muitos dos quais eram impublicáveis ou irrelevantes, mas muito mais divertidos do que o título que acabamos escolhendo.

Erving e Miriam Polster
Cleveland
Março de 1973

1

O *ethos* do agora

Os antigos símbolos estão mortos, e os novos reinam.
Mas é perfeitamente certo que os novos por sua vez
morrerão da mesma doença.

Joyce Cary

As crianças têm uma cantiga que as ajuda a começar a se mover quando isso é importante para elas. Ela diz:

Um para o dinheiro
Dois para o *show*
Três para se aprontar
E quatro para começar!

Neste momento muitas pessoas estão paradas no estágio número três, atoladas em certa era de se aprontar — de preparar-se para acontecimentos que nunca acontecerão ou demorarão tanto para acontecer, que quando ocorrerem as pessoas estarão desgastadas ou já desiludidas. As pessoas suportam um trabalho penoso por causa de duas radiantes semanas de férias — como a luz no final de um túnel longo e escuro. Economizam por toda a vida, prevendo uma aposentadoria tranqüila. Uma seqüência infindável de salas de aula, salas de palestras, igrejas, museus, salas de concerto e bibliotecas prometem ensinar as pessoas a viver. Muitas vezes o próprio ato de aprender nem mesmo é apresentado como um ato de viver, por *direito próprio*.

A vida real irá começar em algum momento no futuro — depois que terminarmos a faculdade, depois de nos casarmos, depois que as crianças crescerem ou, para algumas pessoas, depois de terminar a terapia.

As preparações para o acontecimento real, qualquer que seja ele, são anunciadas diante de uma pessoa que compra ações especulativas para um futuro radiante. Ela paga por felicidade futura ao matar ou negar a presença impactante da sensação presente. Mas há um efeito colateral não desejado dessa negociação, mesmo quando ela chega à terra prometida: o hábito de se afastar da experiência presente a acompanhou até o futuro que finalmente se transformou em seu presente. Agora, quando ela poderia começar a *viver*, segundo os termos de seu contrato com a sociedade, a pessoa ainda se contém! Ela foi ludibriada pelo jogo do "isso-é-bom-para-você".

Está na hora de mudar isso. A força magnética da experiência imediata é difícil de ser afastada, e a promessa do sucesso ou lucro futuro tem de competir com o ímpeto que a sensação e a imediaticidade trazem bem neste instante.

Não faz muito tempo, dava-se pouca atenção à experiência imediata, supondo-se que o envolvimento pessoal enquanto se aprendia perturbava a objetividade essencial para uma conceituação clara. Entretanto, o aprendizado *requer* um senso de imediaticidade pessoal e também uma perspectiva teórica; eles estão inseparavelmente ligados, como uma mão lavando a outra.

Nas atividades psicológicas essa separação também não é mais sustentável. O aparecimento da palavra "relevância" tem se tornado quase um codinome para ligar as coisas na vida, relacionando todas as experiências a alguma questão central que tem uma importância profunda. Até bem pouco tempo, os psicoterapeutas estavam entre os diretores da escola da irrelevância. Metodologias exclusivas e fechadas, combinadas com o modelo médico de doença, mantinham os psicoterapeutas retirados em seus próprios consultórios, isolados do impacto direto da comunidade — quase como o modelo de contágio de uma doença —, expressando suas visões do contexto cultural basicamente por palestras, consultas ou ensaios densos dirigidos sobretudo a colegas. A amplitude de preocupações do psicoterapeuta se expandiu com o advento do existencialismo e o reconhecimento de que os problemas humanos básicos[1] são comuns a todos os seres humanos. As pessoas começaram a se importar não apenas com o fato de estar ou não doentes, mas também com o modo como poderiam exercer seu poder, como poderiam experienciar um senso de pertencer, como poderiam estar atentas a suas necessidades e desejos reais, como criar um ambiente em que as pessoas possam desenvolver novas formas institucionais com foco no casamento, nascimento, morte, perda de um emprego, divórcio, integração familiar e outras preocupações humanas. Além disso, elas trouxeram essas preocupações para sua psicoterapia, esperando encontrar aí algumas respostas e orientações. Então, todas essas questões, ao serem assimiladas ao *ethos* psicoterapêutico, resultaram no desabrochar de uma psicoterapia de orientação humanística.

Bem, as pessoas ficam no ar com a empolgante proliferação de novos comportamentos e valores. Elas estão fascinadas pela vida e renovação possíveis na experiência de primeira mão, *mas não têm uma coesão integradora trazida pela teoria, que possa dar significado e perspectiva para as coisas que elas precisam fazer e sentir.* A teoria e o conhecimento permanecem suspeitos, não por causa de uma falta de valor inerente, mas em razão de seu isolamento histórico diante da ação. Entretanto, sem uma orientação teórica, a ação se torna vulnerável a uma imitação supersimplificada e loquaz — até mesmo ao arremedo e ao uso de manipulação.

Até os anos 1950, a psicanálise era exatamente essa força integradora. Em face de uma sociedade hostil, ela tinha criado um retrato obrigatório da natureza humana, bem como produzido uma nova perspectiva para muitos comportamentos que anteriormente eram em grande parte incompreensíveis. A energia integradora da psicanálise em nosso desenvolvimento social durante a primeira metade deste século é bem conhecida e impressionante. Ela é a base sobre a qual se formaram todos os teóricos de psicoterapia.

Mas Freud protegeu a inviolabilidade de seu ponto de vista; ele era intolerante para com os desvios e suas possibilidades desintegradoras. Para manter a integridade de seu próprio sistema, desconsiderava

---

1. Polster, E. "Encounter in community". In: Burton, A. (ed.) *Encounter*. São Francisco: Jossey–Bass, 1969.

os novos desenvolvimentos teóricos, muito embora tivessem tido origem nas formulações originais que essencialmente haviam sido inspiradas por ele próprio. Ele não estava disposto a permitir que algumas perspectivas brilhantes acrescentassem dimensões a seu sistema, pois experimentava as divergências a seus princípios como ameaças à verdade *real.*

Como essas perspectivas permaneceram vivas — tal qual acontece com qualquer teoria que responda às necessidades da sociedade —, elas se transformaram na base para grande parte do *ethos* contemporâneo. Embora os desvios de Freud tenham tido um impacto menor do que as suas visões, a vitalidade deles não pode passar despercebida.

Novas perspectivas teóricas

É claro que nenhuma teoria tem um monopólio sobre a verdade *real,* mas naqueles primeiros dias, quando a teoria psicanalítica estava sendo formulada pela primeira vez, os que se separavam de Freud tinham tanta dificuldade para tolerar as limitações de seus próprios métodos quanto o próprio Freud. Apesar disso, um teórico, Otto Rank[2] — que se separou de Freud —, foi capaz de transcender o "provincianismo" quando comentou:

> [...] as teorias de psicologia mudam, poder-se-ia quase dizer, como a moda, e são obrigadas a mudar à força para poderem expressar, e também tornar inteligível, o tipo de homem existente, em sua luta dinâmica para manutenção e perpetuação.

Com tal visão, os novos desenvolvimentos teóricos não precisam acostumar-se à autojustificação polêmica e perpétua. Eles podem se parecer a pinturas, que são a expressão da visão que um homem tem da própria experiência; elas são *sua* perspectiva, afinal de contas, mas não devem ser tomadas como a própria vida. As teorias também iluminam nosso caminho. Precisamos delas para ligar nossos compor-

---

2. Rank, O. *Beyond psychology.* Nova York: Dover Pub, 1941.

tamentos e nossas visões, de modo que aquilo que fazemos agora terá sentido para nós e terá alguma continuidade. Mas elas não são a verdade *real*; isto não existe. Hall e Lindzey[3] definem o que é uma teoria:

[...] as teorias não são "dadas" ou predeterminadas pela natureza, por informações estatísticas ou experimentais, ou por qualquer outro processo determinante. Do mesmo modo que as mesmas experiências ou observações podem levar um poeta ou um romancista a criar qualquer uma de múltiplas formas de arte diferentes, também os dados de investigação podem ser incorporados em qualquer um de inúmeros esquemas teóricos diferentes. O teórico escolhe uma opção específica para representar os fatos em que ele está interessado, e ao fazer isso está exercendo uma escolha criativa livre, diferente do artista apenas quanto aos tipos de evidência com que sua fecundidade será julgada.

O fato de muitas pessoas não estarem levando as teorias estabelecidas tão a sério como faziam é um bom sinal. Entretanto, agora elas sentem falta de uma teoria que possa refletir as preocupações práticas. Precisam de caminhos para se orientarem articuladamente a respeito do que elas e seus contemporâneos estão pensando, sentindo e desejando. A gestalt-terapia traz essa orientação. É uma composição criativa que assimila os dissidentes freudianos de um modo quase irreconhecível dentro da perspectiva gestáltica.[4] *Sua premissa principal é que a experiência terapêutica não é meramente um acontecimento preparatório, mas um momento válido per si, que não precisa de nenhum referencial externo para confirmar sua relevância inerente para a vida do paciente.*

Nossa verdade em gestalt-terapia é apenas temporária, aquela que no momento é útil e responde ao estímulo vital dos tempos. Dizer que a teoria da gestalt-terapia é uma verdade temporária não significa que aquilo que está descrito neste livro, e em outros semelhantes, não

---

3. Hall, C. S. e Lindzey, G. (eds.) *Theories of personality*. Nova York: Wiley, 1965.
4. No entanto, é importante quem ou quais foram algumas dessas influências. Veja o Apêndice A para um breve resumo.

mais será verdadeiro daqui há quarenta anos. Mas sim que daqui há quarenta anos aquilo que estamos ensinando poderá ser um modo antiquado de olhar para a vida. Por exemplo, considere um conceito psicanalítico central, a transferência. Esse conceito foi um lance magnífico, que iluminou nosso conhecimento a respeito da distorção. Entretanto, na mente de muitos psicoterapeutas, esse conceito ficou antiquado. Ele enfatizava a característica "como se" do relacionamento psicoterapêutico, porém essa ênfase é inadequada para aquelas pessoas que desejam ir além da despersonalização excessiva de nossos dias. Agora faz-se necessário mais do que um reconhecimento de que muitos relacionamentos atuais são remodelações de relacionamentos significativos anteriores. As emoções que podem ocorrer entre o psicoterapeuta e o paciente são autênticas por direito próprio, e é possível lidar com as distorções presentes com base em seus próprios méritos. É simplista demais pensar em todos os acontecimentos como se fossem imitações elementares de um relacionamento com um dos pais.

Embora esses acontecimentos possam trazer ecos do passado, a gestalt-terapia se foca nos relacionamentos presentes *qua present*. Se o paciente está bravo com o terapeuta, pode ser importante, por exemplo, saber como ele aceita este sentimento agora ou o que pretende fazer com isso agora. A interpretação da transferência deflete o indivíduo dos resultados acumulados de suas experiências na vida, afastando da explicação a força poderosa da ação e do sentimento presentes, substituindo o agora pelo "era uma vez". Isso não quer dizer que o conceito da transferência não tocou um ponto válido quanto ao fato de as pessoas reagirem no presente em termos do que aprenderam em seus relacionamentos com seus pais. Apenas não estamos mais interessados neste ponto. Um pintor contemporâneo irá considerar os quadros de Rembrandt tocantes, mas ele não levaria tão a sério a pintura de uma natureza-morta. Embora ele certamente aceite a veracidade da visão de Rembrandt, precisa seguir suas próprias visões do mundo em que habita e suas próprias técnicas para fazer contato dentro desse mundo.

Como é inevitável que as perspectivas mudem, a integração teórica precisa incluir o novo espírito que essas perspectivas refletem e criam. Algumas das novas perspectivas mais presentes que formam as bases da gestalt-terapia — e, sem dúvida, também de grande parte do movimento humanístico — são: 1) o poder está no presente; 2) a experiência é o mais importante; 3) o terapeuta é seu próprio instrumento; 4) a terapia é boa demais para ficar limitada aos doentes.

O poder está no presente

Uma verdade muito difícil de ensinar é que apenas o presente existe agora, e desviar-se dele nos afasta da qualidade viva da realidade. Como isso parece tão óbvio e é tão amplamente aceito entre as pessoas na chamada terceira força da psicologia, é sempre uma surpresa que uma ênfase no presente como um grande impulso terapêutico encontre vigorosa oposição por parte de um número significativo de psicoterapeutas. Dois paradoxos básicos encobrem a dinâmica do presente como o poder básico preordenado da vida. O primeiro paradoxo é que a gestalt-terapia reconhece os *atos* de lembrar e planejar como funções presentes, muito embora se *refiram* ao passado e ao futuro. O segundo paradoxo é que também lidamos com tópicos *sobre* preocupações que se expandem além do alcance da confrontação interpessoal direta e se *referem* a muitas questões autenticamente importantes, como o Vietnã, o planejamento da cidade, a amizade, o governo, o racismo, a ecologia etc.

Como esses paradoxos são uma fonte primária de confusão sobre o poder do presente, talvez seja necessário discuti-los para esclarecer e ampliar nossos limites quanto ao que constitui o presente. Como muitos já perceberam, uma visão rígida do presente — que só permita que as experiências literalmente presentes entrem em qualquer envolvimento — é pouco inteligente. Só pela exclusão arbitrária é possível afastar as histórias que dizem respeito a fatos que aconteceram ou podem acontecer fora do ambiente do aqui-e-agora. Alguns desses acontecimentos formam o drama mais tocante e rico da existência de uma pessoa, e deixar essas histórias de fora é uma grande perda tanto para a pessoa que as conta como para quem as ouve.

Passado e futuro — As dimensões do passado e do futuro dão reconhecimento ao que já foi e ao que pode vir a ser algum dia, formando assim limites psicológicos para a experiência presente e um contexto psicológico que dá à figura presente um fundo contra o qual ela existe. O paradoxo é que, embora uma preocupação com o passado e o futuro seja obviamente central para o funcionamento psicológico, comportar-se como se estivesse no passado ou no futuro, tal qual fazem muitas pessoas, compromete as possibilidades vitais da existência. Os sistemas sensoriais e motores do indivíduo só podem funcionar no presente, e é da perspectiva dessas funções que a experiência presente pode ser palpável e viva. Quando, por exemplo, um paciente está lembrando um acontecimento passado e fica tenso enquanto está contando que foi espancado por seu pai, e trata esse incidente apenas como um acontecimento passado, ele está apenas minimamente presente. Se ele tomasse consciência de sua tensão, sua experiência presente seria bastante intensificada. Então, se pudesse permitir ainda mais que sua tensão estagnada crescesse até um sistema vivo de tensão, bem poderia contar a história com a raiva, especulemos, que é inerente à sua tensão. A tensão tem seu próprio poder de direção e — lembrança ou não — se move para o presente ao expressar-se na eloqüência verbal, no choro, no grito, no soco, na repreensão ou em outras ações expressivas. O que anteriormente havia sido sufocado, engessado no passado, revive agora por meio das realidades motoras e sensoriais atualmente disponíveis. A conclusão emerge pelo reconhecimento, pela ampliação e pelo foco contínuo até que a descarga motora — disponível *apenas* no presente — finalmente libere a pessoa de viver *no* passado morto.

A discriminação necessária para avaliar a qualidade de presença de qualquer experiência requer conhecimento, e não simplesmente um sistema de regras. Uma orientação gramatical que exija que as pessoas falem apenas no presente pode ser um experimento interessante para aquelas que precisem desta disciplina específica, mas exigir isso de todos, o tempo todo, é um grande sacrifício para o alcance da comunicação humana. A superestilização, que confunde um momento ou uma experiência poéticos com um modo de vida, perde a pungência do conteúdo relevante e incita ao comportamento estereotipado e cultista do imitador. É irônico que a gestalt-terapia seja tão vulnerável à superestilização, pois dizer às pessoas como elas *devem* falar umas com as outras é uma total contradição à orientação "antideveria" que é assumida pela gestalt-terapia. Uma pessoa que esteja aprendendo como estar no presente não pode cumprir uma exigência de estar no presente até que tenha descoberto como fazê-lo. Se ele está *sob* a orientação gramatical de só falar no presente — ou sob alguma outra forma imposta —, pode obedecer, mas isso seria uma concordância estereotipada, uma forma vazia em vez de uma presença vital.

Falar sobre — O segundo paradoxo da gestalt refere-se ao como falar *sobre* alguma coisa sem sacrificar a imediaticidade da experiência. O problema com o falar sobre é que ele pode se transformar num vício venenoso; temos tendência a ficar atolados nele, como quando ficamos presos numa porta giratória. Como Fitzgerald diz em *Rubayat*:

> Eu mesmo, quando jovem, freqüentei avidamente
> Doutores e Santos, e ouvi discussões grandiosas
> Sobre isso e sobre aquilo: mas ainda mais
> Saí pela mesma porta, do mesmo modo em que entrei.

Porém, não é suficiente avisar que algo é venenoso. As pessoas *são por natureza* interessadas em muita coisa que vai além de quaisquer limites arbitrários do aqui-e-agora; elas *irão* falar sobre aquilo que as emociona — um filme que as tocou? impressionou?, quem deveria começar como zagueiro, a possível reeleição do prefeito. Entretanto, por mais preocupantes que assuntos como esses possam ser, também são grandes despersonalizadores. Podem ser meramente tentativas de estabelecer uma conversa, de afastar-se de sentimentos suspeitos, de exibir o próprio conhecimento, de estabelecer um envolvimento pré-fabricado, de evitar uma briga, sexo ou confusão, e todas as outras manobras que podem tornar a vida segura mas pouco interessante.

Como uma reação contra esse tipo de comunicação despersonalizada, a insistência em permanecer num mundo fechado, contornado pelos limites estreitamente definidos da experiência presente, é só um pouco menos venenosa. Muitas pessoas, especialmente aquelas que são membros experientes de grupos de terapia ou de grupos de encontro, irão dizer que a preocupação com o Vietnã, com a arquitetura contemporânea, com o modo de construir um equipamento de som, com lugares prediletos de férias etc. não são "material de grupo". Isso é claramente absurdo, porque operar dentro de tais limites apaga a substância da vida das pessoas.

Um homem falou a seu grupo *sobre* o Vietnã, mas finalmente passou para sua própria visão apaixonada do conflito, desenvolvendo um pesar considerável a respeito do holocausto e descobrindo seu próprio terror pessoal com relação à possibilidade crescente de seu filho vir a envolver-se na guerra. Em outro grupo, o assunto da velhice em nossa cultura foi debatido por algum tempo até que um membro começou a contar sobre sua própria experiência quando ela colocou sua mãe numa casa de repouso em vez de levá-la para sua própria casa para morrer *en famille*.* Isso logo se desenvolveu numa conversa de fantasia com sua mãe, a quem ela disse o que não havia podido dizer na realidade. Mediante esse diálogo, ela recuperou seu próprio senso de prioridades e se libertou de seus "deverias" estereotipados com relação às mães.

Aprender a tornar algo pessoal e absorvente a partir de um material primariamente bruto é um grande desafio, não apenas para os envolvidos no movimento de crescimento pessoal, mas também para todas as pessoas que tentam intercambiar mensagens. As palestras, infelizmente, ainda são um meio favorito, mas a falta de eficiência geral da comunicação pouco consentida é bem conhecida. Ainda assim, as pessoas vão e aprendem, mesmo pelos meios despersonalizados. Os hábitos ainda estão fortemente arraigados, e a inventividade ainda não criou um número suficiente de novas formas de comunicação que pudessem ligar a informação e o assunto com a participação e a ação individual. Apesar disso, o esforço continua. Cada vez mais professores e alunos estão desenvolvendo ação viva em seus encontros pedagógicos. A educação por contrato é um exemplo em que o professor e o aluno trabalham a partir de um projeto individual e negociam o que deve ser aprendido. Os programas de trabalho-estudo e projetos de estudo independentes são planejados para dar à educação um senso de imediaticidade em vez do comum e distante "falar sobre". Além da educação, os arquitetos estão envolvendo os clientes na elaboração pessoal das necessidades ambientais como um fator orgânico no projeto de casas, edifícios e escritórios. A polícia está aprendendo sobre seu relacionamento com as pessoas por intermédio de *role-playing* e de outras técnicas. Os planejadores de conferência

---

* Em francês no original. (N. T.)

estão incluindo cada vez mais a interação pessoal em seus projetos. Os autores de livros didáticos incluem mais problemas de ação que exigem o envolvimento imediato do leitor e o envolvem na reatividade pessoal.

Está bastante claro que todo nosso sistema cultural — atingido como foi pelo "falar sobre" estéril — precisa de novos modos que estimulem as pessoas a experienciar sua ação presente enquanto estão se comunicando e aprendendo. Não é de admirar que a expulsão do "falar sobre" da terapia e dos grupos de encontro tenha se tornado quase um ritual. Entretanto, essa ex-comunhão quase fóbica de tudo o que seja um tópico torna o processo vulnerável a involuções da auto-*awareness*, tão estreitas em alcance que elas se voltam para dentro, numa pequenez cada vez menor. No momento em que este casamento consangüíneo seguir até seu limite, poderíamos nos transformar em nossos próprios avós.

A própria presença — O peso da gestalt-terapia oscila diante da simples presença em face dessas complicações paradoxais. Isto é, a experiência da terapia — individual ou em grupo — é um exercício de viver sem impedimentos num *agora*, em que os tópicos de atividades passadas e futuras não têm mais conseqüências importantes. Como o viver neurótico é basicamente um viver anacrônico, qualquer volta à experiência presente é em si mesma uma parte do antídoto para a neurose. Uma pessoa precisa aprender que não existe um contrato predeterminado na interação presente, para sentir que ela pode, ou não, inquietar-se, contar histórias obscenas, ver alguma coisa nos embaraços das outras pessoas, gritar, sentar-se passivamente, criticar, acolher, desenvolver uma fantasia louca, zombar e todas as outras possibilidades comportamentais da existência. Se ela está num grupo, está numa nova comunidade, que tem sua função definida a partir das naturezas *reais* dos integrantes do grupo, e pelas conseqüências implícitas da interação. Portanto, alguém bem pode gritar quando ela zomba de alguma coisa, e essa é uma reação que ela precisa levar em conta. As oportunidades de crescimento então surgem por atritos reais, e a elaboração da resolução acontece no encontro real das pessoas no presente. Quando os resíduos do passado interferem, ela precisa aprender a deixá-los de lado e experienciar a realidade de seu comportamento, exatamente ali, dentro desse grupo de pessoas específicas.

Foi perguntado a um paciente como imaginava ser sua vida se ele fosse saudável mas tivesse amnésia. No início ele ficou deliciado com a perspectiva de ficar livre de seus embaraços atuais, mas depois observou pesarosamente, como uma pessoa aprisionada em sua própria armadilha, que ele mesmo era a única pessoa a manter o passado vivo. Sem dúvida, isto era verdade.

A experiência é o mais importante

A primazia da experiência está ligada de forma quase inextrincável à primazia do presente. A necessidade de extrair sentido da experiência tem sido tão marcada culturalmente que encobriu a própria experiência. Esta passou a significar ou mais ou menos do que parece ser, e desse modo não pode ser considerada por seus próprios méritos. Freud viu tanto o aspecto experiencial quanto o de significado da interação na terapia. Mas o modo como ele lidou com essa separação fez com que os psicoterapeutas se focassem no significado dos acontecimentos na terapia e na vida cotidiana, em vez de na qualidade da experiência imediata. Sua visão da transferência, semelhante à de Janus, enevoou a questão básica da experiência direta. Por um lado, a visão de Freud sobre a transferência tem uma qualidade óbvia "como se", defletindo todas as interações presentes a nada, para considerá-las disfarces do que vem do passado. Por outro lado, o contato de transferência com o analista *era* um fator central na terapia, muito embora ele tenha sido afastado em última instância. Apesar das advertências sobre o analista ter que ser como uma tela em branco, ele na verdade *precisa* se transformar numa presença pessoal para os pacientes que fantasticamente se referem a meu-analista-isso ou meu-analista-aquilo. Essas duas possibilidades aparecem nos escritos de Freud,[5] nos quais ele descreveu tanto as características deflexivas da transferência quanto seu potencial para intensificar a experiência. Numa passagem, falando dos apegos neuróticos e dependentes ao analista, ele diz: "[...] o perigo desses estados de transferência evi-

---

5. Freud, S. *An outline of psychoanalysis*. Nova York: W. W. Norton & Co., 1949.

dentemente consiste na possibilidade de o paciente *confundir* sua natureza e tomá-los por experiências *novas* em vez de reflexos do passado" (*grifo nosso*).

É claro, isso explica o relacionamento contínuo com o terapeuta como mero sinal de alarme, conveniente apenas para distrair da pista real na trilha do inconsciente. Entretanto, em contraste, Freud também diz, na mesma referência:

> Outra vantagem da transferência é que nela o paciente produz na nossa frente, com clareza plástica, uma parte importante de sua história de vida, da qual de outro modo provavelmente ele nos daria apenas um relato *insatisfatório*. É como se ele estivesse representando-o na nossa frente, em vez de contá-lo. (*grifo nosso*)

Aqui Freud mostra claramente sua preferência pelo momento novo presente em vez da reminiscência da história passada. Ele reconhece a natureza dramática e simbólica da cena terapêutica. O que ele não reconheceu é que em vez de procurar os símbolos do passado para iluminar a experiência presente, a *própria* experiência presente produz símbolos que são afirmativas válidas e se estendem além dos limites da interação terapêutica. A qualidade simbólica de um acontecimento projeta-o para a frente por causa de seu poder para carregar adiante o significado novo criado pelo indivíduo. Quando adquire esse significado, ele assume seu lugar no contexto de sua vida e não permanece restrito e encapsulado apenas naquelas interações que ocorrem na cena terapêutica.

Uma mulher, Alice, desenvolveu uma fantasia extensa na qual andava nos bosques com sua mãe, de braços dados, sentindo o calor de sua mãe pela primeira vez. Quando a sessão terminou, Alice andou até mim,[6] beijou-me ternamente, e disse: "Eu amo você", e saiu da sala. Ela realmente me amava naquele momento; não a seu pai ou a outra pessoa, como os partidários da transferência poderiam pensar.

---

6. Para evitar uma gramática desajeitada, colocando as experiências pessoais dos terapeutas na terceira pessoa, pretendemos usar a primeira pessoa quando estivermos falando sobre um acontecimento. Além disso, usamos nomes fictícios.

Na perspectiva da gestalt, essa expressão é considerada pelo seu valor aparente, deixando de lado todas as questões das causas de seu comportamento ou sentimento. Em vez disso, invoca-se uma confiança no fluxo natural do relacionamento, sem parar esse fluxo ao se recorrer às conexões simbólicas com o passado, e sem olhar além deste incidente para quaisquer vetores psicológicos que pudessem explicar seu comportamento presente. Este "Eu amo você" simbólico se inclina para o futuro de forma que o próprio amor se torna mais assimilável de modo geral. O acontecimento, como todos os acontecimentos que possuem força própria, irá afetar o senso de si mesma dessa mulher, seu mundo e suas orientações dentro dele. Ele tem uma relevância microcósmica natural, representando, cristalizando, resumindo e dramatizando questões vivas que dominam sua experiência atual.

Quando a paciente beija seu terapeuta, como neste exemplo, e lhe diz que o ama, o significado que ela atribui a essa experiência pode ser: "Eu agora estou aberta para amar e expressar isso quando o sinto e do modo que me parece certo". Uma caracterização desse tipo funciona como impulso para o acontecimento terapêutico, projetando-o em novos estímulos e num novo contexto moral para seu comportamento futuro. Não é indispensável verbalizar isso, e muitas vezes fazê-lo rotularia o acontecimento com um significado que poderia ser prematuro. O perigo de atribuir significado às experiências é que isso coloca dentro de um molde algo que ainda está em processo, e assim leva a comportamentos que podem se tornar subservientes ao significado e apenas estabelecer outra base para o comportamento estereotipado.

Portanto, o significado e a experiência têm uma inter-relação complexa, e o excesso de qualquer um deles pode bloquear a função necessária do outro. As artes ilustram bem esse problema. Alguns trabalhos artísticos, como as pinturas de Hieronymous Bosch, desenvolveram sistemas de simbolismo tão intrincados e absorventes que é fácil perder de vista a própria pintura e focar-se mais centralmente naquilo que ela *significa*. Outros artistas, especialmente os escritores contemporâneos como Albee, Pinter e Becket, negam a importância simbólica de seus trabalhos, insistindo em que o espectador apenas *experimente* a peça. Entretanto, a platéia está tão acostumada à busca de significado que, quando o roteiro não o traz, ela preenche o vazio com suas próprias especulações. Apesar disso, a necessidade reflexiva de significado[7] não é meramente um capricho, e ninguém sabe isso melhor do que os escritores. Eles pretendem que qualquer significado que possa vir da platéia irá formar-se a partir de um processo de vida novo no qual cada pessoa é apenas afetada por sua experiência da peça. O significado da experiência então se manifesta de modo único, aparecendo durante a própria peça ou depois, mas tendo uma importância diferente para cada pessoa segundo o contexto de sua própria vida. Picasso[8] diz a respeito da compreensão da pintura:

Todos desejam entender a pintura. Por que não existem tentativas de entender a canção dos pássaros? Por que amamos uma noite, uma flor, tudo o que rodeia o homem, sem tentar entender de modo algum?... Aqueles que tentam explicar uma pintura estão na pista errada, na maior parte do tempo. Gertrude Stein, há algum tempo, disse-me alegremente que ela tinha por fim entendido o que minha pintura representava: três músicos. Era uma vida tranqüila!

A impaciência de Picasso é comum entre os artistas que estão há muito frustrados pela primazia do significado que bloqueia os aspectos básicos da existência, como se a descoberta do significado fosse uma busca meramente intelectual. Entretanto, a impaciência dele parece dirigida contra o fato de a experiência nativa ser *substituída* pela busca de significado, porque até mesmo ele deu um significado à pintura ao dizer que era uma vida tranqüila. Este era o significado para ele. Para Gertrude Stein eram três músicos. Harold Pinter recusa-se a ser levado a dar explicações sobre o significado de suas obras, acreditando que já disse tudo o que poderia no próprio corpo da peça. Entretanto, a busca por significado é tão forte que mesmo Pinter, quando dirigiu uma peça de Robert Shaw, perguntou-lhe repetidamente o que ele queria dizer com este ou aquele fato na peça.[9]

---

7. O paralelo entre a necessidade de significado e o fenômeno da figura/fundo, que é um conceito central na gestalt-terapia, é explicado no Capítulo 2.

8. Ghiselin, R., (ed.) *The creative process*. Nova York: The New American Library, 1955.

9. De uma entrevista em *The New York Times Magazine*, 5 de dezembro de 1971.

Na gestalt-terapia, estamos no mesmo barco, incomodados por buscas de significados que caracteristicamente apagam nossas experiências reais. Como a busca pelo significado tem um lugar central na teoria da gestalt, a questão real se refere a colocá-la no seu lugar correto. Queremos primeiro ouvir a história e deixar que o significado se manifeste, em vez de estarmos presentes com expectativas de determinado significado no qual todos os comportamentos devem então se encaixar. Embora a busca de significado seja um reflexo humano, a *compulsão* para o significado muitas vezes afoga a própria experiência. O significado se desenvolve a partir da seqüencialidade da vida e dos ritmos naturais entre a experiência e a atribuição. Na psicoterapia, o símbolo é mais poderoso quando sua significância emerge das experiências que existem primeiro por si mesmas e *então* se projetam num significado natural e evidente que ajuda a ligar as experiências. Nesse processo, o paciente participa como um igual, dando a cada nova experiência um lugar num novo contexto e com novas aplicações próprias, transcendendo de modo único o presente terapêutico sem a busca estereotipada por causas, história e significado, significado, significado.

Essa ênfase na própria experiência, e não na sua interpretação reflete o espírito de protesto contra o autoritarismo que dá poder a uma pessoa, que presumivelmente sabe mais, para colocar algo sobre outra, que presumivelmente sabe menos. Em vez de brincar com jogos de adivinhação intelectual, preferimos que um paciente penetre em sua própria experiência, confiando que quando ele obtiver um senso claro do que está acontecendo dentro de si, seu próprio senso de direção o impelirá para a experiência que deve vir a seguir. Sua dinâmica interior precisa ser reconhecida e despertada de novo. Em geral, as pessoas estão apenas levemente conscientes daquilo que as sustenta ou acrescenta riqueza a sua própria existência. Se alguém perguntasse a uma pessoa, por exemplo, o que ela está experimentando enquanto fala sobre as últimas exigências de seu chefe ou sobre a gentileza de uma amiga ou sobre sua viagem para a África, ela provavelmente ficaria surpresa, talvez até perdesse a linha de pensamento, e não saberia o que dizer. Entretanto, sempre que as pessoas conseguem descrever, ou pelo menos entrar em contato com sua própria experiência, as conversas movem-se para cima, na direção de uma maior absorção. Tal *awareness* muitas vezes é considerada como privada ou uma distração, e assim freqüentemente as deixamos de fora de nossas interações que se tornam insípidas. Essas interações são insípidas porque o detalhe pessoal e humano foi omitido ou encoberto. Do mesmo modo, não faz muito tempo, os edifícios eram projetados para ocultar ou disfarçar as necessidades estruturais básicas. Barras de aço de sustentação visíveis, paredes sem revestimento, cozinhas abertas, tudo isso era evitado e considerado desagradável. Agora queremos vê-los. Se as estruturas correspondentes dentro da experiência individual fossem reveladas, ouviríamos comentários como: "Estou assustada com sua pergunta", em vez de ouvir alguém ignorando ou mentindo; ouviríamos: "Estou assombrada com seu conhecimento", em vez de brincar de auto-suficiência; ou até ouviríamos: "Estou tão empolgada por você gostar de mim!", em vez de ver alguém fazendo de conta que não se abala.

O terapeuta é seu próprio instrumento

Joyce Cary[10] disse que toda arte é a combinação de um fato com o sentimento a respeito dele. O terapeuta também, como o artista, age a partir de seus próprios sentimentos, como o artista, usando seu próprio estado psicológico como um instrumento da terapia. Naturalmente, do mesmo modo que o artista que pinta uma árvore tem de ser afetado por essa árvore específica, também o psicoterapeuta precisa estar ligado à pessoa específica com quem ele está em contato. É como se o terapeuta se transformasse numa câmara de ressonância para o que está acontecendo entre ele e o paciente. Ele recebe e reverbera o que acontece nessa interação, e o amplifica de modo que isso se torne parte da dinâmica da terapia. Usando sua própria reatividade, quando a voz do paciente soa de forma áspera, ele pode dizer: "Você faz com que eu me sinta como uma criança desobediente". Ou um faiscar na expressão do paciente pode deslanchar uma fantasia sobre o tipo de companheiro de brincadeiras que o paciente pode ter sido ou é. Algumas vezes, o terapeuta fica entediado, confuso, entre-

---

10. Cary, Joyce. *Art and reality*. Nova York: Doubleday and Co., Inc., 1961.

tido, com raiva, surpreso, sexualmente excitado, assustado, acuado, apreensivo, sobrecarregado e assim por diante. Todas essas reações dizem algo sobre ambos, o paciente e o terapeuta, e abrangem grande parte dos dados vitais da experiência da terapia.

Essas experiências podem ser alimentadas tão logo o terapeuta descreve sua própria experiência e segue quaisquer efeitos que esses comentários possam ter na interação. Por exemplo, o terapeuta diz que está entediado. O paciente pode responder dizendo que ele não está ali para entreter o terapeuta ou pode dizer que se sente arrasado pelo comentário. O que quer que aconteça é combustível para o acontecer terapêutico. No primeiro caso, o terapeuta pode perguntar que objeções o paciente tem com relação a entretê-lo — evocando todo um contínuo de respostas possíveis que mensurariam o quanto o paciente se dispõe a ser uma pessoa interessante na terapia ou na vida fora dela. O paciente que ficou arrasado pelo tédio do terapeuta pode lidar com sua própria hipersensibilidade quanto a não ser interessante, ou pode aprender a se tornar interessante, mudando sua linguagem, por exemplo, ou respirando melhor para apoiar sua voz, ou dizendo o que na verdade está em sua mente em vez das velhas coisas já trabalhadas sobre as quais estava falando.

Em outros momentos, o terapeuta pode não alimentar sua própria experiência articulando-a, mas agindo sobre ela. Ele pode segurar a mão de seu paciente enquanto este chora, pode recusar-se a responder perguntas que façam com que se sinta manipulado, emprestar dinheiro ao paciente quando ele necessita, ficar empaticamente zangado quando o paciente foi injustiçado, contar uma história engraçada num momento de descontração, ou dizer ao paciente que ele ou ela é belo(a) aos olhos do terapeuta. Ou o terapeuta pode deixar que seus sentimentos se desenvolvam em fantasias metafóricas que confrontam o paciente e iluminam uma de suas características importantes.

Por exemplo, um homem de 27 anos, Charles, via a si mesmo como um homossexual em busca da condição heterossexual, e assim estava finalmente namorando uma moça. Ele falava bastante sobre isso, de um modo especialmente extenso, sem ir direto ao ponto, deixando vazios em seu relato e parecendo esperar pelo fim de sua história, em vez de contá-la incisivamente. Inclinei-me para trás e permiti que uma fantasia visual tivesse lugar em mim. Nela, Charles era um demônio com uma capa flutuante, alternadamente verde e vermelha, bastante sinistra. Conforme a cena da fantasia se desenvolveu, uma mulher se materializou. Ela estava despida e sexualmente pronta para Charles. Ela ficara pronta pela magia do demônio, e não por alguma atividade que ele realmente tivesse experienciado. Vi a mulher como uma combinação de minha própria esposa, de minha mãe e da namorada dele. Charles, o demônio, teria de tirar sua capa para ter um relacionamento sexual humano. E, então, ele seria um homem. Mas ele também deseja continuar a ser um demônio e assim hesita quanto ao que fazer. Nesse período de vacilação, entro e tenho relações sexuais com a mulher. A fantasia termina. Quando terminei de lhe contar minha fantasia, abri os olhos e vi que ele tinha no rosto uma expressão alterada absorvendo o que eu dizia. Começou a falar sobre seu pai, cuja lembrança havia sido evocada por minha história. Ele considerava o pai um homem repugnante, irresponsável, que havia casado três vezes. Entretanto, não me considerava nojento, e na verdade Charles repentinamente percebe que seu pai, por ter sido casado três vezes, era um homem de considerável atividade, que não hesitava quando queria fazer algo! Nesse momento, Charles estava deliciado com essa nova visão de seu pai e igualmente deliciado com a minha audácia. Logo depois dessa sessão, ele encontrou uma segunda mulher com quem experimentou delícias sexuais que nunca imaginara. Embora tenham existido, é claro, muitas outras experiências em sua terapia que afetaram seu desenvolvimento sexual, esta foi pelo menos tão importante quanto qualquer outra.

A amplitude de interação, na qual a experiência do terapeuta é pertinente — até mesmo indispensável — para o pleno envolvimento terapêutico, é muito grande. O reconhecimento da centralidade da própria experiência do terapeuta existe não só na gestalt-terapia, mas também no trabalho rogeriano, na terapia experiencial, no treinamento de sensibilidade, e entre os psicólogos de orientação existencial, que vêem a terapia como um envolvimento humano de duas vias. Dentro desta perspectiva, incluir a experiência do terapeuta é tão simples quanto dizer que um mais um é igual a dois.

Entretanto, a vantagem de usar a própria experiência do terapeuta vai além da característica aditiva de incluir tudo o que esteja disponível no encontro de terapia. Quando o terapeuta entra em si mesmo, não está apenas tornando disponível ao paciente algo que já existe, mas está também auxiliando a ocorrência de novas experiências, baseadas em si mesmo e também no paciente. Isto é, ele se torna não só alguém que responde e que dá *feedback*, mas também um participante artístico na criação de uma nova vida. Ele é mais que um catalisador que permanece imutável enquanto afeta a transformação química. O terapeuta muda; ele se torna mais aberto à amplitude de experiências que pode conhecer em primeira mão, descobrindo com o paciente como é envolver-se dos muitos modos abertos a eles. Por exemplo, suponha que o terapeuta descubra em si mesmo um grande filão de exigências rígidas, cedendo pouco a pedidos de compaixão e repetidamente atirando obstáculos frustrantes no caminho de qualquer interação delicada. Cabe ao terapeuta tornar-se consciente dessa característica e aceitar essa consciência como parte do fluxo terapêutico. Se ele deixa de fazer isso e se concentra apenas na chamada natureza doente do paciente, incentiva a distância pessoal. Ao fazê-lo, ele sacrifica a vitalidade de um envolvimento mútuo entre dois seres humanos e dá a si mesmo pouca oportunidade de crescimento pessoal. Quando reconhece sua dureza como parte de sua humanidade, pode desbloquear as fontes de sua própria compaixão. Ou, em vez de tornar-se compassivo, pode reconhecer como seu comportamento frustrante é infrutífero, como fez Perls, que falava com freqüência sobre a frustração habilidosa,[11] embora ele também pudesse acolher sua ternura. Reconhecer e sustentar a própria natureza rígida, e deixar que ela seja uma parte viva de uma nova confrontação para o paciente e também para si mesmo, pode ser uma fonte de envolvimento maior que a permissividade terapêutica convencional. Se o terapeuta ignora essa característica em si mesmo, pode, ainda assim, fazer um bom trabalho com muitas pessoas, mas se transforma num técnico, ministrando para outra pessoa, e não vivendo a terapia com todo o sabor que está disponível.

Além disso, é importante que o terapeuta trabalhe livremente, porque do contrário ele se arrisca a entorpecer seu principal instrumento — ele mesmo. Ocasionalmente, pode precisar bloquear por certo tempo sua função natural, quase como um presente para o paciente cujo próprio movimento poderia não suportar a reação do terapeuta. Embora o terapeuta possa dizer que está entediado quando assim o sente, existem também momentos em que, como um presente,

---

11. Perls, F. S. *Gestalt therapy verbatim*. Moab, Utah: Real People Press, 1969.

ele permite a si mesmo ficar entediado, sabendo que acabará com o tédio se o paciente não o fizer. Entretanto, só pode permitir que isso aconteça em poucas e espaçadas vezes. O preço será muito alto se se arriscar a perder a fácil efervescência que sente quando está funcionando em sua melhor forma. Como um gato que lambe a si mesmo, ou como um arrombador de cofres que lixa a ponta de seus dedos, o terapeuta tem de se manter afiado.

Obviamente, esta visão a respeito da utilidade da experiência interior do terapeuta contém problemas em potencial. Antes de tudo, ele se arrisca a considerar o fluxo livre de suas experiências por si mesmo como um *sine qua non* da excelência, o que não é verdade. Dizer que se está entediado, por exemplo, mesmo quando se está entediado, não é uma afirmação de alta qualidade, por mais autêntica que seja. Os envolvimentos mais pueris podem se tornar santificados quando se supõe de forma gratuita que sejam a verdade eterna apenas porque ocorrem internamente. A espontaneidade não é garantia de excelência, embora seja uma de suas marcas. Bom gosto e talento são necessários para se elaborar uma resolução do fluxo entre o paciente e o terapeuta que reconheça seus objetivos e interesses duradouros. De outro modo, a orientação teórica — entendida como um guia, e não como uma garantia — pode ser traduzida numa certificação de excelência meramente por uma adesão cega a seus preceitos.

A expressão livre atinge seu significado mais pleno primariamente no comportamento que aceita a responsabilidade pelo que acontece a seguir. O que quer que façamos, sempre existe um próximo momento. Fugir da responsabilidade no momento seguinte é um modo de despersonalização. Embora isso permita uma liberdade superficial, também constrói um muro de falta de preocupação genuína entre duas pessoas quaisquer, e certamente entre paciente e terapeuta. O resultado não é um sistema de associação livre, mas sim aquele a que Perls se referia como "dissociação livre".[12] Isso é semelhante a um equivalente adulto do que Piaget[13] descreve na infância quando dois

---

12. Perls, F. S. "Four lectures". In: Fagan, J. e Sheperd, I, (eds.). *Gestalt therapy now*. Palo Alto, Califórnia: Science & Behavior Books, 1970.

13. Piaget, Jean. *The language and thought of the child*. Nova York: The World Publishing Co., 1955.

indivíduos agem sem conexão, cada um autêntico no seu próprio quadro de referência, mas nenhum deles afetado pelo que acontece dentro do outro. Como um exercício, a associação livre tem poder produtivo. Entretanto, em última instância, as associações livres precisam ajudar a orientar a pessoa para sua necessidade de realizar escolhas livres. A principal diferença entre a associação livre e a escolha livre é a diferença entre o receptáculo passivo e o criador ativo. A primeira pessoa está à mercê de suas associações livres, a segunda tem voz ativa em sua criação. A ênfase na associação livre, comum entre muitos adeptos da espontaneidade, é freqüentemente um modo de evitar a responsabilidade diante da lei natural que insiste que uma coisa se segue a outra. Fazer escolhas livremente é o modo de descobrir como uma pessoa cria a própria vida, embora seja necessário manter uma ligação conseqüente com os novos desenvolvimentos.

A terapia é boa demais para ficar limitada aos doentes[14]

Outra pergunta que o terapeuta deve fazer a si mesmo é se uma teoria pode ir além da mera efetividade ao alcançar ou a cura ou o crescimento pessoal, chegando até suas implicações para a natureza de uma sociedade em desenvolvimento. Por exemplo, como seria viver numa sociedade gestáltica?[15]

Essa questão é relativamente nova para a psicoterapia porque os psicoterapeutas até recentemente permaneceram confinados a seus consultórios. Agora estão passando para o primeiro plano e orientando as pessoas com relação a novos valores e comportamentos, enquanto a religião, o mentor histórico, parece estar se dissolvendo conforme seus princípios colidem com os princípios mais adequados à época e

---

14. Parte do material desta seção apareceu originalmente no ensaio de E. Polster, "Stolen by Gypsies", in: Burton, (ed.) Twelve therapists, São Francisco: Jossey-Bass, 1972.

15. Repare que o livro *Wladen II* de B. F. Skinner (Nova York: Macmillan, 1960) é uma fantasia que relaciona uma teoria a uma sociedade que se baseia em seus princípios.

que formam o ambiente contemporâneo. Os psicoterapeutas que costumavam pensar no indivíduo, na díade e no pequeno grupo, recentemente vislumbraram as vastas oportunidades e a grande necessidade social de estender à comunidade mais ampla aquelas visões que se desenvolveram a partir de seu trabalho com pessoas perturbadas.

Não nos limitamos mais ao trabalho com os doentes, e o conceito de cura há um bom tempo passou a ser um anacronismo. A visão tradicional do psicoterapeuta quanto à cura terapêutica era ingênua. Segundo esta visão, a sociedade presumivelmente tinha uma amplitude na qual qualquer pessoa que estivesse em boa forma psicológica poderia encontrar um lugar correto para si mesmo. Apenas aqueles que recorressem à distorção e à obsessão poderiam fracassar na realização das oportunidades de suas próprias orientações.

É visível agora que isso era "Poliana" pura, e a realidade está mais próxima dos sentimentos do grafite dos jovens que escrevem *Fulano de tal come merda!*. Apenas queríamos "curar" as pessoas, até ficar claro que "doente" era obviamente um rótulo inadequado para colocar na maioria das pessoas com quem trabalhávamos.

Assim a palavra "crescimento" tornou-se bastante usada. Novas pessoas vieram, cada vez mais buscando formas melhores de viver, pensando pouco em cura e muito em auto-aperfeiçoamento e em descoberta pessoal. A empolgação passou a ser mais central que nunca como uma forma de motivação. As formas de interação induzem grande empolgação, levando a experiências de familiaridade primal, profunda e calorosa, entre pessoas que de outro modo teriam permanecido estranhas ou simplesmente conhecidos.

Considerando essa ênfase nas necessidades humanas comuns e no grupo como uma minicomunidade baseada em princípios terapêuticos, o próximo passo sociológico vai além não apenas da "cura", mas também do "crescimento" pessoal, chegando ao desenvolvimento de um novo clima comunitário. Como ninguém pode escapar à poluição psicológica de seu ambiente até que nós, em nossos grupos ou terapia, germinemos as mudanças psicológicas necessárias em nosso clima comunitário, estaremos vivendo uma existência em dois mundos, estando ao mesmo tempo na atmosfera do grupo de encontro e no mundo em que vivemos nossas vidas cotidianas, sem conseguir conciliar um com o outro. Novas maneiras de se comunicar, novos valores, novas prioridades na mudança de instituições como casamento, escolas e governo, novas exigências vocacionais, novos sistemas de recompensas — tudo isso faz parte de uma mudança necessária na atmosfera espiritual de nossa sociedade.

Neste momento da história, os psicoterapeutas e profissionais afins estão alimentando suas perspectivas e desejos pela corrente sociológica. Num artigo publicado em *The New York Times* Book Review, Marshall Berman[16] afirma:

> Nossos pais e avós se voltavam para os romancistas, mas nós procuramos cada vez mais os sociólogos, os antropólogos e os psicólogos para que iluminem o modo em que vivemos agora.
>
> Portanto, poderíamos imaginar Erik Erikson como nosso Tolstói; Oscar Lewis poderia ser nosso D. H. Lawrence; Margaret Mead poderia ser nosso George Elliot, a saga matriarcal de nossa cultura. Claude Levi-Strauss deu ao trabalho de campo do antropólogo a mesma urgência espiritual da busca de Mellvillean ou de Conradian. David Riesman poderia ser nosso Thackeray — embora em determinado momento ele parecia querer se tornar nosso Flaubert. R. D. Laing, que na juventude talvez desejasse se transformar em nosso Dostoievsky, agora na meia-idade parece ter se ajustado a ser nosso Hesse.

Embora essas visões atualmente tenham grande impacto, elas têm pouca garantia, nesse exato momento, de serem as vozes mais efetivas. O maior desafio vem, como sempre, das pessoas com orientação materialista que, às vezes por meio da ambição, do hábito, e ainda da necessidade mais fundamental, acreditam que uma galinha em cada panela nos dará tudo o que precisamos. As necessidades materiais, como comida, por exemplo, *são* tão primordiais que parecem superar todas as outras considerações e atrair a atenção das pessoas e de seus governos. Os fatos psicológicos da vida, é claro, são colocados em segundo plano, e apenas um pequeno reconhecimento lhes é dado pelo trabalho da religião, que está desaparecendo. Portanto, é a partir de uma posição de pouca força que a psicoterapia deixa sua marca. Talvez nossa incursão no materialismo já tenha se iniciado

---

16. Berman, Marshall. *New York Times*. Book Review, 27 de fevereiro de 1972.

pelo extenso trabalho dos psicólogos na indústria e pelo aumento das consultorias para governos e outras instituições sociais.

Enquanto isso, mediante uma preocupação com o clima e também com o crescimento pessoal, uma visão mais plenamente holística do homem está se desenvolvendo não apenas como um todo dentro de si mesmo, mas também inseparável de sua comunidade. O afrouxamento dos tabus venenosos está acontecendo a nosso redor. Os rapazes estão usando cabelos longos, homens e mulheres jovens vivem nos mesmos dormitórios, pessoas negras aparecem em comerciais de TV como consumidores, não como empregados, pacifistas influenciam a conduta de uma nação na guerra, pessoas nuas são vistas no palco e em filmes, e as roupas se transformaram numa deliciosa rebeldia. A psicoterapia tem tido um lugar importante em todas essas criações, enviando durante vários anos uma mensagem para que as pessoas experienciassem sua própria realidade em vez de engolir os estereótipos e as distorções que anteriormente faziam com que os desvios das normas parecessem ser patologias.

As informações continuam a surgir num ritmo crescente. Mal podemos permanecer atualizados com as novas perspectivas tecnológicas que estão surgindo. Inovações em grandes grupos abrem caminho, acrescentando o conceito de *design* aos esclarecimentos interativos descobertos nos pequenos grupos abertos. Os *designs* sustentaram experiências sem líder — valiosas nos locais em que as necessidades continuam a ultrapassar as equipes profissionais — e permitiram intercâmbios entre até mil pessoas numa sala. Grandes grupos foram usados para estabelecer novos *designs* para interações em conferências, cafeterias, centros de crescimento, projetos de abrigo, indústrias, universidades, serviços de assistência social, encontros de cidades e outros agrupamentos normais de pessoas. A tecnologia agora inclui também gravações, TV e programas de autogestão. Além disso, uma arquitetura sociológica está se desenvolvendo e se reflete em movimentos de renovação das cidades, no estudo dos efeitos psicológicos dos ambientes, planejados e não-planejados,[17] e em novas filosofias humanísticas de *design*.

---

17. Proshansky, H. M., Ittelson, W. H., e Rivkin, L. G. (eds.), *Environmental psychology*. Nova York: Holt, Rinehart & Winston, Inc., 1972.

Obviamente, essas breves palavras sobre os novos canais de resposta à mensagem popular são apenas um leve toque e uma promessa. Mas talvez possam ser suficientes neste contexto para sugerir como as inovações onipresentes na tecnologia humanística afetarão inevitavelmente a sociedade mais ampla, levando-a para novas direções que possam ter sido inspiradas pelas pessoas dentro do ambiente psicoterapêutico.

2

A figura viva

*Certa vez tentei convencer um behaviorista de que,
ao falar sobre um pássaro macho e se referir à fêmea
como "um estímulo", ele estava ignorando os problemas e os fatos da organização.*

Wolfgang Kohler

Há alguns anos, um de nossos colegas começou de brincadeira uma coleção de "leis". Essas leis eram lamentáveis migalhas de sabedoria, codificadas a partir de surpresas comuns a respeito das peculiaridades do homem: sempre batemos duas vezes num tornozelo machucado, um pedaço de torrada sempre cai com a manteiga para baixo, as coisas com que você gosta de brincar o conquistam, e finalmente, a lei que diz respeito a nós: percepção visual vai além daquilo que pode ser visto.

Os experimentos perceptuais simples dos primeiros psicólogos da gestalt[1] abriram caminho para os estudos que mostram o quanto a motivação afeta a percepção[2] e depois para os *insights* terapêuticos de Perls,[3] que sintetizou as leis da percepção simples: primeiro num

---

1. Kohler, W. *Gestalt psychology*. Nova York: New American Library of World Literature Inc., 1959.

2. Beardslee, D. e Wertheimer, M. (eds.). *Readings in perception*. Princeton, NJ.: D. Van Nostrand, 1959.

3. Perls, F. S. *Ego, hunger and aggression*. Londres: George Allen & Unwin, 1947; Perls, F. S., Hefferline, Ralph e Goodman, Paul. *Gestalt therapy*. Nova York: Julian Press Inc., 1951.

sistema de psicoterapia e em seguida numa visão humanística da existência do homem.

Background da experiência

Os psicólogos da gestalt investigaram a dinâmica do ato de perceber. Teorizaram que o percebedor não era meramente um alvo passivo para o bombardeio sensorial que vinha de seu ambiente; em vez disso, ele estruturava e impunha ordem a suas próprias percepções. Basicamente, organizava as percepções do fluxo sensorial que o atingia, numa experiência primária de uma *figura* vista ou percebida contra um contexto ou *fundo*. A figura poderia ser uma melodia que se distinguia de um contexto harmônico ou poderia ser um padrão visual que emergia como uma entidade coerente contra um grupo de linhas diferentes do padrão. Uma figura, quer ela seja simplesmente perceptual ou possua uma ordem mais elevada de complexidade, emerge do fundo, como se fosse um baixo-relevo, assumindo uma posição que atrai a atenção e realça suas características de contorno e clareza. A figura aparece ricamente detalhada e convida ao exame, à concentração e até mesmo à fascinação.

Outra característica importante da percepção é o movimento do indivíduo na direção do fechamento. Uma figura é vista como uma imagem completa, delimitada — em alguns casos o percebedor até mesmo compensa visualmente os vazios do contorno, como ao ver esses pontos separados tal qual a figura de um círculo:

Mais do que um reflexo perceptual, este impulso na direção da inteireza das unidades da experiência é também um importante reflexo *pessoal* que freqüentemente é impedido pelos fatos sociais da vida que interrompem as pessoas envolvidas no processo de fazer muitas das coisas que desejam fazer. Essas ações incompletas são forçadas a ficar no fundo, onde permanecem — inacabadas e incômodas — normalmente distraindo o indivíduo daquilo que está fazendo no momento.

Peggy percebeu durante uma sessão de terapia que ela nunca tinha se sentado novamente no colo de seu pai, pois quando era muito novinha sua mãe havia gritado com ela por tê-lo feito. Ela se acostumou com a distância, e de repente percebeu que chegara a ponto de escolher um marido que não iria desejar proximidade física. Peggy realizou esta acomodação de muitas formas, que incluíam um bloqueio muscular de suas sensações de calor — uma defesa fisiológica — e uma crença de que se aproximar dos homens só causa problemas — um método ideológico. No entanto, o impulso para completar esse ato prematuramente interrompido — provavelmente toda uma série desses atos, pois sentar-se no colo de seu pai apenas inicia uma seqüência de proximidade — é uma força que ela precisa vigiar. A visão da gestalt é que Peggy irá sentir-se insatisfeita até que tenha a oportunidade, talvez muitas, de permitir que o impulso retome seu curso e alcance a inteireza. Ela ainda não está pronta para permitir isso. Mas até que possa fazê-lo, essa provavelmente será uma questão central para que ela cresça e deixe de ser uma criança intimidada pelas neuroses de seus pais. Quando Peggy puder responder à fascinação de aproximar-se dos homens, sua necessidade poderá se transformar numa figura e numa força de ação, e ela poderá se transformar numa mulher madura que aprecia e vive suas próprias necessidades.

O fundo, por outro lado, não tem esse magnetismo. Sem limites e sem forma, sua função principal é proporcionar o contexto que dê profundidade à percepção da figura, dando-lhe perspectiva mas causando pouco interesse independente. O poder do fundo está em sua fertilidade. Idealmente, a divisão da experiência em figura e fundo é transitória, e algumas vezes até mesmo flutuante, e o fundo é uma fonte contínua na formação de novas figuras. Você só precisa dar uma olhada para fora de sua janela para experimentar como o fluxo de sua atenção pode mover-se rápida e livremente de uma parte do panorama que você vê para outra. Primeiro, uma árvore começando a brotar prende o seu olhar, e você lhe dá atenção. Repentinamente, um pássaro se lança de um galho e você segue o seu vôo pelo céu. Uma nuvem de formato intrigante o distrai do vôo do pássaro e provoca uma cadeia de associações. Um caminhão de entrega de leite pára. Você não vê mais o pássaro nem a nuvem, mas em vez disso ouve o rangido das marchas, o barulho das garrafas. Você observa a curva dos ombros do leiteiro enquanto ele caminha pela entrada da casa de um vizinho com sua cesta aramada cheia de leite, ovos e queijo. A experiência flui sem impedimentos. A qualquer momento, aquilo que é figura pode voltar ao fundo e algo do fundo pode se tornar figura. Entretanto, este fluxo inocente é apenas parte da história. Estudos que investigavam a influência da motivação na percepção deixaram claro que o percebedor não só estrutura o que ele percebe em unidades econômicas de experiência, mas também edita e censura aquilo que vê e ouve, harmonizando seletivamente suas percepções com suas necessidades interiores. Por exemplo, uma pessoa com fome tem maior probabilidade de perceber como comida um estímulo ambíguo que lhe seja apresentado.[4] Portanto, a experiência interior colore e determina a experiência atual. Do mesmo modo como uma pessoa faminta percebe a comida, mesmo quando esta não está lá, uma pessoa insatisfeita continua a elaborar em suas atividades atuais as questões inacabadas do passado. O que estamos chamando de figura ou de fundo vai além do que as simples atividades perceptuais sobre as quais falaram os primeiros psicólogos da gestalt. Extrapolando a partir dessas atividades perceptuais básicas, fica aparente que todas as preocupações humanas refletem necessidades organizacionais de natureza holística. Em certo sentido, toda a vida de uma pessoa forma o fundo para o momento presente — mesmo que muitos dos acontecimentos específicos nesse fundo possam desaparecer como uma única bolha na água fervente.

Três elementos compõem o fundo na vida de um indivíduo:

1. *Vivências anteriores* — As características de gentileza, inteligência, ambição e assim por diante são características que orientam a vida e influenciam as experiências que emergem no primeiro plano do presente. Ser caracterizado essencialmente significa: que os atos

---

4. McClelland, D. C. e Atkinson, J. W. "The projective expression of needs: I. The effect of different intensities of the hunger drive on perception". *Jour. Psycho.*, 25:205-22, 1948.

ou pensamentos que se encaixam ou combinam com essa característica irão emergir com a proeminência de figura mais prontamente do que outros que são menos compatíveis com esse fundo.

Se o fundo de uma pessoa contém gentileza, será mais fácil que uma palavra suave ou uma expressão de simpatia emerjam como figura do que se o fundo for colorido pelo sadismo. Se, por exemplo, uma pessoa não consegue tolerar sua própria homossexualidade, todos os comportamentos que requeiram a homossexualidade como fundo serão neutralizados ou produzirão confusão ou ansiedade. Qualquer realização que possa resultar será minimizada pela separação entre seu ato e o fundo de sua "natureza" que poderia dar dimensão e contexto a esse ato. Portanto, se a palavra ou o conceito homossexualidade for um "tabu", a experiência de alguns comportamentos que poderiam estar incluídos nesse tabu — tais como a ternura num homem, a dureza numa mulher etc. — também terá menor probabilidade de vir à superfície. Um moralista sexual passará por momentos difíceis se permitir que pensamentos ou sensações sexuais emerjam. Quando isso acontece, surge um problema, que pode ir desde um desconforto leve até o pânico.

O trabalho da psicoterapia é alterar o senso que o indivíduo tem de seu fundo, de modo que tais experiências novas possam *agora* ser harmoniosas com sua natureza. Ele precisa descobrir que as experiências não são inevitavelmente o que ele achava que seriam, que de fato elas são bem-vindas, e que por meio dessas experiências em mudança, seu fundo se altera e passa a ser possível ter harmonia em sua vida. Há uma grande onda de ativação quando uma figura salta do ponto mais distante do fundo, onde ela anteriormente recebia pouco ou nenhum reconhecimento. Isso pode ser empolgante para uma pessoa aventureira, ou pode criar ansiedade e choque para as pessoas cujo fundo está fora de seu próprio campo visual ou da visão dos outros. O ocultamento de partes do fundo representa um esforço cuidadoso por parte do indivíduo para não *acessar* esses fundos de características ou experiências desativados. Dessa forma, o fundo não está livremente disponível como uma fonte de novas figuras.

A reversibilidade figura/fundo está na raiz da fluidez na vida. Idealmente, não existiria uma experiência no fundo da existência que não pudesse se transformar em figura, sob as circunstâncias corretas. Durante a terapia, a pessoa pode entrar em contato com todas as variedades da própria loucura, desde a paranóia até a psicopatia. Além de conhecer a própria bondade, pode-se conhecer a própria crueldade. Uma pessoa pode alcançar o potencial de experiência para credulidade, vingança, competitividade, perversão, repugnância, relutância, passividade, teimosia e todas aquelas outras características que podem fazer parte de uma profunda união entre figura e fundo. A clareza e a efervescência da vida da pessoa são profundamente afetadas pela riqueza em que o material do fundo pode se transformar em figura, porque é apenas na figura *plena*, percebida ardentemente contra o fundo aceito, que o bem-estar e a vitalidade podem coexistir. A ativação não tolerada é transformada e experienciada como ansiedade. Quando o fundo contém bolsões sombrios, ele não pode proporcionar a base para a efervescência na experiência que torna possível a empolgação. As pessoas, cujo fluxo de figuras é compulsivo ou cujas figuras são percebidas sem o apoio do fundo, perdem a qualidade de profundidade sentida naquelas cujo desenvolvimento de figuras parece fluir natural e graciosamente de um rico fundo experiencial.

O mesmo é verdadeiro para o que pode ser chamado de repertório de experiências pessoais relacionadas ao momento presente, por exemplo, um fundo que suscita natação numa pessoa que desejando uma atividade física vai nadar. As condições para o inter-relacionamento figura-fundo aqui são similares àquelas que influenciam as características pessoais do indivíduo. Quando uma pessoa nadou, viajou, operou um torno, plantou flores, andou de moto, fez vinho, pintou um quadro, saltou de pára-quedas, ela ampliou o fundo do qual pode extrair novos desenvolvimentos de figuras. Em outras palavras, à medida que o fundo de sua experiência se torna mais diversificado, ele também se torna potencialmente mais harmonioso com todo um contínuo de acontecimentos. A diversidade resultante tem maior probabilidade de assegurar um fundo relevante para qualquer coisa que possa estar acontecendo no presente.

Os pais que, arriscando-se ao diletantismo, fazem questão que seus filhos tenham aulas de dança, de música, experiências de viagem, visitem museus, aprendam a respeito das flores, estão implicitamente concordando com essa regra. Os poetas descreveram de modo muito belo a sabedoria de expandir a amplitude do fundo de uma pessoa, pois isso a torna mais suscetível e mais responsiva à experiência. Keats, por exemplo, escreveu o poema a seguir, que mostra a empolgação luminosa e o significado evocados nele quando leu as palavras de Chapman contra o fundo de sua própria experiência:

Viajei muito nos domínios de ouro
E vi muitos estados e reinos divinos;
Estive em muitas ilhas orientais
Dançando com bardos leais a Apolo.
Muitas vezes foi-me dito sobre uma grande vastidão
Governada por Homer, de expressão profunda, como seu domínio:
No entanto eu nunca respirei sua pura serenidade
Até ouvir Chapman falar, alto e claro:
— Então senti-me como alguém observando os céus
Quando um novo planeta surge no horizonte;
Ou como o robusto Cortez, quando olhou para o Pacífico
Com seus olhos de águia — e todos os seus homens
Olharam uns para os outros com uma suspeita selvagem —
Silencioso, sobre um cume em Darien.

Ou como Aitken escreve, de modo mais simples, falando sobre o relacionamento entre figura e fundo:

A música que ouço com você é mais que música,
E o pão que divido com você é mais que pão.

Embora o relacionamento entre figura e fundo seja inevitável e básico, não existe garantia de que este relacionamento será vibrante a menos que o movimento entre um e outro seja facilitado pela acessibilidade de todo o repertório de características e experiências do indivíduo.

No *background* pessoal de um indivíduo também existe uma orientação geral para a vida, como a trazida por algumas filosofias, religiões, credos particulares ou pela visão que uma pessoa tem sobre o que é a vida e qual é o modo de vivê-la melhor.

Por exemplo, Helen fora criada por uma mãe perfeccionista que tinha enfatizado preceitos moralistas e excluído as considerações humanas. Ela estava tendo muitas dificuldades para resolver sua própria ambivalência quanto a ser uma boa mãe. Queria ser livre e não crítica com seus filhos, mas ainda sentia que tinha de manter padrões irrealisticamente altos com relação à aparência de sua casa e da quantidade de trabalho que ela devia fazer durante o dia. Isso deixava Helen esgotada e irritadiça com seus filhos, e culpada perante suas falhas. Havia um atrito crônico e desgastante entre permitir que ela e a família vivessem livremente e manter a casa limpa. Como decidir a que dar prioridade? Um dia, numa sessão de terapia, sugeri a Helen que ela poderia resolver esses conflitos colocando os "valores de pessoas" acima dos "valores de propriedade". Seu rosto se iluminou, e ela reconheceu imediatamente que, quando a luta era vista nesses termos, não tinha dificuldade em deixar de lado os padrões de sua mãe — que Helen deplorava mas reconhecia como certos — e seguir seus próprios padrões em desenvolvimento, que ela sentia serem certos para ela. Nesse contexto, o calor humano e o amor de Helen puderam emergir como figura, com muito menos esforço.

2. *Situações inacabadas* — Existe uma história apócrifa, às vezes atribuída a Bach, Handel ou Haydn, em que o maestro idoso se prepara para dormir e ouve um amigo tocando o clavicórdio no andar de baixo. O amigo toca de modo muito belo, e a música cresce, mas termina abruptamente, numa nota *dominante!* Bem, naquela época as notas dominantes eram sempre resolvidas passando-se para a tônica e para a nota final. O maestro, agitado, vira de um lado para o outro na cama sem conseguir dormir, até que desce as escadas e toca sua resolução no clavicórdio. Todas as experiências ficam em compasso de espera até que a pessoa as finalize. A maioria das pessoas tem uma grande capacidade de tolerar situações inacabadas — felizmente, porque no decorrer da vida estamos destinados a ter muitas delas. Entretanto, embora possamos tolerar uma considerável quantidade de experiências inacabadas, essas direções incompletas *realmente* buscam a inteireza e, quando obtém poder suficiente, o indivíduo é assaltado por preocupações, comportamento compulsivo, temores, energia opressiva e muitas atividades autoderrotistas. Se você não discute com seu chefe no trabalho, mas queria muito fazê-lo, e então chega em casa e descarrega sobre seus filhos, o mais provável é que isso não funcione, visto que é apenas uma tentativa fraca ou parcial de terminar algo que ainda permanece inacabado. Uma ninfomaníaca que faz sexo compulsivamente, talvez tentando desenvolver sensações que possam levar à liberação e à totalidade, está vivendo suas

situações inacabadas. O mesmo acontece com alguém que conta o mesmo fato por várias vezes porque nunca sente que foi ouvido ou que se expressou corretamente. Além disso, inúmeras conferências e conversas foram arruinadas porque havia uma programação oculta e incompleta que interferiu com as novas interações.

O mesmo acontece com as variedades comuns de questões inacabadas que os psicoterapeutas têm observado historicamente. Eu nunca disse a meu pai como me sentia, eu era humilhado quando queria atenção, eu desejava ser um artista e eles fizeram com que me tornasse um médico, essas são queixas muito comuns. Se essas circunstâncias inacabadas forem suficientemente poderosas, o indivíduo nunca estará satisfeito por mais que seja bem-sucedido em outras direções, até que haja um fechamento. Este precisa acontecer ou por um retorno à antiga questão ou ao relacionar-se com questões paralelas no presente. Portanto, a pessoa que nunca conseguir sentar-se no colo de seu pai pode encontrar um fechamento ao fazê-lo com outra pessoa, com a qual possa experimentar o conforto e o prazer que teria sido a conclusão natural da situação inicial, ou pode chegar ao fechamento pela realização na fantasia. Uma vez que o fechamento tenha sido alcançado e possa ser plenamente experimentado no presente, a preocupação com a antiga situação incompleta é resolvida, e a pessoa pode passar para as possibilidades atuais.

Sempre que as questões inacabadas formam o centro da existência de uma pessoa, a efervescência mental dela fica impedida. Idealmente, a pessoa sem impedimentos estará livre para se envolver espontaneamente em qualquer coisa que desperte seu interesse, e para permanecer com isso até que seu interesse vivo diminua e algo diferente atraia sua atenção. Este é um processo natural, e uma pessoa que viva de acordo com esse ritmo experiencia a si mesma como flexível, clara e efetiva.

Existem dois obstáculos opostos que podem interferir com esse processo. O primeiro é a obsessão ou compulsão que constitui uma necessidade rígida de completar a situação antiga inacabada e leva à rigidez da formação figura-fundo. A interferência oposta é a mente lábil, que deixa pouca oportunidade para que a pessoa experimente o que está acontecendo, pois o foco é tão flutuante que impede o desenvolvimento e a experiência do fechamento.

No primeiro exemplo, a pessoa pode ficar obcecada, digamos, com sexo ou sucesso, ou com uma coleção de selos. Muitos dos dados de sua vida tornam-se imediatamente relacionados a essas obsessões, reduzindo assim a riqueza efervescente que ocorre de modo natural quando a vida é experimentada de modo tão variável quanto de fato ela é. Ele mantém suas próprias situações inacabadas no centro de gravidade para o qual a atenção é atraída indiscriminadamente, com uma força quase magnética. Um homem focado em sexo ficará imaginando, numa festa, se a mulher que lhe pediu drinque deseja ir para a cama com ele. A pessoa orientada para o sucesso imagina como pode montar uma estratégia para obter apoio profissional de uma figura poderosa que sorri para ela. O colecionador obcecado por selos recebe uma carta calorosa de um velho amigo que mora na Zâmbia e só se emociona com a perspectiva de conseguir um novo selo. Essas figuras rígidas impedem que a ativação discriminada se desenvolva e, portanto, restringem a amplitude da abertura na vida da pessoa. Embora esses interesses não sejam necessariamente patológicos, e algumas vezes possam ser uma fonte de considerável satisfação pessoal, essas pessoas com muita freqüência ficam vulneráveis à esterilidade em suas vidas — e muitas vezes elas são terrivelmente tediosas.

No outro lado do espectro estão as pessoas lábeis que não permitem um relacionamento estável entre um momento e o próximo. Portanto, existe pouca oportunidade dentro delas para que o desenvolvimento de qualquer figura atinja a totalidade ou o significado, pois cada direção é de pronto abandonada. É como se elas estivessem associando livremente ao longo da vida, o que é similar a ser a vítima e não o criador do próprio fluxo de ações e pensamentos. A pessoa então se torna uma alma errante, que nunca encontra paz nem descanso. No nível patológico, é claro, isto é uma psicose maníaca. Num nível mais comum, vemos pessoas que conseguem apenas pouca realização, embora pareçam estar envolvidas em atividades que valem a pena. Pode-se até ficar surpreso com o fato de haver algo de errado com tais pessoas, que parecem ser flexíveis, inventivas e até alegres. Mas elas não conseguem estar ativadas por tempo suficiente para sentir uma sensação de inteireza e, assim, ficam sempre presas no meio de algo. Acabam por não encontrar os limites que surgem quando se tem uma sensação de início e de final; elas estão num impasse, sem a conseqüente sensação de identidade que se desenvolve quando se completam as pequenas seqüências da vida.

Pode parecer que sempre *sabemos* quando uma seqüência de acontecimentos representa uma unidade completa. Na verdade, não é assim que a inteireza funciona; é necessária muita arte na vida para se saber quando algo está terminado. Não estamos falando aqui a respeito dos estereótipos de inteireza que afetam a todos nós, como o fim de um dia de trabalho, ou o final das férias, ou a formatura escolar, ou um divórcio ou o fim de um livro. Segundo essas normas de conclusão, depois de ter começado, a pessoa deve, por exemplo, terminar a faculdade ou terminar de cortar a grama. Entretanto, quando é mais importante a sensação única de totalidade que cada indivíduo tem, ele pode estar certo ao deixar o cortador de grama no meio do gramado e sair para apostar nas corridas. Essa ação pode se qualificar como completa dependendo do próprio foco do indivíduo e de seu senso criativo, que fazem com que ele saiba quando sua vida lhe parece certa. Por outro lado, um senso caprichoso de conclusão pode ser nada mais do que um modo de escapar de uma tarefa essencialmente apropriada, seja ela terminar a faculdade ou terminar de cortar a droga do gramado. Nenhuma fórmula pode fazer o trabalho da vida, do mesmo modo como não é possível dizer a um pintor ou a um escritor quando seu quadro ou seu livro estão prontos. Na verdade, atualmente a inteireza na arte é bem diferente do que foi no passado. Muitas pessoas governadas pelas expectativas familiares de conclusão terminam confusas e desapontadas pelos finais inconclusivos que encontram em romances, música e quadros. Os artistas têm unidades diferentes em mente, e, quando alguém está orientado pelas antigas unidades, pode sentir-se como se tivesse ficado inacabado.

3. *O fluxo da experiência presente* — Quando os propósitos, interações e desenvolvimentos atuais são complexos, eles criam grandes dificuldades para coordenar o fluxo de relacionamentos figura-fundo internos ao indivíduo com aqueles que estão ocorrendo continuamente no mundo externo. Suponha que você está participando de uma conferência de equipe e um colega está relatando as atividades do comitê em que ele participa. Você tem muitas associações e pensamentos referentes ao que ele está falando e talvez algumas sugestões e idéias exploratórias. O que você faz com relação a seu próprio

fluxo mental enquanto ele continua o relato? Normalmente, se aprendeu bem a lição, você fica com a boca fechada até ele ter acabado, com a esperança de ainda lembrar suas reações brilhantes nesse momento, ou com a esperança de que suas reações combinem com seu estado de espírito e com o dos outros, ou com a esperança de que suas sugestões ainda sejam relevantes diante das últimas idéias que foram desenvolvidas. O mesmo processo, embora de modo menos complexo, acontece ainda em conversas entre duas pessoas, em que, embora seja mais fácil fazer interrupções, você se arrisca a perturbar o encadeamento de pensamentos da pessoa com quem está falando.

O processo de interrupção é especialmente difícil de se lidar quando as comunicações têm um objetivo específico e diferem do vaguear, que é mais aceitável em conversas simples em que o contato e a fala são mais importantes do que o propósito. Uma conversa cheia de desvios passa a ser menos tolerável quando contém um propósito. Uma conferência sobre como melhorar o suprimento de água não permitirá muita tolerância para histórias nostálgicas sobre quanto a tia de alguém gostava da água que saía dos poços profundos no campo — embora seja bem possível que, em última instância, o estilo cheio de desvios pudesse mostrar um relacionamento entre os hábitos e os gostos da tia sedenta e soluções possíveis para os problemas atuais de água. O conceito de *brainstorming* leva os desvios em consideração, mas é usado a princípio como um catalisador exploratório para idéias, em vez de um estilo comum de comunicação. Virtualmente todas as nossas comunicações com um propósito requerem um senso de oportunidade, contendo os comentários até que chegue o momento certo.

Talvez nunca possamos corrigir a exigência de oportunidade em nosso pensamento e em nossa fala, embora certamente possamos avançar até um ponto melhor do que o permitido por algumas das estruturas autoritárias atuais. Espere a sua vez e limite-se ao assunto são diretrizes tão rigidamente repetidas hoje que empobrecem a mente. A fertilidade como um processo natural brota da generosidade da mente, não da parcimônia. E a generosidade da mente inclui uma aceitação do fundo da experiência do qual o desenvolvimento das figuras pode emergir. Existem duas contingências que temos de levar em conta, se pretendemos afrouxar o sistema atual de comunicação e retornar a um processo mais natural daquilo que é aceitável no presente.

Uma contingência é que o tempo necessário para uma boa comunicação precisa ser expandido drasticamente — esta não é uma exigência fácil na cultura presa ao tempo em que vivemos. Numa cultura em que o tempo, cada momento dele, é valioso, acabamos falando em símbolos e fórmulas que condensam grandes blocos de experiência, como quando nos referimos à "teoria dominó" do envolvimento dos Estados Unidos na Ásia. Ou acabamos dizendo apenas o que já está completo e elaborado em nossas mentes, afirmando nossa posição sobre como expandir o controle de natalidade ou o que o Partido Democrático provavelmente fará com relação à política de bem-estar social neste país. Este sistema de assumir posições políticas é tentador mesmo nos níveis elementares de comunicação, ou seja, se assistir à TV é bom para as pessoas, ou se elas devem caminhar, ou talvez ler em voz alta uma para a outra por uma noite. Bem, obviamente, isso tem aspectos saudáveis — é útil ter algum senso de clareza a respeito de crenças e gostos, e as pessoas certamente ficariam paralisadas se abordassem toda sua vida com uma mente completamente aberta e desordenada. As posições políticas são comunicadas de modo rápido ainda que tenha havido bastante discussão em sua formulação. É por isso que as reuniões de conselhos podem ser entediantes, como sempre são. Os comitês tomam resoluções sobre questões e relatam conclusões e recomendações resumidas às quais o conselho deve responder sim ou não, sem que haja muita comunicação entre os participantes. Cada membro de conselho pode ter uma contribuição tão grande a dar quanto a que foi dada pelos membros do comitê original, mas é claro que se eles alimentassem suas idéias individuais, isso iria requerer um novo processo de elaboração que consumiria ainda mais tempo.

O segundo elemento é que temos fobia do caos. O movimento do caos para a clareza é inerente à criatividade. No entanto, o caos é assustador, pois não existem garantias de que a conclusão de qualquer tema virá a seguir. A perspectiva de que algo a ser finalizado irá permanecer incompleto é naturalmente frustrante e dolorosa. Além disso, na ausência de controles, não há como saber quais palavras ou atos ameaçadores podem ocorrer durante a fase caótica. Esta é também uma séria fonte de ameaça para as pessoas envolvidas. O caos é perturbador para qualquer sistema preestabelecido. Ele ultrapassa os padrões morais correntes, além dos meios familiares de se lidar e convida a novas soluções, novas configurações e novos pontos de vista. Quando as pessoas lutam para sair de suas velhas estruturas, o caos pode às vezes proporcionar a abertura, ainda que atemorizante.

Temos ocasionalmente experienciado o caos em grupos, pedindo a cada membro que não se deixe dirigir por outras considerações que não o que cada pessoa deseje dizer ou fazer, mesmo que possa haver um período de caos. Esta sugestão normalmente é recebida com resistência, como se fosse uma calamidade. Nos grupos em que foi aceita e experienciada, quase invariavelmente resultou num tema que finalmente tornava-se tão central para todo o grupo a ponto de todos os participantes fascinarem-se com ele, podendo então participar livremente sem nenhum senso de contenção. Quando uma pessoa se torna arrebatadamente atenta, o caos acaba e a unidade começa.

Em psicoterapia, individual ou em grupo, a tolerância para o caos pode ser maior do que em qualquer outra forma institucional de comunicação, com exceção talvez das formas de arte. Pela reintrodução do caos é possível devolver ao indivíduo um relacionamento mais livre entre figura e fundo do que aquele que uma pessoa bloqueada e programada pode permitir a si mesma. Cary[5] sabe como esse processo acontece:

[...] o conceito é sempre o inimigo da instituição. É dito que quando você dá a uma criança o nome de um pássaro, ela perde o pássaro. Ela nunca mais vê o pássaro, mas apenas um pardal, um tordo, um cisne, e existe verdade nisso. Todos nós conhecemos pessoas para quem toda natureza e arte representam conceitos, cuja vida, portanto, está inteiramente ligada a objetos, que são conhecidos apenas por rótulos e nunca são vistos por suas próprias características.

Além das restrições impostas pelo tempo e pelo caos, existe também a falta válida de sincronicidade entre as necessidades de uma pessoa e de outra em qualquer dado momento. Assim, é necessário o desenvolvimento da habilidade para administrar essas incompatibilidades temporárias mas inevitáveis — por um processo que chamamos

---

5. Cary, Joyce. *Art and reality.* Nova York: Doubleday and Co., Inc., 1961.

de "colocar entre parênteses". Neste processo, o indivíduo deixa em suspenso parte de suas próprias preocupações para dar atenção ao que está ocorrendo num processo comunicativo. Esta é uma técnica arriscada porque ela se aproxima da supressão de si mesmo. Entretanto, existe uma diferença. A distinção é que no "colocar entre parênteses", a pessoa estabelece prioridades quanto ao que é mais importante naquele momento e não permite que as preocupações interfiram e a imobilizem. Ela não anula as preocupações que pareçam irrelevantes a este envolvimento temporário, mas voltará a elas mais tarde. Por exemplo, se um homem está conversando com um colega com quem tem apenas um relacionamento pessoal superficial e foi até esse local para discutir um novo programa que ambos estão tentando fazer funcionar, ele pode optar por não contar ao colega sobre uma briga violenta que acabou de ter com sua esposa. Ele deixa de lado seus sentimentos com relação à briga porque lhe causaria bastante embaraço abrir seu coração para este homem em especial, e também porque sabe que deseja trabalhar nos detalhes do novo programa. Ele deixa de lado esses sentimentos — não porque esteja envergonhado ou porque não sinta que seus problemas mereçam atenção ou por qualquer uma das diversas justificativas que a pessoa que se auto-suprime pode dar. Ele não está pensando em se reprimir; ele sente confiança de que no momento certo poderá lidar com a questão que o perturba. Mas ele pode esperar, bem como a pessoa com um aperto de fome no meio de uma peça teatral interessante sabe que tem tolerância suficiente para suportar a fome e ainda continuar interessado na peça. Comportar-se de modo diferente é transformar-se numa vítima das irrelevâncias e perder todo o senso de escolha pessoal na vida. Os seres humanos têm espaço — eles têm uma habilidade admirável para deixar uma coisa de lado e dar-lhe atenção mais tarde.

Certa noite eu tinha o compromisso de comparecer a uma demonstração pública e, usando meu próprio fluxo de consciência, expor como podemos descrever a experiência do aqui-e-agora na gestalt-terapia. Infelizmente, naquela tarde, recebi algumas notícias chocantes, as quais não queria mencionar numa demonstração pública. Embora não houvesse necessidade de ocultar o conteúdo das notícias, seria bastante constrangedor para mim falar sobre isso diante de um grande grupo de pessoas que eu não conhecia. Sentia-me ansioso com este dilema; estava claro para mim que eu precisava "colocar entre parênteses" minhas preocupações, mas eu não tinha certeza de que poderia fazê-lo e, ao mesmo tempo, permanecer autenticamente em sintonia com minha experiência real no aqui-e-agora. Quando me levantei diante da platéia, minha preocupação anterior simplesmente desapareceu, e passei pela situação sem a menor necessidade de bloquear nada. Ao estabelecer minhas próprias prioridades, fui capaz de permanecer com minha intenção original, descrevendo livremente minha consciência naquele momento. Não existe uma fórmula segura, mas fica claro que, em muitas situações, o processo de "colocar entre parênteses" é fundamental para o senso de escolha e propósito e sem ele a mera honestidade se torna uma imitação pueril de inocência.

Os problemas trazidos pelas experiências que competem no desenvolvimento de figuras se parecem com os problemas no desenrolar do processo de "colocar entre parênteses". Idealmente essa competição é resolvida sem dificuldade, de modo que o que emerge como uma figura estará em harmonia com o próprio *background* e com a necessidade de comunicá-lo a outra pessoa.

Kierkegaard, em *Purity of heart is to will one thing*, descreve a completa absorção em Deus como a unidade mais profunda na vida. Toda ambivalência desaparece, e os interesses que competem são reconciliados. Para a maioria de nós, esta pureza concentrada é difícil de ser atingida, pois o que emerge em nossas mentes tem forças e prioridades variáveis. Alguns pensamentos, desejos e imagens são como uma luz piscando no horizonte, e exprimi-los é um anseio indiscriminado e sem importância no fluxo do momento. As mentes não são tão bem organizadas que qualquer ocorrência dentro delas seja igual a qualquer outra. Cada pessoa precisa desenvolver dentro de si um senso de quais eventos têm a força para ser expressos e quais são apenas aparições suaves que ainda não estão prontas para o nascimento. Os fetos não se transformam em bebês por um decreto arbitrário; eles precisam crescer até este ponto. O mesmo também acontece com qualquer experiência humana, inclusive pensamentos e desejos — eles podem se tornar desvios insignificantes no sistema efervescente da pessoa ou podem movimentar-se para a centralidade que evoca a expressão.

Acessibilidade do fundo[6]

É evidente que ao postularmos a formação da figura-fundo como a dinâmica básica da *awareness*, estamos nos referindo às questões comuns, isto é, o quanto nossas experiências nos estão acessíveis e o que compõe o contexto para os acontecimentos em nossas vidas. Se existe *algum* princípio psicológico compartilhado por muitos teóricos, este se refere à existência de forças dinamicamente poderosas dentro do indivíduo e ao fato de essas forças poderem estar inacessíveis à *awareness* deste, mas, mesmo assim, poderem influenciar seu comportamento. A mais conhecida delas é a visão psicanalítica do inconsciente, para a qual a formação figura-fundo é a correspondente na gestalt. O conceito do inconsciente contribuiu muito para o conhecimento que o homem adquiriu no século XX com relação à sua própria natureza, ao dramatizar o poder daquilo que não estava disponível para sua *awareness*. Como isso quase sempre é visto como positivo, não é surpresa descobrir que seus aspectos negativos tenham se tornado aparentes, apesar de sua posição importante como um princípio orientador.

Primeiro, esta visão do homem cria uma cisão consciente-inconsciente, dicotomizando-o e ignorando a visão holística de sua natureza. O fluxo livre entre o acessível e o inacessível, em grande medida, não foi reconhecido nem usado, embora se tenha dado uma pequena atenção ao conceito de pré-consciente. O inconsciente se transformou no ponto central para se determinar uma metodologia psicoterapêutica cuja busca pelo significado inconsciente criou saltos tão grandes de um reservatório psíquico para outro que essas ginásticas mentais encobriram qualquer confiança na consciência. As pessoas acabam se afastando da imediaticidade, depois de removidas da experiência manifesta, a fim de descobrir o que estava *realmente* acontecendo.

O conceito de figura-fundo, por outro lado, apóia a experiência de superfície do indivíduo como uma fonte de grande impulso tera-

---

6. Parte do material desta seção contou anteriormente num ensaio de E. Polster, *Trends in gestalt therapy*, distribuído pelo Instituto Gestalt de Cleveland, 1967.

pêutico, como mostraremos no decorrer deste livro. A vida é tão simples como o nariz em seu rosto quando você está disposto a ficar com aquilo que está presentemente claro, passando de um momento da experiência real para o próximo, descobrindo algo novo em cada momento, algo que se move para a frente, desenvolvendo o tema de seu próprio movimento e culminando em esclarecimentos que eram inacessíveis no início. Portanto, as *seqüências* de atualidades contam a história em vez de esta ser contada por um clínico inteligente. As interpretações e equações simbólicas são puras tentativas de adivinhação, um drama empolgante para os conhecedores divinos. Este é um jogo especial, jogado engenhosamente, que oferece desafio e autoconfirmação para o virtuosismo no "tiro ao alvo" psicológico. Ele pode trazer iluminação e uma surpresa aguda para a pessoa que é observada. Ah! Quando a interpretação atinge seu alvo, ela ligará a consciência da pessoa com os próximos dados vindos do inconsciente, e a pessoa irá experienciar a unidade que a torna inteira novamente. O risco é que ela aprenda a desconfiar do primeiro plano e a depender de uma autoridade externa para explicar a realidade. Interpretar a natureza do inconsciente de uma pessoa neutraliza seu próprio processo de desenvolvimento. Esse processo é estabelecido de modo mais firme quando está baseado em sua própria consciência de um momento para o outro, cada nova consciência seguindo-se ao *momentum* da experiência anterior.

Eis um exemplo de como a seqüência de formação de figuras pode se desenrolar numa sessão terapêutica, na qual se trabalha sem a interpretação do processo inconsciente. Cléo, uma mulher de 35 anos, era divorciada havia muito tempo, classicamente insatisfeita apesar do sucesso em seu trabalho e de sua fácil sociabilidade. Ela mantinha cronicamente seu retraimento, fixando no *background* esses sentimentos, sem os quais ficava num vago estado de anseio e inconclusão. Certo dia, Cléo tomou consciência de seu medo de se aproximar das pessoas e correr o risco de se apaixonar. Para ela, essa posição seria intolerável se não fosse amada, e Cléo temia acabar numa necessidade purgatorial de outra pessoa. A experiência de seu medo foi uma nova figura para ela, uma figura que não tinha permitido que emergisse anteriormente. Conforme ela falava, pedi-lhe para descrever como se sentia. Ela dizia haver uma pontada de uma sensação que não conseguia descrever e também a assustava, só que dessa vez o medo era palpável e específico — outra figura. Conforme focava sua concentração nesta sensação, seguindo minha sugestão, Cléo começou a sentir que se realmente se abrisse para esta sensação, a sensação seria tão forte que ela *teria* de fazer alguma coisa, um senso de inexorabilidade que Cléo não estava acostumada a permitir — outra nova figura. Pedi-lhe que fechasse seus olhos e permitisse o surgimento de uma fantasia. Ela fantasiou a cena em meu consultório — outro passo no desenvolvimento de figuras. Então pedi-lhe que visualizasse o que ela gostaria de fazer nesse lugar. Ela viu a si mesma vindo para os meus braços e então se viu chorando. Seu rosto ficou ruborizado e, embora ela não tivesse realizado de fato sua fantasia, sentiu um grande calor dentro de si e nada do medo que ela imaginava que acompanharia essa sensação. Ela dizia sentir-se inteira e surpreendentemente independente, nem um pouco vulnerável à experiência não correspondida. Uma nova configuração havia se formado. Ela podia falar de modo sério e caloroso comigo a partir da base de sua sensação interna e, deste ponto em diante, seus relacionamentos fora da terapia começaram a se tornar cada vez mais calorosos, e a segurança de Cléo com relação às pessoas aumentou dramaticamente.

Este exemplo mostra como o movimento não interpretativo de uma figura para outra pode acontecer numa experiência de terapia. Nele, a paciente está seguindo seu próprio caminho, fazendo suas próprias escolhas a cada etapa do jogo. Sua experiência presente se tornou crucial para a resolução de suas questões pendentes quanto a permitir sensações profundas.

O processo de mover-se de um momento para o outro reflete a visão existencial de que qualquer coisa que exista, existe apenas agora. O fluxo é a base da experiência; assim, se a pessoa puder permitir que cada experiência atinja a realidade que busca, ela acabará por se dissolver no fundo, para ser substituída por qualquer experiência seguinte que tenha força suficiente para surgir no primeiro plano. Só o apego psicológico é capaz de manter uma aparência de mesmice na vida. Por exemplo, quando Cléo foi capaz de experienciar e abandonar sua crença de que o calor e a proximidade fariam com que ela permanecesse purgatorialmente no amor, o fluxo de sua *awareness* foi restaurado. Cada momento e cada figura contribuem apenas com sua parte no processo experiencial como um todo, bem como um único quadro de uma película contribui com uma imagem transitória para o fluxo ininterrupto de um filme. Se o filme for interrompido, mesmo que a figura esteja totalmente em foco, a qualidade de vida desaparece, e somos deixados com uma versão estagnada do que poderia ter sido um processo vital. A restauração desse movimento no decorrer do tempo é um tema que permeia nossa terapia. Nos lugares em que esse movimento tem quebras, ou quando ele é interrompido, a vida se torna desajeitada, desconectada ou sem sentido, porque a pessoa perdeu a base do ciclo constantemente rejuvenescedor do desenvolvimento e o desfrutar que faz parte do próprio processo contínuo da vida.

A perspectiva gestalt valoriza a novidade e a mudança, não um valor que traga pressão, mas uma expectativa cheia de fé de que a existência e o reconhecimento da novidade são inevitáveis se permanecermos com nossas próprias experiências à medida que elas realmente se formam. Beisser[7] descreveu isso como uma teoria paradoxal da mudança por causa do fato de a mudança se apoiar na aceitação plena, embora temporária do *status quo*. Jogos paradoxais não são fáceis de ser jogados, pois exigem discriminações profundamente habilidosas. Ao aceitar o *status quo*, isto é, ao permanecer com a experiência enquanto ela se desenrola a seu próprio modo, o indivíduo corre o risco de apegar-se ao *status quo*. Este é o veneno inalado por aqueles que não sentem o momento em que devem soltar-se e deixar que o processo de mudança natural assuma a direção. Se o processo de entrega é forçado, abortamos a continuidade que cada momento tem naturalmente com o momento que vem a seguir; se o processo de entrega é impedido, estamos interrompendo esta continuidade.

É importante aprender a diferença entre permanecer com uma experiência até que ela esteja completa e apegar-se, tentando obter algo mais — o que quer que seja — de uma situação que ou está terminada ou é estéril. As pistas básicas são: a atenção dada à questão é uma atenção frouxa, não fixa, móvel ou se ela é uma atenção que parece colada a seu objeto. As pessoas que têm o olhar fixo de um inseto, o agarrar pegajoso, preocupações insistentes, um sentimento

---

7. Beisser, A. "The paradoxical theory of change". In: Fagan, J. e Shepherd, I. (eds.). *Gestalt therapy now*. Palo Alto, Califórnia: Science & Behavior Books, 1970.

de desespero, sermões instantâneos, uma falta de disposição para deixar o assunto de lado quando a conversa acabou, que citam autoridades, estão todas apegadas. Uma pessoa está apegada quando permanece em qualquer situação que lhe está causando muitos problemas e não tem perspectivas de melhorar. Vinte anos no mesmo emprego sem promoções, dez anos de casamento com alguém com quem nem se gosta de estar junto ou com quem não consegue se dar bem, mantendo uma auto-imagem idealizada perante todas as indicações do contrário, todos estes são sinais de apego. Em todas essas circunstâncias a pessoa está apegada, bem como em outros inúmeros exemplos, nos quais a situação imediata está persistentemente em desarmonia com o contexto das necessidades do indivíduo. Ken, que havia sido iludido pelo *status* e pela segurança que ele pensava serem representados na vida acadêmica, sentia-se infeliz com a realidade de seu papel como professor universitário. Ele se sentia oprimido pela necessidade de publicar trabalhos, as infindáveis reuniões de comitês o deixavam louco, e havia outras numerosas maneiras em que ele preferiria passar sua vida. Ken era um excelente homem de negócios e sonhava em dirigir um *resort* na comunidade. Tinha até algumas idéias inovadoras sobre como poderia fazer isso e ainda manter algumas conexões profissionais por meio de palestras e de consultoria. Mas ele se apegava atavicamente a seu compromisso com a faculdade, ignorando suas necessidades atuais e agarrando-se à imagem do acadêmico seguro a quem todos admiravam e respeitavam. Uma pessoa está se apegando quando a desarmonia persiste e não se faz nenhum esforço para mudar as circunstâncias.

Os sinais de que a pessoa está presente na experiência são a atenção aberta às alternativas e o senso de ter uma escolha entre essas possibilidades. Obviamente, ficar presente na experiência é uma escolha fácil quando a experiência é agradável. Mas ficar presente ainda que isso envolva tristeza e dor consideráveis ainda retém o sabor de uma decisão tomada pela escolha e não pela autocoerção. Portanto, um pintor que elabora contradições difíceis em sua pintura pode buscar laboriosamente por soluções mediante esculturas esmeradas, como Matisse fez certa vez. Um estudante que odeie a faculdade, mas ciente de que deseja o treinamento como apoio em seu futuro trabalho, pode se manter presente se tiver a experiência de que sua decisão é válida no contexto das necessidades de sua vida. Um homem que esteja casado com uma mulher inválida, mas escolha ficar com ela e continua renovado e amoroso nesse processo, está presente mesmo que possa haver muita dor.

Embora todos esses exemplos tenham alguns aspectos em comum, é claro que em cada caso o julgamento pessoal do indivíduo e a profunda absorção com que ele mantém seu envolvimento são cruciais. Não existem regras diretas e rápidas que governem a distinção entre apegar-se e ficar presente. É a responsividade única a cada acontecimento que determina a qualidade da vida de uma pessoa. Aquilo que é apego para uma pessoa é estar presente para outra. A tarefa é ficar em contato com o próprio eu e com as próprias necessidades.

3

Resistência e além dela

*...Você é um amálgama excepcional de forças vee-
mentes... Nós não falamos em termos de responsabilidade. Assim, muitos fatores estão mediando.
Fomentando. Promulgando. Cada um é diferente. Um
bilhão de pequenas coisas despercebidas pelo objeto
de sua influência... Elementos negativos e positivos
lutam, e nós só podemos olhar para eles, e nos mara-
vilhar ou lamentar. Algumas vezes, você pode ver um
caso claro de confronto entre anjo e abutre.*

Saul Bellow

O conceito de resistência tem implicações de longo alcance para
o terapeuta que quer ir além dos "deverias" endêmicos de nossa cultura. Tradicionalmente, a resistência implica que uma pessoa tenha
objetivos específicos que podem ser identificados, como visitar um
amigo, fazer a lição de casa ou escrever uma canção. Qualquer força
intrapessoal que interfira no movimento para essas direções é chamada
de resistência, uma barreira teimosa, estranha ao comportamento natural da pessoa. Segundo essa visão, a barreira precisa ser removida
para que o objetivo "correto" possa ser alcançado. Portanto, a força
resistente é vista como o sabotador entre as diversas forças que existem dentro do indivíduo, e, na verdade, como um agente não do eu,
mas sim do antieu. Isso é uma reminiscência da superstição medieval
com relação à possessão por demônios ou espíritos malignos.

A resistência merece a mesma consideração. O que normalmente
é considerado resistência não é apenas uma barreira inerte que deve
ser removida, mas uma força criativa para administrar um mundo
difícil. Uma criança aprende a conter seu próprio choro quando ele
provoca uma reação antagônica de seus pais. Como sua área de ação
está restrita ao ambiente em que ela pode se mover, aceita as condições

conforme as encontra e faz o melhor com aquilo que tem. Mais tarde, ela se torna menos limitada, podendo se afastar de casa, desenvolvendo um novo senso de liberdade e poder. Então, se ela mantém a imagem da infância sobre as conseqüências impressionantes das lágrimas, sem dúvida está presa ao passado e será necessária uma nova força para soltá-la.

Em vez de procurar remover a resistência, é melhor focalizá-la, supondo que, no melhor dos casos, uma pessoa cresce ao resistir, e no pior, a resistência ainda é uma parte de sua identidade. É um engano rotular o comportamento original como uma mera resistência. Remover a resistência para voltar a uma pureza pré-resistente é um sonho fútil, porque a pessoa que resistiu é agora uma nova pessoa e não há como voltar. Cada passo no desenvolvimento da resistência se torna parte de uma nova formação da natureza do indivíduo. Ele não se transforma na pessoa antiga acrescida de uma resistência que pode ser removida tão logo ele se tornar suficientemente corajoso para removê-la. Ele é uma pessoa totalmente nova.

Podemos ver, por exemplo, que a pessoa que resistia a chorar por causa da dor que isso provocava quando seus pais lhe batiam, a deixavam sozinha, a prendiam, ou gritavam com ela, fez muito mais do que apenas bloquear seu choro. Ela exercitou as percepções a respeito de seus pais, e dessa forma ampliou sua sensibilidade; ela descobriu como é a vida quando o choro é uma alternativa inaceitável; ela pode ter se tornado dura e resistente; ela pode ter expandido seus poderes para assimilar as sensações sem precisar liberá-las etc. Naturalmente, ela também pode ter desenvolvido uma natureza fria para não ser tentada a chorar, ou pode ter desenvolvido uma lamúria contínua, ou milhares de outras características desagradáveis.

No entanto, qualquer que seja o caso, o único caminho aberto ao terapeuta é o de reconhecer a pessoa como ela é, acentuando aquilo que existe, para que isso se torne uma parte energizada de sua personalidade, em vez de um peso morto despersonalizado. Suponha, por exemplo, que John diga que não consegue conversar com Mary, uma mulher em seu grupo, porque existe uma parede entre eles. Esta é a forma de "resistência" dele quanto a falar com Mary. John precisa *ter a experiência* desta parede, não removê-la; ser a parede ou conversar com a parede ou descrever a parede — qualquer coisa que faça com que John se desvencilhe dos estereótipos estagnados sobre a parede e descubra sua realidade viva. Aqui está um diálogo imaginário, que mostra o processo básico, talvez mais puro do que a realidade, mas válido e esclarecedor.

Pede-se que John imagine ser a parede, e ele diz:

"Eu estou aqui para proteger você das mulheres predadoras que o comerão vivo se você se abrir para elas."

John responde para a parede:

"Você não está exagerando? Ela me parece merecedora de confiança. Na verdade, ela parece estar apavorada, mais que qualquer coisa."

P: É claro que ela está apavorada. Eu sou responsável por isso. Sou uma parede bastante severa e assusto muitas pessoas. É assim que você quer e até tenho afetado você também deste modo. Você tem medo de mim embora eu realmente esteja do seu lado.

J: Eu *estou* com medo de você e chego até mesmo a sentir você dentro de mim, como se tivesse me tornado semelhante a você. Sinto meu peito como se ele fosse feito de ferro e estou realmente ficando bravo com isso.

P: Bravo, com o quê? Eu sou sua força e você nem sabe disso. Sinta como você é forte por dentro.

J: Certo, sinto a força, mas também sinto a rigidez, quando meu peito parece feito de ferro. Eu gostaria de bater em você, de derrubar você e ir até Mary.

Terapeuta: Bata em seu ferro.

J: (Bate em seu peito e grita) Saia do meu caminho — *saia* do meu *caminho*!

(silêncio)

Meu peito parece forte — mas não como se fosse feito de ferro.

(Outro silêncio... A boca e o queixo de John começam a tremer. Por um momento ele luta contra a onda de sentimento, e depois se entrega ao choro. Ele olha para cima, e depois diz a Mary:)

Eu não sinto mais nenhuma parede entre nós e realmente quero conversar com você.

Este exemplo mostra as forças inerentes à parede e também sua característica de interferir. Quando a parede é assimilada pelo indivíduo — quando John pode aceitar ser *ele* a "parede" —, ela se transforma numa parte de seu senso de objetivo, contribuindo para sua força e acrescentando à sua vida, não subtraindo. As características que reentraram na *awareness* de John ampliam seu senso de identidade válida e o recarregam. O comportamento dele retoma o sabor da vitalidade estática que ficara preso no impasse.

Os mesmos fatores estão presentes em qualquer acontecimento terapêutico, mas as complicações também. Pois as resistências são de natureza múltipla. Embora a parede, neste exemplo, seja uma representação sólida e não ambígua da resistência, esta pode assumir muitas formas: verbal, metafórica ou comportamental — simultânea ou seqüencialmente. Assim, ficar com a resistência requer uma escolha criativa em que a própria seletividade do terapeuta se transforma numa força transcendente, movendo-se além de um foco exclusivo na simples resistência identificada.

Por exemplo, em um *workshop*, havia um homem imenso e desajeitado que parecia ser o equivalente moderno de Falstaff: uma forma gigantesca, uma grande barriga, uma face vermelha e um jeito amigável. Apesar de seu tamanho enorme e de um poder físico tão grande, que dominava visualmente a cena do *workshop*, Hal permaneceu silencioso a maior parte do tempo. Quando ele finalmente falou, o fez com olhares dardejantes, com um grande curvar de ombros autoprotetor e sem se dirigir a ninguém especificamente. Havia uma expressão de medo em seu rosto, e um senso de incerteza e falta de direção em sua postura. Hal parecia temer um ataque a qualquer momento. Quando lhe perguntaram a respeito de seu silêncio, disse ter muita dificuldade em lidar com mulheres mandonas, sobretudo quando elas estavam num papel de autoridade. Ele disse que não ficaria de costas para uma mulher, que não confiaria numa mulher que estivesse atrás dele. Portanto, Hal tinha exprimido sua resistência pelo seu silêncio, sua desconfiança e seus ombros curvados. Eu o deixei usar seus ombros curvados, seu silêncio e sua desconfiança. Primeiro, levantei-me e andei atrás de Hal, e lhe perguntei como ele se sentia agora que eu *estava* atrás de suas costas. Ele estava sentado no chão. Quando se virou para me confrontar, colocou as mãos para baixo, como se fosse engatinhar. Assim, a resistência tinha passado para um agachamento.

70

Eu o rodeei novamente, buscando uma forma em que pudéssemos usar seu agachamento desconfiado e silencioso. Dessa vez subi nas costas dele, agachada em cima dele, e perguntei a Hal o que ele poderia fazer comigo. Ele estava livre para uma grande diversidade de reações, inclusive me derrubar como se eu fosse a cinza de um cigarro. Se eu tivesse sentido que essa seria a direção seguida pela resistência energizada, não teria subido nas costas dele. Mas ele disse: "Bem, posso levar você para uma volta na sala". Ele tinha escolhido seu próprio remédio. Levar-me para dar uma volta na sala coloca-*o* no controle. Mesmo que eu parecesse ser a mulher que estava em cima dele, Hal havia retomado o senso de domínio sobre si mesmo. Ele também tinha conseguido transformar uma situação ameaçadora numa situação de brincadeira, usando sua força, desenvolvendo uma sensação de prazer e de união consigo mesmo, comigo e com o grupo, que tinha sido energizado ao vê-lo ativado. Os grunhidos e a diversão confirmaram seu poder. Para mim, foi como um divertido passeio de elefante. Hal era a força do movimento, determinando a velocidade, a direção e a diversão. No momento em que voltamos a nossos lugares originais e eu saí de cima de suas costas, ele conseguia rir e dizer de um modo novo que não se sentia mais cauteloso comigo, e esperava ser ouvido durante o restante do *workshop*, o que de fato aconteceu, tornando-se uma figura central no grupo. Portanto, ao acentuar e mobilizar sua resistência, Hal havia soltado seu poder, tornando-o único e oportuno em nossa interação, em vez de permanecer atolado em suas expectativas anacrônicas. Em vez de ser dominado por uma mulher, *ele* podia dominar; em vez de ameaçar um combate, ele desenvolveu uma união divertida; em vez de manter um impasse de inação, repleto de suspeita e projeção, ele entrou numa disputa real que teve detalhes únicos ricos e um resultado imprevisível.

Hal transformou a energia agressiva, potencialmente perturbadora, num comportamento socialmente aceitável. Segundo o conceito de sublimação, este homem brincou *em vez de* controlar ou ferir. Entretanto, quando a resistência é vista como criativa, diríamos que não acontece *nenhuma substituição*. Ele fez uma escolha entre a infinidade de direções que poderia ter tomado. Os atos resultantes foram a culminação de uma combinação de forças, cada uma válida por si mesma, que incluíam a agressão, diversão, suspeita, confiança, afeição, raiva etc. Inferir sublimação requer um julgamento entre o que é *realmente* verdadeiro e o que realmente aconteceu, uma distinção que não estamos dispostos a fazer. Qualquer combinação de suspeita e hostilidade que poderia anteriormente ter interferido com a diversão ou com a confiança não era *mais* básica do que o comportamento presente que incluía a diversão e a confiança. Considerar as motivações originais mais geradoras do comportamento atual do que a experiência presente é diminuir em muito a importância da superfície do comportamento. Essa visão se arrisca a reduzir os acontecimentos manifestos a meros rótulos do acontecimento verdadeiro, como uma entrada para os mistérios reais porém latentes da vida.

A gestalt-terapia trouxe uma importante contribuição neste sentido, na qual a realidade da vida manifesta retoma a respeitabilidade. Nós prestamos atenção a cada experiência por seus próprios méritos, sem precisar de uma classificação de como uma pessoa realmente é, ao mantermos o foco no empírico, e não no abstrato. Estamos esboçando uma nova visão do homem, não uma visão do homem contra si mesmo, mas uma visão do homem como uma composição, em que cada um dos componentes impõe-se vitalmente *por* si mesmo. Essa visão não tem preconceitos sobre a natureza real do homem como uma classe — ou mesmo sobre a natureza real de qualquer homem específico. Não existe uma natureza real do homem *que seja distinta* da totalidade da experiência dele. Sua assim chamada resistência não é menos parte dele do que o impulso a que ele pode estar resistindo. Então, podemos passar de uma experiência para a outra sem santificar nenhum aspecto específico de um indivíduo. Sua história irá se desdobrar ao seguir sua própria direção.

Composição

Enxergar o homem como uma *composição* de características em vez de meramente alguém que resiste leva a uma imagem de que o homem estará em dificuldades quando estiver dividido *dentro* de si mesmo, e não *contra si mesmo*. A guerra interior, com freqüência antiga ou num impasse, é uma guerra pela existência, alimentada por cada aspecto da pessoa, cada um com sua própria energia, seus próprios apoios e seus próprios oponentes. Cada nova síntese entre a população de diferenças que formam o indivíduo é uma nova aliança, que reflete de forma momentânea a força atual de cada componente. Por exemplo, a falta de disposição para a ação de Hal era uma união de sua desconfiança básica para com as mulheres em geral, suas percepções de uma líder específica, sua masculinidade aprisionada e sua fuga das brincadeiras. Entre as mudanças específicas que realinharam o comportamento dele estavam a permissão de que sua masculinidade seguisse sua própria direção, a experiência da líder sob uma nova perspectiva e o uso de seu próprio potencial para brincadeiras. A composição foi alterada quando os antigos ingredientes se desenvolveram e novos — como alguém subindo em suas costas — foram acrescentados, do mesmo modo como teria sido alterada numa pintura ou num processo químico. O cerne da psicoterapia encontra-se neste processo de desenvolver direções antigas, e fracassadas, e mover-se em novas direções. Ao colocar as forças relevantes num novo contato umas com as outras, podemos descobrir o poder das partes alienadas do eu.

O exame do trabalho com um sonho, apresentado por Perls,[1] ilustrará esta visão do homem como uma composição de forças. Sem interpretar e sem dar atenção específica à resistência, Perls traça o curso das diversas personagens e expressões do sonhador de modo que cada parte da pessoa tenha uma voz no desenvolvimento da elaboração do trabalho com o sonho. Este é o sonho que Dick relatou:

(Depressa) Eu tenho um pesadelo recorrente. Estou dormindo, e ouço alguém gritando, e acordo e os guardas estão batendo num garoto. Quero me levantar e ajudar o garoto, mas há gente parada na cabeceira e no pé da cama, e eles ficam jogando travesseiros de lá para cá, cada vez mais depressa, e eu não consigo mover a cabeça. Não consigo me levantar. E acordo gritando e todo molhado de suor.

Depois de alguma conversa preliminar, Perls pede a Dick que seja o policial e bata no garoto, e assim ele o faz espancando o garoto, um papel do qual ele não gosta. Perls então lhe pede que fale com o

---

1. Perls, F. S. *Gestalt therapy verbatim*. Moab, Utah: Real People Press, 1969.

policial. Dick explica para o policial a trama socialmente determinada do garoto, mas o policial mantém uma visão moralista e depois diz a Dick que se o garoto vai ferir as pessoas, ele irá feri-lo também. Então Perls convida Dick a encenar o garoto na conversa. O garoto explica a importância de ser um membro de uma gangue e uma pessoa influente mediante sua própria violência. Ele deseja ser importante. Nesse momento, Dick está começando a simpatizar com a orientação para a realidade demonstrada pelo policial e pela proteção que este oferece aos interesses da comunidade, e o garoto está aparecendo como alguém que precisa de cuidados e ter um lugar significativo no mundo. Então Dick sente sua própria impotência enquanto o garoto começa a falar de sua necessidade de deixar sua vizinhança e como ele deseja ajudar a fazer isso. O policial dificulta as coisas para o garoto, e o garoto o ataca enfurecido. Dick apóia o garoto e começa a sentir sua própria violência, em vez de apenas projetá-la sobre o policial ou sobre o garoto. Então Perls auxilia Dick a ir mais longe ao desenvolver seu próprio senso de si mesmo. Dick entra em contato com seu desejo de destruir seu próprio passado e de desenvolver um trabalho significativo. O sonho trabalhado termina com a seguinte conversa que reflete uma união da própria auto-imagem de Dick, o policial dentro dele, o garoto que é parte dele, seu senso de impotência, sua necessidade de ser uma pessoa importante e sua racionalidade:

Perls: Feche os olhos outra vez. Entre em contato com a sua violência. Como você experiencia a violência?...

Dick: (Ofegante) Eu quero des... destruir coisas. Eu quero... eu quero romper o passado. Eu quero me livrar de todas estas coisas que me impedem. Eu quero ser *livre*. Eu simplesmente quero jogá-las fora.

P: Converse com o passado: "Passado, eu quero me livrar de você".

D: Passado, você não pode me reter. Muitos garotos passaram pela mesma coisa. Existem todos os tipos de favela no mundo. Muita gente passou pelo reformatório, pela cadeia. Isso não quer dizer que eles não possam conseguir alguma coisa. Eu estou tirando o meu título de doutor. Eu estou *cheio* de você. Eu vou deixar você de *fora*. Eu não quero mais você por perto. Não me aborreça mais. Eu não preciso mais voltar e ver como a vida é aí. Eu não preciso mais sentir o excitamento. Eu posso viver onde eu vivo agora. Eu estou entrando no mundo acadêmico — o verdadeiro mundo!

P: O que o passado responde?

D: É, mas você... você sabe que nós somos seus amigos, e nós entendemos o que você quer. Nossa vida é mais rica. Ela tem mais excitamento, mais significado, existe mais para se fazer, mais para se ver. Não é uma vida estéril. Você sabe o que você fez. Você não pode sair assim, você não pode ir embora sem mais nem menos.

P: Em outras palavras, o passado sente o título de doutor como algo estéril? Você está...

D: Título... ahh... título de doutor, que merda é essa?

P: Diga isto para ele.

D: Olhe. Você consegue um título de doutor, e daí? Ele coloca você numa posição em que você é capaz de fazer um pouco mais para ajudar a analisar certos problemas; e quando as pessoas recebem o título, na verdade, não vão fazer muitas coisas com ele. Na verdade, não vai fazer tanta diferença.

P: Você vê, agora entramos na questão existencial. Agora você chegou ao seu *hang-up*,* o seu ponto de impasse.

D: É isso mesmo.

P: Você quer fazer algo mais excitante.

D: Eu não quero só fazer algo mais excitante; quero fazer algo mais significativo — algo *real*. Eu quero tocar, quero sentir o que eu faço. Eu quero assisti-lo crescendo e se desenvolvendo. Quero me sentir útil. Mesmo de um modo amoroso, afetuoso, quero me sentir útil. Eu não quero modificar o mundo... Esta sensação de impotência. Todo aquele trabalho.

P: Esta é uma observação muito interessante, porque toda matança baseia-se na impotência... Então, seja o doutor...

D: Existem três bilhões de pessoas no mundo, e talvez dez mil tomam decisões. E o meu trabalho vai ajudar aqueles que tomam decisões, para que

---

* O verbo *to hang* significa pendurar. *Hang-up* refere-se a algo "pendurado"; em psicologia o termo é empregado para designar problemas "pendentes", ou seja, problemas que geralmente afligem a pessoa durante um período de tempo muito grande, sem que seja encontrada solução. (N. T.)

75

elas sejam mais sábias. Não vou abalar o mundo, mas eu vou fazer bem mais do que os outros dois bilhões novecentos e tantos milhões fazem. Vai ser uma contribuição valiosa.

P: Você vê como está ficando cada vez mais racional — os opostos se juntando? Como você está se sentindo agora?

D: Sinto que quero ser racional.

P: Isso, isso. Acho que você fez um trabalho muito bom aqui.

No decorrer deste trabalho não existe nenhum esforço para descobrir o que está *por trás* do sonho. Em vez disso, o trabalho envolve esforços repetidos para ampliar as afirmações dentro do sonho de modo que cada afirmação se entrelace com a anterior, até que a cadeia de afirmações siga seu curso. Cada parte do sonho tem permissão para falar a partir de *sua própria* perspectiva, sempre afetada, mas nunca determinada, por sua interação com as outras partes. Jamais se questiona quem é o eu *real*, do mesmo modo que o quadradinho vermelho num quadro de Mondrian não é parte mais importante da pintura do que o retângulo azul. A posse preconceituosa da identidade cede lugar a qualquer coisa que emerja da composição de forças; neste exemplo, a necessidade de obter e usar um título de doutor. O que surge é o senso de um reflexo primal na direção da síntese sempre que as identidades elementares entram em contato umas com as outras.

A natureza composta do homem, aparente no trabalho com o sonho, é também evidente no trabalho gestáltico com polaridades pessoais. Não existe nada de novo com relação a olhar para as polaridades no homem. O que é *novo* é a perspectiva gestáltica de que cada indivíduo é em si mesmo uma seqüência interminável de polaridades. Sempre que um indivíduo reconhece um aspecto de si mesmo, fica implícita a presença de sua antítese ou qualidade polar. Ela fica ali como pano de fundo, dando dimensão à experiência presente, e ainda assim é suficientemente poderosa para surgir como uma figura por direito próprio se reunir força suficiente. Quando essa força é apoiada, pode desenvolver-se uma integração entre quaisquer polaridades que emerjam, uma em oposição à outra, congeladas numa postura de alienação mútua.

A mais famosa dessas polaridades da gestalt é a cisão *topdog/underdog*,[2] na qual a luta é entre o senhor e o escravo. O senhor ordena, dirige e repreende, e o escravo reage com sua passividade ou sua falta de compreensão, ou incapacidade, ou fingindo que tenta seguir as ordens do senhor, sem obter sucesso. Entretanto, as polaridades têm dimensões *infinitas*, como o modo de viver do meu irmão e o modo como eu vivo; minha gentileza e minha crueldade; meu afeto e meu cinismo; o contador de histórias e a Esfinge que existem dentro de mim; João Universitário *versus* Garoto Sem Saída etc. Essas polaridades têm um sabor pessoal; cada pessoa desenvolve suas próprias polaridades.

O trabalho durante a resolução das polaridades é ajudar cada parte a viver sua plenitude e ao mesmo tempo fazer contato com sua contraparte polar. Isso reduz as possibilidades de que uma parte permaneça atolada em sua própria impotência, apegando-se ao *status quo*. Em vez disso, ela é ativada para que faça uma declaração vital de suas próprias necessidades e desejos, afirmando-se como uma força que deve ser considerada numa nova união de forças. O fato de uma parte ser vista como o *topdog* e a outra como o *underdog* não é tão importante quanto a expressividade válida de cada parte articulando sua própria identidade específica.

A seguir é apresentado o exemplo de um diálogo escrito entre o lado impotente e o lado enfurecido de uma mulher cujos longos silêncios nos grupos pareciam bem normais para ela, até que entrou em contato com sua raiva e com a conseqüente impotência que sentia ao lidar com ela. O diálogo mostra a incompatibilidade original entre os dois lados, e depois uma suavização das barreiras de modo que uma nova união se torne desejável. Ela realmente passou a ser uma participante mais ativa, não só no grupo, mas também em sua vida profissional, na qual começou a aceitar um papel mais central com seus sócios.

Impotência: Eu realmente estou muito desamparada. Não posso fazer nenhuma mudança real em meu modo de funcionar. Continuo mantendo-me

---

2. Perls, F. S. "Four lectures" In: Fagan, J. e Shepherd, I. (eds.). *Gestalt therapy now*, Palo Alto, Califórnia: Science & Behavior Books, 1970.

calada com relação às coisas, deixando que as outras pessoas determinem o curso de ação ou o que for.

Raiva: Estou cansada de suas desculpas! Tudo isso não passa de desculpas. Você não gosta do modo como as coisas são, mas não faz nada para mudá-las.

I: Eu não mudo por sua causa! Se eu deixar sair um pouco de você, você irá me dominar. Não vai sobrar nada de mim. Você continuará violentamente até ter destruído tudo! Mesmo agora eu choro quando penso nisso — você sempre me faz chorar. Quando choro, derroto você, pois aí você não pode fazer nada mas eu também não posso. Assim, no fim não sou nada — só fraqueza e lágrimas.

R: Se você ao menos confiasse em mim, eu poderia lhe mostrar que a raiva pode ser útil, e não só destrutiva.

I: Não...

R: Então continue sendo fraca como é.

I: Também não quero isso. É um dilema impossível. É culpa sua. Se você não estivesse aí, eu poderia fazer coisas. Eu não estaria nesta posição se você não tivesse me dominado por tanto tempo, se não tivesse me negado, se não tivesse tentado ser tão angelical que todos gostam de você. Eu sei de tudo isso, mas isso não muda nada. Eu não posso mudar.

R: Você age como se tivesse que fazer algo — tudo o que você realmente tem que fazer é me deixar existir. Conheça-me — relaxe e deixe as coisas acontecerem se quiserem. Talvez se você não estiver sempre tão em guarda — tire as travas de sua boca, crie uma rota direta do pensamento para a fala.

I: Sei o que você está dizendo. É isso o que eu quero. Estou pensando nos terrores da raiva — e estou chorando de novo. Vejo meu pai de pé, nos primeiros degraus da escadaria, com uma faca de açougueiro na mão e ameaçando matar minha tia. Eu o vejo com seus olhos azul-claros arregalados e olhando e gritando — e gritando — e gritando — não posso suportar isso!

R: Pare com isso — esse era ele — não o mundo inteiro.

I: A raiva dele lhe arruinou a vida. Ele é um homem amargo e solitário.

R: Sua raiva está arruinando a sua vida porque você a nega — é melhor assim?

I: Não, eu entendo tudo isso, mas como já disse, as lágrimas sempre ficam no meio do caminho...

R: Danem-se as lágrimas! Você pode ir além delas — ou com elas — ou apesar delas — essa não é uma boa desculpa.

I: Como eu posso usar seu — não — fique comigo — talvez esse seja o problema: eu falo como se você fosse uma espécie de arma. Não deveria ser assim, não quero brigar com você, nem usá-la. Seja apenas parte de mim.

A afirmação final neste diálogo reflete um movimento básico e natural na direção da síntese — um reflexo na direção da integração. Qualquer organismo complexo organizará suas forças para funcionar com economia, organizando seus diversos recursos na combinação mais suave, mais elegante e mais eficiente possível naquele determinado momento. Ser terno, compulsivo, ousado, cruel e afável é uma combinação de características que terá pouca probabilidade de ser experienciada como compatível, a menos que a pessoa possa redescobrir sua amplitude e reorganizar essas características pessoais numa nova composição. É necessária uma habilidade considerável para que se consiga alcançar a compatibilidade onde a sociedade insiste em não haver nenhuma, e onde a experiência anterior não conseguiu encontrar nenhuma. Além disso, é necessária muita perseverança e criatividade na manutenção da integração e do contato entre características dolorosamente antagônicas.

No nível físico da integração reflexiva, Reich descreveu há muito tempo aquilo que ele chamou do reflexo do orgasmo.[3] Sob o efeito de uma ativação plenamente potente, os movimentos do indivíduo se tornam suavemente sincronizados. Acreditamos que a harmonia descrita por Reich na ocorrência do orgasmo é observável em todas as grandes funções que dramaticamente colocam todo o organismo em foco. Explosões semelhantes no momento do clímax envolvem toda a musculatura também nos atos de espirrar, tossir, chorar, rir, vomitar e defecar. Suponha que, no processo de "treino de toalete", uma criança aprenda que pode controlar o defecar ao apertar seus esfínc-

---

3. Reich, W. *The function of the orgasm*. Nova York: The Noonday Press, 1942.

teres, e num pacto faustiniano ela termine fazendo isso cronicamente, evitando os acidentes temidos, porém pagando um alto preço pela perda da riqueza da função pessoal — uma perda que ela realmente não poderia ter previsto. Não existem mais acidentes na função intestinal, é verdade, mas ela paga o preço ao restringir os movimentos de sua pelve ou por constrições em sua respiração. Só como exemplo, experimente agora apertar bastante os esfíncteres de seu ânus e veja que efeito isso tem em sua respiração. Agora, experimente falar com seus esfíncteres anais bem contraídos. Não é um efeito sem importância, é?

Só é necessário mais um pequeno passo para reconhecer que o que acontece em uma parte de uma pessoa afeta toda a sua natureza. As experiências cooperativas entre as partes componentes de um indivíduo são um lugar-comum: algumas vezes interrompem o bom funcionamento; outras vezes, o facilitam. Por exemplo, certo músico tem um rosto pouco expressivo, que fica especialmente imóvel quando ele está se apresentando, e mesmo assim sua música é executada de modo muito expressivo, e até mesmo passional. É como se ele canalizasse toda a expressão por meio de sua execução, retirando-a do restante de seu corpo e focalizando-a em seus braços, seus dedos e em seu violino. Outra pessoa estuda para um exame enquanto um rebitador martela embaixo de sua janela. Ela bloqueia o barulho, diminuindo uma função enquanto se concentra em outra. Essas integrações são necessárias. Elas só provocam problemas quando o bloqueio se torna crônico e a função bloqueada não está disponível quando é necessária. O músico com um rosto de pedra perde quando sua expressividade em situações não-musicais é cronicamente não-disponível.

A ligação auto-restritiva de diversas funções é ilustrada por uma paciente que descobriu que se corresse iria molhar suas calças. Portanto, ela não *irá* correr, mesmo que isso possa significar perder um ônibus ou se atrasar para uma aula. Sua inibição básica está nos músculos, que controlam o ato de urinar. Quando corre, ela não pode controlar esses músculos e, assim, correr passa a ser perigoso — algo que ela não deve fazer de modo algum — mesmo que não tenha objeções ao próprio ato de correr. Outras pessoas podem bloquear um riso vigoroso porque temem que ele se transforme em choro. De modo semelhante, muitas mulheres e alguns homens podem começar a chorar durante o auge da excitação sexual. O indivíduo sofre uma perda dupla sempre que uma atividade é temida, não em si mesma, mas pelo que possa vir a desencadear. Ele resolveu o problema básico apenas ao diminuir uma função relacionada. Portanto, podemos perceber que o próprio indivíduo é um grupo, sempre recombinando e inter-relacionando seus membros. Kurt Goldstein[4] descreveu este processo de integração:

> Todas as capacidades de uma pessoa estão sempre em ação em cada uma de suas atividades. A capacidade especialmente importante para a tarefa fica em primeiro plano; as outras estão no fundo. Todas essas capacidades estão organizadas de um modo que facilite a auto-realização do organismo total numa situação específica. Para cada realização existe uma organização definida de figura-fundo entre as capacidades.

É claro que surgem contradições neste processo de integração: alguns elementos da luta são dominados por outros, alguns são suprimidos, e alguns competem cronicamente por uma posição de figura emergindo do fundo da existência do indivíduo. Originalmente, a luta era válida, no sentido de que os impulsos em guerra podem de fato ter sido contraditórios, cada um potencialmente interferindo no outro — por exemplo, o desejo de cuspir pode interferir no desejo de que sua mãe o ame.

Nenhuma necessidade pessoal cede elegantemente à sua antítese dentro de um indivíduo, do mesmo modo que um país ou um indivíduo não irá acolher a existência de sua antítese. Quando as antíteses colidem, o *status quo* é condenado porque cada protagonista muda em decorrência do efeito de um sobre o outro. Portanto, em vez de se arriscar a mudanças não desejadas, eles se retraem, mas, ao fazê-lo, perdem a oportunidade de uma síntese nova e dinâmica. Por exemplo, alguém com características fortes e opostas de crueldade e gentileza pode ficar indeciso até que, fundindo essas características, ele se torne um revolucionário ardente, amado entre seu próprio povo, e

---

4. Goldstein, K. "The effect of brain damage on the personality". In: Zax, M. e Stricker, G. (eds.). *The study of abnormal behavior*. Nova York: Macmillan, 1964.

agudamente incisivo num estilo pouco provável entre as pessoas meramente gentis. O crescimento depende da renovação das possibilidades de contato entre os diversos aspectos do indivíduo — possibilidades de contato impedidas por idéias equivocadas de incompatibilidade.

É claro que a restauração do contato entre as diversas partes de si nem sempre é um mar de rosas. O processo de confrontar as características conflitantes dentro de si mesmo pode ser desgastante e perigoso, do mesmo modo que a estratégia de confrontação na política carrega um potencial para a explosão, para o caos e a alienação. Isso é sobretudo verdadeiro quando uma característica está firmemente fortalecida, mas apenas porque está suprimindo outra característica que está começando a buscar expressão. Algumas vezes a força necessária para retomar o contato produtivo pode levar a um comportamento louco ou extremo no qual o indivíduo procura atingir um contato que possa ser sentido de modo palpável. A pessoa que precisa gritar sua raiva para compensar sua submissão impotente, a pessoa que se torna sexualmente promíscua para superar uma moralidade arraigada, e a pessoa sentada em silêncio catatônico num canto em vez de ser engolida inteira pela ambição do pai, estão todas num jogo arriscado, dominando drasticamente as forças entrincheiradas dentro de si mesmas. A pessoa se comporta de modo arbitrário — sem um senso de totalidade, até que esta nova energia ativada possa atingir uma síntese com a força originalmente dominante.

No alinhamento desconfortável que o indivíduo alcançou entre duas características opostas em si mesmo, uma parte de sua natureza perdeu sua ativação e sua atividade. No movimento em direção à integração, essa ativação é remobilizada, e a energia ainda poderosa da parte aceita não é diminuída. O indivíduo que está envolvido deste modo bem pode experimentar uma superestimulação e um medo literal de explodir. Por causa de sua inexperiência com reações explosivas, ele não reconhece que a sensação de explosão pode se transformar em choro, grito, linguagem dramática, movimentos alterados, ataques de birra, orgasmos etc. Até esse momento, ele sentiu que seus limites pessoais eram ameaçados pela expansão das sensações, visto que nenhuma liberação adequada era aceitável. Se, sob novas condições, como a terapia, ele for capaz de ceder e permitir que aconteça a explosão, será como se tivesse renascido. Por outro lado, se não puder tolerar a assimilação da expansão dentro de si mesmo, como é necessário para a integração, ele bem pode, ao menos temporariamente, ter seu crescimento nesta direção impedido por causa do medo. Saber as diferenças entre essas duas possibilidades é uma habilidade engenhosa, que requer uma sintonia sensível por parte do terapeuta e do paciente.

Não existe uma medida precisa a fim de identificar os limites da capacidade de um indivíduo para assimilar ou expressar sentimentos que tenham possibilidades explosivas, mas *existe* uma precaução básica. Esta precaução é constituída por um sólido respeito pela auto-regulação do indivíduo — sem forçá-lo ou seduzi-lo a comportamentos que ele mesmo não tenha estabelecido de modo amplo.

Mesmo assim, os maiores passos para a frente nem sempre vêm de uma ausência de riscos. Em minha própria terapia, dois dos momentos mais poderosos aconteceram quando eu disse *Dane-se*, em momentos de grande sensação — de dispor-se não-verbalmente a arriscar tudo. Sob o impacto de um sentimento avassalador, uma pessoa pode optar por desistir de qualquer escolha posterior, como acontece quando estamos no ponto mais alto de uma montanha-russa: uma vez tendo escolhido entrar na montanha-russa, não se tem mais nenhuma escolha a fazer. Certa vez na terapia, quando escolhi ceder a qualquer coisa que pudesse surgir, encontrei-me surpreendentemente em meio a um choro espasmódico, pela primeira vez depois de adulto. Outra, encontrei-me em meio a espasmos convulsivos e aos tremores mais profundos. A cada vez emergi da experiência redespertado para a úmida ternura da vida, e com um novo senso de direção pessoal; não mediante controle, mas por meio do movimento, da inexorabilidade, do poder e da presença, o tipo de presença que transforma o mundo numa unidade.

4

O comércio da resistência

um completo estranho num dia negro
golpeou-me reavivando o inferno dentro de mim —
que achei difícil o perdão porque
meu (tal como acontecera) ser ele era
— mas agora esse demônio e eu somos
amigos tão imortais um para o seu outro

E. E. Cummings

Todas as pessoas administram sua energia de modo a obter um bom contato com seu ambiente ou para resistir ao contato. Se a pessoa sente que seus esforços serão bem-sucedidos — que ela é potente e seu ambiente é capaz de proporcionar um retorno nutridor —, irá confrontar seu ambiente com vontade, confiança e até mesmo ousadia. Mas se seus esforços não conseguirem o que deseja, ela entra num impasse com uma extensa "lista de roupa suja" de sentimentos perturbadores: raiva, confusão, futilidade, ressentimento, impotência, desapontamento, e assim por diante. E então ela precisa redirecionar essa energia de diversos modos, e todos reduzem a possibilidade da interação plena de contato com seu ambiente.

As direções específicas de sua interação redirecionada irá colorir o estilo de vida da pessoa conforme ela estabelece preferências entre os canais abertos para ela. Existem cinco canais principais de interação resistente, cada um com um estilo expressivo específico: 1) introjeção; 2) projeção; 3) retroflexão; 4) deflexão; e 5) confluência.

Quem usa a *introjeção* investe sua energia na incorporação passiva daquilo que o ambiente proporciona. Ele faz pouco esforço para especificar suas exigências ou preferências. Isso depende de ele permanecer não-discriminativo ou de estar num ambiente totalmente benigno. Enquanto permanece neste estágio, quando o mundo se comporta de um modo inconsistente com suas necessidades, ele precisa usar sua energia para manter-se satisfeito com as coisas conforme as encontra. Quem usa a *projeção* renuncia a aspectos de si mesmo, atribuindo-os ao ambiente. É claro que ele estará certo uma parte do tempo, se o ambiente for suficientemente diversificado. Mas em grande parte ele estará cometendo grandes equívocos, abdicando de sua própria participação na direção da energia e experienciando a si mesmo como impotente para realizar uma mudança.

Quem usa a *retroflexão* abandona qualquer tentativa de influenciar seu ambiente, tornando-se uma unidade separada e auto-suficiente, reinvestindo sua energia num sistema exclusivamente intrapessoal e restringindo seriamente o fluxo entre ele próprio e o ambiente.

Quem usa a *deflexão* se envolve com seu ambiente mediante acertos e erros. Entretanto, para ele isso geralmente se transforma em muitos erros com apenas alguns acertos — na maioria acidentais. Assim, ou ele não investe energia suficiente para obter um retorno razoável, ou a investe sem foco, e a energia se dissipa e evapora. Ele termina esgotado e com pouco retorno — arruinado.

Finalmente, pela *confluência*, o indivíduo segue a correnteza. Isso envolve pouco gasto de energia por escolha pessoal; ele só tem de se submeter à correnteza do campo e deixar que ela o leve. Talvez não deseje ir nessa direção, mas seus companheiros parecem valorizá-la, e ele supõe que ela deve ter algum valor. Além disso, ela lhe custa tão pouco, por que ele deveria reclamar?

Vamos examinar melhor esses cinco canais.

Introjeção

A introjeção é o modo genérico de interação entre o indivíduo e seu ambiente. A criança aceita qualquer coisa que ela não experimente rapidamente como nociva. Ela pode aceitar sua comida sob a forma em que lhe é oferecida ou pode cuspi-la. No início, não pode refazer a substância para que esta lhe seja mais adequada, como fará mais tarde quando começar a mastigar. Quando ela pode mastigar, aprende como reestruturar aquilo que entra em seu sistema. Entretanto, antes disso, ela engole confiantemente o alimento que lhe é proporcionado — e de um modo similar, engole também as impressões da natureza de seu mundo.

A criança tem uma extraordinária necessidade de confiar em seu ambiente, pois no início deve aceitar as coisas como elas vêm ou livrar-se delas quando puder. Se seu ambiente é de fato digno de confiança, o material que ela recebe será nutritivo e assimilável, seja comida ou tratamento pessoal. Mas a comida é enfiada apressadamente garganta abaixo, os médicos dizem que a injeção não vai doer, e a defecação é considerada suja e vergonhosa. Os "você deve" começam cedo, e muitas vezes têm pouca congruência com as necessidades que a criança sente que têm. No final, a alma acaba sendo abatida. A confiança da criança é esgotada pelas autoridades externas cujos julgamentos se estabelecem, corroendo sua própria identidade clara e abrindo-a a conquistadores adultos que tomam posse do território. A rendição é odiosa no início, sendo depois esquecida. Assim, o corpo estranho governa, mantendo a pessoa pouco à vontade, desconfiada de desvios ou de ativações inesperadas, distorcida todas as vezes em que seu sistema de valores de segunda mão se mostra não responsivo a suas necessidades presentes. A pessoa que engoliu "sem mastigar" os valores de seus pais, de sua escola e de sua sociedade clama que a vida continue sendo como antes. Ela é um terreno fértil para a ansiedade e a defensividade quando o mundo a sua volta se transforma. Ela manipula sua própria energia de modo a apoiar os padrões introjetados, e ao mesmo tempo tenta manter seu comportamento o mais plenamente possível integrado com seu senso "pré-fabricado" de certo e errado. Mesmo quando a introjeção é realizada com sucesso, isto é, quando ela é consistente com o mundo real em que a pessoa vive, ainda paga um alto preço, pois abriu mão de seu senso de escolha livre na vida.

A dificuldade fundamental para desfazer a introjeção é sua história honrosa como um meio genérico de aprendizagem. A criança aprende ao absorver o que está a seu redor. O menino anda como seu pai, até mesmo imitando-o, os idiomas e dialetos são absorvidos, os sensos de humor são passados adiante etc. A criança tão-só experiencia numerosos aspectos da vida numa maneira é-assim-que-as-coisas-são, e aprender é como o sangue fluindo pelas veias ou como a respiração. A qualidade das coisas que simplesmente são como são vibra com um frescor difícil de ser repetido mais tarde por meio da aprendizagem deliberada e orientada pela discriminação que assume o controle.

Infelizmente, aprender apenas pela introjeção exige um ambiente favorável, impossível de ser encontrado, que, de forma invariável, esteja adaptado às necessidades do indivíduo. Quando este encaixe perfeito falha — como por certo acontece —, o indivíduo não só precisa escolher o que deseja e com o que está disposto a se identificar, mas também precisa resistir às pressões e às influências que ele continuará a receber e são *indesejadas*. É aqui que a luta começa.

Em determinadas idades, quando a luta é drasticamente enfatizada, como aos dois anos e de novo na adolescência, ele começa a ressentir-se das incursões vindas do exterior de modo tão intenso que até se dispõe a sacrificar a sabedoria para poder afirmar a dominância de seu próprio sistema de escolhas. Ele percebe, quase intuitivamente, que a mera sabedoria nesse momento não tem a prioridade que ele precisa atribuir ao processo pessoal de fazer escolhas. Ele diz: eu venho em primeiro lugar e meu "bem-estar" vem em segundo. Assim, percebemos que aos dois anos ele diz "não" indiscriminadamente, e na adolescência teimará em preferir ser reprovado na escola do que se submeter humildemente às exigências estabelecidas pelos outros.

A pessoa que utiliza a introjeção absorve suas experiências com grandes doses de fé, pois no início ele não tem como conhecer as implicações de suas escolhas. Por exemplo, alguém não tem como saber, aos dois anos de idade, se irá gostar de andar igual a seu pai. Ele simplesmente o faz. Só depois é que poderá questionar isso e desejar mexer mais os quadris ou colocar o peito para fora. Considerando a atração primal e a indispensabilidade desse processo, não é de admirar que as pessoas sintam dificuldade para abandoná-lo mesmo depois de surgirem outros modos de aprendizagem que fazem com que a introjeção perca sua importância. As discriminações entre as correntes nocivas ou saudáveis que penetram no indivíduo se tornam mais seguras e passam a ter um sabor de escolha, incorporando valores e estilo pessoais ao processo de fazer escolhas. Além disso, o poder de reestruturar aquilo de que existe passa a ser maior, impelindo a pessoa além da mera escolha entre sim ou não. Ela se torna capaz de organizar a experiência para que esta se torne mais adaptada pessoalmente, criando aquilo de que ele necessita, em vez de simplesmente escolher com um sim ou um não.

Este movimento para a discriminação criativa a partir da discriminação reativa anterior é dramaticamente representado pelo surgimento da mastigação. A mastigação é a atividade prototípica para tornar o mundo assimilável às próprias necessidades quando ele não era assim desde o começo.[1] Mas começa a existir o conflito inevitável entre aceitar a vida como ela é ou mudá-la, e esse conflito irá durar enquanto a pessoa viver.

A tarefa primária ao desfazer a introjeção é focar-se em estabelecer dentro do indivíduo um senso das escolhas disponíveis para ele, e estabelecer seu poder para diferenciar "eu" e "eles". Existem muitos modos de fazer isso. Um dos mais simples é fazer com que a pessoa forme pares de sentenças para si mesma e para o terapeuta, começando primeiro com o pronome *eu*, e depois com o pronome *você*. Ou poderia pedir-se que ela forme frases que comecem com as palavras *Eu acredito que...* e depois elaborasse como muitas dessas afirmações representam suas próprias crenças, extraídas de sua experiência pessoal, e quantas são restos envelhecidos vindos de outras pessoas em sua vida. De fato, qualquer experiência que aumente o senso de "eu" do indivíduo é um passo importante para desfazer a introjeção.

Por exemplo, uma mulher atraente de 25 anos estava vivendo com um homem a quem ela amava e que dizia lhe amar. Entretanto, Gloria estava perturbada porque Dan não estava pronto para casar-se com ela. Ela estava incomodada com a extensão de seu compromisso real com ele e com a dúvida sobre Dan algum dia estar disposto a casar-se. Gloria desejava muito viver uma vida de casada. Contudo, seu senso de desejo pessoal era confuso por causa das advertências de seus pais, ditas e não ditas, de que uma mulher não deveria viver com um homem antes de casar-se e com certeza qualquer homem que concordasse com um tal acordo provavelmente não se casaria com ela. Eles diziam: "Por que ele deveria casar-se, uma vez que já estava conseguindo aquilo que desejava?". Gloria precisava ir além da postura sexual preconcebida deles e dos valores de casamento que eles tinham, e experienciar suas próprias atitudes e valores. Quando ela puder aceitar sua própria sexualidade, a sua apreciação a respeito de

---

1. Perls, F. S. *Ego, hunger and aggression*. Londres: George Allen & Unwin Ltd., 1947.

seu real poder de atração sobre Dan também se expandirá e lhe dará um senso de escolha entre os homens. Assim, se *Dan* não se casar com ela, ela compreenderá que pode tê-lo perdido, mas que *não* perdeu todas as suas opções de casamento. Em outras palavras, não seria meramente escolhida ou não-escolhida, mas sentiria que *ela* também poderia escolher. Embora Gloria não estivesse familiarizada com este papel, tinha muitos talentos para isso, pois era atraente, inteligente e cheia de energia. Depois de aceitar sua própria natureza, ela poderia ficar livre da introjeção de valores sexuais preconcebidos de seus pais e de sua avaliação das mulheres como capazes apenas de uma discriminação reativa, em vez de poderem fazer escolhas livres por si mesmas. Durante a terapia ela cresceu nessas dimensões, inicialmente abrindo-se a seus genuínos sentimentos calorosos para comigo e descobrindo a característica natural da afeição. Depois Gloria aprendeu a brincar com seu próprio poder de atração visual, experimentando seu exibicionismo ao vestir-se de modo chamativo, sentindo o modo como andava, soltando seu andar e olhando diretamente para as pessoas quando falava com elas. Ela sentia agora sua própria individualidade e terminou casando-se com Dan.

A pessoa que utiliza a introjeção minimiza as diferenças entre o que está engolindo e aquilo que poderia realmente desejar, se permitisse a si mesma fazer esta discriminação. Desse modo ela neutraliza sua própria existência ao evitar a agressividade necessária para destruir aquilo que existe. É como se qualquer coisa que existisse fosse inviolável; ela não pode mudá-la; precisa aceitá-la como ela é. Assim, ela relaciona todas as novas experiências às experiências anteriores, enfatizando sua característica de inviolabilidade e assegurando que ela já saiba o que está acontecendo ou tenha aceito aquilo que está sendo dito. Toda a vida é apenas uma variação do que ela já experienciou, o que lhe provê de um pára-choque diante de qualquer coisa nova, mas também reduz a renovação que pode vir do senso de imediaticidade da experiência.

Allport[2] reconheceu a importância do modo como as pessoas se relacionam com as diferenças ou com a novidade ao descrever os

---

2. Allport, G. W. e Postman, L. J. "The basic psychology of rumor". In: Maccoby, E. E., Newcomb, T. M., e Hartley, E. L. (eds.). *Readings in social psychology*. Nova York: Holt, Rinehart & Winston, 1958.

estilos perceptuais em termos de igualar ou aguçar. As pessoas que aguçam se lembram e exageram as diferenças entre o que elas esperavam e o que estão realmente experimentando. As distinções entre o familiar e o estranho são espinhosas, como um porco-espinho eriçado com espinhos de diferença. Por outro lado, as pessoas que igualam, reduzem as diferenças. Os aspectos únicos ou marcantes da experiência são minimizados. Elas não precisam trabalhar tanto para reter a nova aprendizagem, pois esta não apresenta muita novidade, basicamente porque elas omitiram ou esqueceram os detalhes novos.

A tríade impaciência, preguiça e ambição faz surgir impedimentos poderosos para elaborar o material introjetado, para mastigá-lo literal ou figurativamente. A intolerância para com a diferença inevitável é na verdade uma intolerância para com a agressão necessária para alterar as diferenças antes que possam ser digeridas e assimiladas no organismo saudável. A impaciência para engolir algo rapidamente, a preguiça de ter de trabalhar duro para conseguir algo, ou a ambição por conseguir o máximo possível do modo mais rápido possível — todas essas tendências levam à introjeção. Por exemplo, essas palavras que você está lendo podem ser registradas de modo convincente neste momento, ou podem precisar de uma refutação raivosa, de uma discussão ou reflexão prolongadas, de ação em seu próprio trabalho ou de decisões quanto ao que não é aplicável ou assimilável agora em sua vida cotidiana. É difícil prever quanto tempo você precisará para a rejeição ou para a assimilação. A maioria dos livros é lida ou com o quadro de referência mental da introjeção, ou com a mente de um crítico. Eles passam rapidamente para a familiaridade ou para a alienação. Existem tantos livros a serem lidos, e o cuidado ou a atenção essenciais para a elaboração são distribuídos com muita parcimônia.

A pessoa que utiliza a introjeção deseja receber tudo mastigado. Ela é uma presa fácil para o símbolo, a supersimplificação, a imitação, a lição que é facilmente reiterada de maneira obsessiva. Os conceitos autenticamente profundos e artísticos que guiaram Perls e outros, e dramatizados por demonstrações e por uma linguagem expressiva como *hot seat, topdog—underdog*, impasse, masturbação mental etc., muitas vezes foram engolidos rapidamente — mas não digeridos — por aqueles para quem a imitação e a idolatria substituem seu próprio desenvolvimento de um estilo natural a si mesmos. A representação traz energia ao processo de comunicação ao esclarecer a mensagem e acelerá-la. Mas para a plenitude pessoal é indispensável que haja discriminação entre a representação que inspira e esclarece, por um lado, e os truques da linguagem barata que fazem com que a pessoa se sinta *in* sem saber como o próprio desenvolvimento é intensificado.

Na terapia, quando são mobilizadas a agressão e a crítica da pessoa que usa a introjeção, ela passa a ressoar com sua própria amargura acumulada. Ela representa muito do que é ser amarga, pois engoliu o que era inadequado para ela, e está, portanto, na posição vitimizada de todas as pessoas que foram invadidas. Entretanto, é necessário fazer uma distinção entre amargura e agressão. Há uma tendência a se acomodar com a mera justificativa da amargura, enquanto a agressão pretende *mudar* algo. Inicialmente, essas mudanças podem ser aleatórias, pois o indivíduo não está acostumado a conhecer seus próprios desejos, e só sabe aquilo que *não* deseja e de que precisa se livrar. A mudança que ocorre apenas pela própria mudança, mesmo sem direção e desordenada, reativa a energia no sistema e mostra que um organismo vivo está sendo reavivado. Haverá tempo suficiente para se preocupar com direções depois que a vivacidade tiver sido recuperada. É claro que esta é uma filosofia arriscada, semelhante ao monstro de Frankenstein, pois a liberação de energia sem direção pode se movimentar para um lugar que possa ferir. Apesar disso, sobretudo no que se refere a introjeções, a energia precisa ser liberada. É por isso que a psicoterapia mais efetiva envolve o risco — como acontece com todas as rebeliões. A rebelião é necessária para se desfazer a introjeção. Também é necessário vomitar, literal ou figurativamente, visto que isso representa a descarga dos indesejáveis corpos estranhos que precisam ser expelidos, mesmo que com o passar dos anos a pessoa sinta como se eles fossem próprios dela. Descobrir que o "determinado" não é nem um pouco "determinado" é uma experiência que torna real o drama da recuperação da autodireção, no qual a pessoa não considera sua existência como algo dado, mas está constantemente criando-a.

Projeção

Quem usa a projeção é um indivíduo que não pode aceitar seus sentimentos e ações porque não "deveria" sentir ou agir deste modo.

É claro que o "deveria" é a introjeção básica que rotula seu sentimento ou ação como desagradável. Para resolver este dilema ele *não* reconhece seu próprio ato perturbador, mas em vez disso o liga a outra pessoa, certamente não a si mesmo. O resultado é a cisão clássica entre suas características reais e o que ele tem consciência a respeito delas. Enquanto isso, ele está intensamente consciente dessas características nas outras pessoas. Por exemplo, a suspeita de que outra pessoa esteja ressentida com ele, ou que esteja tentando seduzi-lo, é uma criação baseada no fato inaceitável de que *ele* deseja comportar-se desse modo para com a outra pessoa. A pessoa que usa a introjeção entrega seu senso de identidade, enquanto o indivíduo que usa a projeção o distribui aos pedacinhos.

Fazer com que a pessoa que projeta recupere seus pedaços dispersos de identidade continua sendo a pedra fundamental do processo de elaboração. Quando, por exemplo, alguém lamenta o fato de seu pai não querer falar com ele, o terapeuta não precisa seguir essa percepção. Ele pode dizer ao filho pesaroso que inverta a frase, e diga que *ele* não quer falar com seu pai. O filho pode descobrir que ele realmente representou um papel no distanciamento de seu pai. Ele pode até ter iniciado esse distanciamento ao afastar com mau humor por tantas vezes as tentativas de aproximação de seu pai, que este simplesmente desistiu de falar com ele. A dinâmica terapêutica se apóia na crença básica de que nós criamos nossas próprias vidas e, ao recuperar nossas próprias criações, somos incentivados a mudar nosso mundo. Além disso, mesmo quando a mudança exterior não é necessária ou possível, o senso de identidade pessoal, expresso tão bem na exclamação de Popeye: "Eu sou o que sou!", é por si mesma uma experiência curativa.

Quando alguém que costuma usar a projeção consegue fantasiar sobre si mesmo como uma pessoa com as mesmas características que vê nos outros, mas que anteriormente escondia de sua própria auto-consciência, isso afrouxa e expande seu senso de identidade demasiado rígido. Considere por exemplo um homem que tenha ocultado o senso de sua própria crueldade. Experienciar a si mesmo como uma pessoa cruel serve para lhe dar um novo vigor, talvez acrescentando uma nova dimensão a sua gentileza, talvez lhe dando o ímpeto para mudar aquilo que só seria alterado por um comportamento cruel.

Um estudante universitário, David, tratado cruelmente por um de seus professores, sentiu-se ao mesmo tempo ultrajado e exaurido pela confrontação com esse homem. Ao explorar-se como seria, se fosse um homem cruel, David descobriu que havia tentado dominar seu professor em primeiro lugar. Além disso, ele tinha uma necessidade geral de dominar uma situação para manter o controle de sua própria independência. Agora estava colhendo a tempestade, mas saber que ele havia sido o agressor e também o agredido fez com que se sentisse menos vitimizado. Até então ele havia experienciado a si mesmo meramente como uma vítima impotente, e não como alguém numa luta estratégica pela própria sobrevivência. Depois de David ter gritado, experienciado a própria violência, e até mesmo matado em suas próprias fantasias, a pressão de suas projeções foi removida e tudo o que restou foi o problema tático, na proporção adequada, com o qual ele poderia lidar de um modo mais realista. Lidar com o problema substituiu a indignação projetiva. A indignação projetiva é um fator crucialmente perturbador, pois resulta em alimentar rancores. Isso se transforma numa força paralisada, que prende o indivíduo à falta de resolução.

Felizmente, neste exemplo, David não estava tão alienado do monstro-dentro-de-si que não pudesse se envolver prontamente no experimento. Isso nem sempre ocorre com tanta facilidade. As dificuldades aumentam quando as projeções formam uma auto-sustentação paranóide. Neste estágio, a pessoa que projeta experiencia as pessoas como estando ou contra ou a seu favor. Qualquer sugestão que confronte o indivíduo com a retomada de suas próprias características é rechaçada tão intensamente que pode deixar o terapeuta sem ação. A confiança se torna indispensável aqui, porque existe apenas um espaço estreito em que o terapeuta pode se movimentar para restabelecer a autoconsciência do paciente sem passar para o lado do inimigo. Uma pessoa nessa posição precisa que sua perspectiva seja apreciada independentemente de qual possa ser a verdade. Qualquer terapeuta que não experiencie autenticamente essa apreciação irá encontrar resistência. A retomada do material projetado precisa vir do apoio experienciado, ou não virá de modo nenhum.

Uma mulher estava sofrendo muito com a ansiedade debilitante a respeito de seu chefe. Sentia que ele queria acabar com ela, visto ela ser tão inteligente, e ele não podia suportar um mulher com sensibilidade, cuja abordagem mais sábia perante o seu trabalho apenas perturbaria a dominação e a preguiça dele. Percebi que o desejo *dela*, de dominar, e a preguiça *dela*, desejando que as coisas fossem feitas a seu modo, sem luta ou sem criatividade, exageravam as vibrações dolorosas entre ela e o chefe. Entretanto, qualquer sugestão de que ela experimentasse sair desse papel de pronto me colocava do lado do chefe, mesmo que de fato eu deplorasse o comportamento desse homem apenas um pouco menos do que ela o deplorava. Ela só pôde ultrapassar o auge de sua paranóia quando consegui colocá-la em contato com sua verdadeira natureza, pedindo-lhe que me contasse histórias reais sobre sua vida. Quando ela ficou absorvida no contar histórias reais, diretamente e sem tendências estratégicas ocultas, sentiu meu apoio e isso diminuiu um pouco o calor de sua aventura paranóide.

A projeção não é sempre desprovida de contato. A capacidade de projetar é uma reação natural humana. Nossa mutualidade humana é reconhecida quando somos capazes de extrapolar aquilo que sabemos ou intuímos sobre nós como verdadeiro também para os outros. Que outro modo as pessoas teriam para entender o que as outras estão falando? Um fato básico da vida é que "os iguais se reconhecem". Assim, o terapeuta em sintonia com sua própria paranóia, com sua própria psicopatologia, com sua própria depressão, sua própria catatonia ou hebefrenia, está numa boa posição para responder à outra pessoa que pode estar no processo de auto-redução mediante uma overdose dessas toxinas. Nossas próprias projeções nos ensinam mais do que essas debilitações psicológicas antiquadas. Elas são geralmente menos categóricas, isto é, saber como é ser tímido ou estar sexualmente excitado ou tenso, ou precisar sorrir ou qualquer uma das milhares de características específicas que se pode observar em outra pessoa. O terapeuta precisa oferecer eco à pessoalidade. Ele precisa ir além da configuração específica que é a pessoa *dele* e abrir espaço para os elementos que existem em *qualquer* pessoa.

Cada pessoa é o centro de gravidade de seu universo. O fato de existir, sim, um mundo real lá fora não diminui o poder que se tem para sentir, interpretar e manipular esse mundo para que em última instância sua natureza seja determinada pela própria experiência. Apesar da ciência, o universo então se transforma na própria criação de cada pessoa, do mesmo modo que anteriormente já fantasiamos ser ele a criação de Deus. Esta fantasia proveio de nossa própria humildade, de entregarmos nosso poder aos outros, ou, mais cinicamente, foi a maneira que encontramos para lidar com nossa própria responsabilidade pelos problemas que criamos. Talvez não queiramos acreditar que nós mesmos pudemos causar tanta dor e a explicamos pela intervenção de forças divinas misteriosas.

Não é assim; é o nosso próprio universo, para o melhor ou para o pior. O homem é o eixo ao redor do qual sua roda gira. Ele está, como disse T. S. Elliot: "No ponto imóvel de um mundo que gira".

Retroflexão

A retroflexão é uma função hermafrodita na qual o indivíduo volta contra si mesmo aquilo que ele gostaria de *fazer com outra pessoa*, ou faz consigo mesmo o que gostaria que *outra pessoa fizesse com ele*. Ele pode ser seu próprio alvo, seu próprio Papai Noel, seu próprio namorado, seu próprio qualquer-coisa-que-ele-deseje. Ele condensa seu universo psicológico, substituindo com a manipulação de si mesmo o que ele concebe como anseios fúteis pela atenção dos outros.

A retroflexão sublinha o poder central humano de dividir-se entre observador e observado, ou entre aquele que faz e aquilo que é feito. Essa capacidade se manifesta de modos diversos. O homem fala consigo mesmo. O senso de humor do homem é uma evidência dessa cisão porque isso significa que ele pode ficar de lado e enxergar a incongruência ou o absurdo de seu comportamento. O senso de vergonha ou de constrangimento do homem implica a perspectiva de auto-observação e de autocrítica. O homem também percebe conscientemente sua própria mortalidade.

Existem muitos relatos artísticos da cisão do homem entre ele próprio e seu observador. A história de Poe sobre William Wilxon e o *Die Doppelgänger* de Schubert, o duplo fantasmagórico, lidam ambas com o problema do homem que foge de um observador espectral que não é outro senão ele próprio, e de quem, é claro, ele nunca poderá escapar. Observamos esse fenômeno também na conceituação humana sobre Deus como o ideal que sempre pode observar seus pensamentos e ações mais íntimos. A história bíblica de Moisés tentando fugir da observação de Deus é um precedente histórico do quadro feito por Melanie Klein[3] sobre o superego rígido que a criança constrói e é infinitamente menos capaz de perdoar do que o superego parental do qual ele é derivado. Os pais só tomam conhecimento se a criança escreve nas paredes ou se ela dá um beliscão em seu irmãozinho. A criança apenas sabe "eu quis escrever na parede", ou "eu quis beliscar meu irmãozinho", e o sistema do "você deveria", com o qual está tão familiarizado, a atormenta, a cutuca e a aperta. A dor da capacidade de autocrítica humana permeia sua vida.

Suponha que a criança cresça num lar em que as pessoas, embora não abertamente hostis, sejam insensíveis e inacessíveis a suas manipulações naturais. Quando ela chora, não há um colo em que possa se aconchegar. Afagos e carícias são ainda mais difíceis de acontecer. Logo ela aprende a consolar-se e mimar a si mesma, pedindo pouco para as outras pessoas. Mais tarde, ela compra a melhor comida para si mesma e a prepara amorosamente. Compra roupas finas para si mesma. Consegue um carro bom de dirigir. Proporciona a si mesma apenas os ambientes mais cuidadosamente selecionados. Com todo este amor por si mesma, ela ainda acredita em seu conteúdo genérico introjetado: "Meus pais não vão dar atenção a mim". O que ela não se permitiu descobrir é que isso não é o mesmo que "ninguém vai dar atenção a mim". Ao manter de um modo não-crítico o conteúdo introjetado, "Ninguém vai dar atenção a mim", ela é compelida a responder: "Então tenho de fazer isso por mim mesma".

Ela também pode optar por retrofletir contra si mesma aqueles impulsos que inicialmente seriam dirigidos para alguma outra pessoa. Esses impulsos podem ser hostis ou ternos. Birra, golpes, gritos ou mordidas foram consistentemente suprimidos. Mais uma vez temos o conteúdo genérico introjetado, "Eu não deveria ficar com raiva deles", que é encoberto pela defesa retroflexiva. Ela volta a raiva contra si mesma.

Um exemplo disso, sem nenhum disfarce, se refere a um homem de pouco mais de trinta anos. Ele teve encefalite quando criança, permaneceu com dano cerebral residual e seu desenvolvimento foi

---

3. Brown, J. A. C. *Freud and the post-freudians*. Baltimore: Penguin Books, 1961.

comprometido. Ele gostava de conversar com as pessoas, mas não conseguia manter uma conversa por muito tempo. Percebia quando estava começando a perder o foco e começava a dizer raivosamente para si mesmo, "Estou ficando bobo, estou ficando bobo". Em seguida, ia sentar-se sozinho nas escadas, curvado sobre si mesmo, balançava para a frente e para trás, e beliscava-se desesperadamente, repetindo: "Estou ficando bobo, estou ficando bobo".

Apesar disso, na melhor das hipóteses, a atividade retroflexiva pode ser autocorretiva, corrigindo as limitações reais ou os riscos inerentes à natureza espontânea do homem. Em momentos de impulso pessoal que poderiam levar ao perigo, o homem precisa *parar a si mesmo*, como faria antes de nadar arrebatadamente para longe demais da praia. Nos níveis mais elevados de envolvimento, o compromisso do indivíduo para com a ação pode se tornar demasiado forte e não-crítico, de forma que uma força contrária passa a ser necessária. Por exemplo, uma mãe pressiona seus punhos fechados contra sua testa, e, ao fazê-lo, impede-se de espancar brutalmente seu filho. A retroflexão só se torna caracterológica quando se transforma num confronto estacionário crônico entre energias mutuamente opostas dentro do indivíduo. Então a suspensão originalmente saudável da ação espontânea, temporal e sábia, se cristaliza numa resignação congelada. O ritmo natural entre a espontaneidade e a auto-observação se perde, e a perda desse ritmo divide o homem entre forças que se anulam.

Quando uma pessoa retroflete recorrentemente, ela bloqueia seus impulsos para o mundo e permanece presa por forças opostas, mas estagnadas. Por exemplo, se uma pessoa opta por parar de chorar, seguindo as exigências de viver com pais que proíbem o choro, ela não tem de continuar fazendo este sacrifício além dos anos em que mantém contato com eles. O problema principal de viver bem é manter-se atualizado com as possibilidades existentes, em vez de permanecer marcado o tempo todo por experiências que foram apenas temporárias, ou que podem ter sido apenas erros de percepção ou intuição. Talvez ela apenas *pensasse* que tinha de reprimir seu choro quando realmente *não tinha de* fazer isso. Além do mais, a despeito de estar certo ou errado originalmente, pode ser que ela não precisa fazer isso agora.

Pensar é por si mesmo um processo retroflexivo, um modo sutil de falar consigo mesmo. Embora o pensar possa ter características obviamente perturbadoras — interferindo ou adiando a ação —, também é valioso para orientar o indivíduo com relação às questões de sua vida que são complexas demais para serem resolvidas de modo espontâneo. Escolher uma carreira, decidir quando se casar, resolver um problema difícil de matemática, projetar um edifício, são atos que se beneficiam da influência mediadora do pensamento. Mesmo em decisões menos importantes, como escolher um filme, a pessoa pode pensar consigo mesma: "Eu não quero ver isso; é sangrento demais e muito depressivo para mim hoje. Prefiro ver algo que me reconforte". Pode ser que a pessoa nem soubesse aonde queria ir antes de pensar deste modo.

Infelizmente, na retroflexão, a cisão muitas vezes cria atrito interno e estresse considerável, uma vez que permanece autocontida e não se move para a ação necessária. Portanto, o movimento na direção do crescimento implicaria redirecionar a energia a fim de que a luta interna se abra. Em vez de operar apenas dentro do indivíduo, a energia se torna livre para se mover na direção de um relacionamento com algo externo a si mesmo. O desfazer da retroflexão consiste na busca do outro apropriado.

Entretanto, a elaboração da luta interior muitas vezes precisa acontecer primeiro, embora se tenha o objetivo de que o indivíduo busque contato com o outro. Na retroflexão, a interação com o eu dividido precisa ser reenergizada com consciência, pois o impulso para contatar o outro está seriamente obscurecido. O modo de identificar onde a batalha está ocorrendo é prestar atenção ao comportamento físico do indivíduo. A luta em curso pelo controle do corpo da pessoa fica aparente quando se examina a postura, os gestos ou os movimentos. Suponha que um homem conte um acontecimento profundamente triste de sua vida a uma mulher. Ele observa que enquanto fala ela está se afundando cada vez mais na cadeira, com os braços fortemente apertados contra o corpo. Ele pára porque sente que ela está se afastando dele a cada palavra, deixando-o isolado e sozinho com sua tristeza. Contudo, a experiência *dela* é bem diferente. Ela está muito comovida, mas apesar disso sente que qualquer coisa que fizesse seria uma invasão. Seu gesto expressa tanto a sua necessidade de ficar atenta quanto a de conter-se. Ela segura a si mesma, em vez de abraçá-lo. Seu impulso empático subjacente deu lugar a uma força muscular contrária que tenta manter esse impulso sob controle. Metaforicamente, é como se os braços dela tivessem se transformado na corda de um jogo de cabo-de-guerra entre duas forças contrárias de intensidade bastante similar. Seus braços estão imobilizados na ação de segurar e não se movem. Toda a energia dela está voltada para imobilizar o impulso que ela teme. O campo de batalha de outra pessoa pode proibir comentários mordazes, cortantes, insultuosos ou outras formas hostis. O controle dele pode ser observado na tensão e contração de sua mandíbula imóvel, em guarda contra a expressão da raiva. Uma mulher que cruza as pernas de modo tenso pode estar se impedindo de movimentá-las de modo provocante. Uma mulher pode puxar seus cabelos em vez de puxar os dos outros. As pessoas despendem uma enorme quantidade de energia para manter o controle sobre ações como essas.

As resistências a liberar a atividade retrofletida existem em dois níveis de toxicidade. No nível mais fraco, o indivíduo pelo menos faz para si mesmo aquilo de que necessita. Alguém que precise de aconchego pode aconchegar-se em si mesmo, sentar-se confortavelmente, enrolar-se sobre si mesmo e segurar-se carinhosamente. Quando ele pode permitir-se esta satisfação, está de algum modo à frente do jogo porque está proporcionando a si mesmo parte do calor e do contato que desejava de outra pessoa. Mas, no segundo nível de retroflexão, até mesmo essa atenção interna às suas necessidades é mínima. Quando ele experienciou não só a futilidade de tentar se aproximar de outra pessoa, mas também experiencia a si mesmo como intocável, então nem mesmo ele pode ser bom para si mesmo. Ele introjetou tão profundamente a proibição original contra o toque que se transformou em seu próprio policial. Ele se senta ereto em sua cadeira e quando toca a si mesmo — ao enxugar-se após o banho —, seu toque é profissional. Ele está em guarda contra qualquer rendição ao contato, mesmo que seja entre partes distintas de si mesmo. Ele não só não se aconchega contra outra pessoa, ele não se aconchega no mundo, nem mesmo consigo mesmo.

Portanto, na resolução do processo retroflexivo, um estágio inicial de liberação da musculatura ou do sistema de ação poderia levar o indivíduo na direção de si mesmo em vez de na dos outros. O movimento que quebre a imobilização e recupere a energia viva no sistema

100

é o movimento na direção final da recuperação do contato com o mundo externo, ainda que, num período intermediário, ele possa ser dirigido para o próprio eu. Tudo isso é para o bem. A pessoa está prestes a aceitar a si mesma tanto quanto a seu mundo introjetado ou mesmo projetado. Conseqüentemente, a pessoa retrofletida e congelada, separada da experiência sexual com outras pessoas em geral também não é hábil ao se masturbar. Na recuperação de sua sexualidade plena, ela pode precisar primeiro aprender como se masturbar bem. Quando descobrir como se masturbar de um modo que goste, ela estará a caminho de ter uma experiência sexual com outra pessoa. Existem transições a serem completadas, é claro, mas é mais fácil ensinar espanhol a alguém que fale francês do que a alguém que não tenha experiências com idiomas estrangeiros. Uma vez que o fluxo natural da energia seja reaberto, ele tem mais probabilidade de encontrar uma direção correta.

Qualquer nova atividade que envolva energia muscular começa de um modo autoconsciente e desajeitado. A resolução física do impulso retrofletido passa pelo mesmo estágio. Quando uma criança está aprendendo a andar, é necessário um esforço deliberado para colocar um pé na frente do outro. Depois de aprender a fazer isso, ela anda espontaneamente e sem autoconsciência. O mesmo é verdadeiro para o impulso retrofletido. Braços tensos, punhos apertados, mandíbula tensionada, tórax ou pelve imóveis, calcanhares batendo no chão, rangido de dentes, sobrancelhas cronicamente franzidas — todas essas expressões musculares de autocontrole começam na criança como um controle consciente e feito com esforço. Eu não vou dizer um palavrão, eu não vou tocar na pele macia e atraente de minha mãe; tudo isso se inicia como um controle consciente. Uma criança, tentada por desejar tocar o proibido, olha para o objeto e adota a prática de dizer "não, não, não" para si mesma, como se fosse seu próprio pai. Mais tarde isso fica embutido, esquecido, e a tensão resultante é considerada algo sempre presente. Esquecido sim, mas não oculto porque o corpo tem muitas formas de registrar a mensagem esquecida. O resultado é uma infinidade de estruturas de caráter disfuncionais, como estômagos complicados, quadris presos e peitos afundados. O indivíduo hostil, que tem a mandíbula tensa e interrompe seus próprios impulsos agressivos e danosos, fica imaginando por que as outras pessoas podem fazer uma piada ou dizer um insulto risonho; ainda assim, sob circunstâncias semelhantes, ele tem uma mão pesada e punitiva. Outras pessoas podem dar palmadinhas nas costas de um velho amigo e dizer: "Como você está, seu velho idiota?", e o amigo ri e responde com um abraço. Mas quando *ele* procura os outros com um braço tenso, pois o que começa como uma palmadinha amigável nas costas bem pode terminar como um impacto duro, recebe de volta um educado aperto de mão, ou pior, um olhar espantado como se tivesse acabado de aterrissar vindo de Marte.

Para desfazer a retroflexão é necessário voltar para a autoconsciência que acompanhou seu início. A pessoa precisa, mais uma vez, tomar consciência de como se senta, como abraça as pessoas, como range os dentes etc. Quando ela sabe o que está acontecendo internamente, sua energia é mobilizada para buscar saída na fantasia ou na ação. Ela pode encarar perspectivas como com quem gostaria de sentar-se, com quem gostaria de envolver-se no aperto de uma luta, ou num abraço suave, quem gostaria de levar em consideração ou em quem gostaria de dar uma mordida.

Deflexão

A deflexão é uma manobra para evitar o contato direto com outra pessoa. É um modo de tirar o calor do contato real. O calor é retirado ao se recorrer a falar em rodeios, pela linguagem excessiva, ao rir-se daquilo que a pessoa diz, ao não olhar para a pessoa com quem se está conversando, por ser subjetivo em vez de específico, por não se ir direto ao ponto, por dar exemplos ruins ou nenhum exemplo, pela polidez em vez de falar diretamente, pela linguagem estereotipada em vez da original, por exprimir emoções brandas em substituição a emoções intensas, por falar sobre o passado quando o presente é mais relevante, por conversar *sobre* em vez de conversar *com*, e por desconsiderar a importância daquilo que acabou de ser dito. A ação fica sem alvo; ela é mais fraca e menos efetiva. O contato pode ser defletido pela pessoa que inicia a interação ou pela pessoa que responde a ela. A pessoa que deflete o contato quando o inicia freqüentemente sente que não está extraindo muito daquilo que faz, que seus esforços não lhe trazem a recompensa que ela deseja. Além disso, ela não sabe a que atribuir a perda. A pessoa que deflete ao responder à outra age quase como se tivesse um escudo invisível, muitas vezes experiencia *a si mesma* como imóvel, entediada, confusa, vazia, cínica, não amada, sem importância e deslocada. A sensação de contato é demasiado ampliada quando a energia defletida pode ser trazida de volta ao alvo.

Apesar de em geral ser autolimitadora, a deflexão pode ter uma base útil. Existem situações naturalmente quentes demais para se lidar com elas, e das quais as pessoas precisam se afastar. As nações, por exemplo, precisam retirar o calor de algumas questões. A linguagem da diplomacia é famosa por remover os espinhos da expressão ou o insulto indesculpável das interações entre os países. Muitas dessas conveniências lingüísticas podem acabar sendo meramente falsas, mas algumas de modo autêntico tentam evitar a afirmação de antagonismo sem saída que não pode ser retirada. Muitas expressões carregam implicações estereotipadas que divergem da intenção real de quem as usa. Por exemplo, algumas comunicações, por mais honestas que possam ser no momento da ativação, provocam reações em quem as ouve, e embora os sentimentos possam ser apenas temporários, essas reações transformam em pedra algo que era apenas efêmero. Isso vale para indivíduos em termos pessoais e também para nações. Se eu o insulto com palavrões no auge de minha raiva, isso não caracteriza necessariamente meus sentimentos permanentes a seu respeito. Confiança, tempo e conhecimento íntimo entre as pessoas farão uma ponte sobre esses momentos, mas sob circunstâncias em que eles não estejam disponíveis, pode ser sábio e necessário defletir a raiva.

O problema começa quando uma pessoa se torna dependente da deflexão ou não consegue discriminar quando ela é necessária. Por exemplo, quando um pai conta os fatos da vida a seu filho, mas os suaviza com uma linguagem cheia de rodeios, ele está cometendo um grave erro. Uma das deflexões inevitáveis da vida é o momento em que os pais explicam a sexualidade a seus filhos. Os aspectos técnicos e a precisão difusa apenas deturpam ainda mais uma mensagem que, mesmo quando é bem comunicada, fica sem dúvida bem distante da realidade sexual. O garoto termina o jogo sem conseguir descobrir qual foi o placar. A mesma necessidade de diluir pode permear qualquer contato que possa ter conseqüências sérias. "Eu realmente não quis me referir a *você*, mas quis falar sobre a tendência de todo mundo para ser rude ou abrupto ou para não dar a alguém todo o tempo de que ele precisa." Desse modo, a queixa real sobre ser tratado de modo rude é diminuída ou vagamente desviada de seu alvo. A pessoa que deflete não colhe os frutos de sua atividade. As coisas simplesmente não acontecem. A pessoa pode falar e ainda assim se sentir intocada ou mal compreendida. Suas interações podem falhar e não realizar suas expectativas razoáveis. Mesmo que um indivíduo possa se comunicar de modo válido ou preciso, se ele não *atinge a outra pessoa*, ele não será sentido plenamente.

Por exemplo, Walt, que dava toda a informação necessária quando alguém lhe fazia uma pergunta, nunca a respondia de fato. Quando o confrontei a respeito disso, ele ficou bem furioso, um estado menos defletido que o usual. Em sua fúria, Walt anunciou que ele tinha o direito de falar como quisesse, que se eu o ouvisse e apreciasse seu estilo, saberia que a pergunta tinha sido respondida. Seu desempenho ou sua precisão, é claro, não eram o suficiente. Janet veio antes de Freud, mas não fez o contato feito por Freud. Do mesmo modo, Walt pode estar correto, mas se ele não se dirigir claramente às pessoas, não receberá a resposta de que precisa. Pedi a Walt que resumisse sua resposta em uma palavra. Ele o fez, e quando fez isso, eu soube mais clara e pungentemente sobre o que estava falando do que anteriormente, quando ele havia dado uma informação longa.

Ramona passou meia hora falando sobre si mesma, de um modo diagnóstico. O observador casual poderia ter suposto que ela estava fazendo contato o tempo todo porque era falante e no início até interessante. Entretanto, ela tirava a agudeza do que dizia, em parte ao não olhar diretamente para mim, e em parte ao usar estereótipos de diagnósticos. Ouvir acabou se transformando num peso, embora eu pudesse apreciar e até me sentir tocado por algumas das coisas que ela disse sobre si mesma. Pedi a Ramona que fizesse diversas afirmações iniciadas com a palavra "você"; ela sorriu, seus olhos se animaram e ela disse as frases. Imediatamente, houve um novo contato entre ela e mim. O problema principal na vida de Ramona é que ela tira o calor de suas experiências. Ela fora superestimulada por seu pai, enquanto estava crescendo. Como ela dizia, eles tinham feito tudo, menos sexo juntos. Agora ela ainda é facilmente superestimulada por contatos que a maioria de nós tem facilidade para assimilar. Enquanto falava com chavões diagnósticos sobre si mesma, reclamou sobre um nó no estômago, e não era capaz de olhar diretamente para mim, exceto às vezes. Depois de fazer contato e perceber que eu estava olhando para ela, conseguiu fazer contato ocular comigo. Então, o nó que a prendia soltou-se, e o período de tensão que perdurara alguns dias dissolveu-se, como se ela nunca tivesse estado tensa, conforme Ramona disse. Ela tinha feito o contato direto e não tinha se queimado.

Confluência

A confluência é um fantasma perseguido pelas pessoas que desejam reduzir as diferenças para moderar a experiência perturbadora da novidade e da alteridade. É uma medida paliativa pela qual se busca uma concordância superficial, um contrato de não se balançar o bote. Por outro lado, o bom contato, mesmo nas uniões mais profundas, mantém o senso ampliado e profundo do outro com quem o contato é feito.

Um dos problemas da confluência é, na verdade, que ela é uma base frágil para um relacionamento. Do mesmo modo como dois corpos não podem ocupar o mesmo espaço no mesmo momento, dois indivíduos não podem ter exatamente a mesma mente. Se é tão difícil dois indivíduos atingirem a confluência, é ainda mais fútil esforçar-se para obter uma confluência familiar, organizacional ou social.

Um indivíduo pode optar propositadamente por diminuir as diferenças para permanecer na direção de um objetivo mais importante e para resistir a uma estática irrelevante. Submeter o estilo individual próprio para desempenhar um papel designado numa atividade em equipe, como um time de futebol, um canto de madrigal ou mesmo uma campanha política, é uma doação temporária do eu para uma unidade mais ampla. Isso difere da confluência porque o senso de eu do indivíduo mantém-se como figura. Ele continua definido segundo seu consentimento pessoal e pela clareza de sua consciência de si mesmo e de seu ambiente. Ele opta por focar um elemento do processo do grupo. Mas se a vida dele estiver abarrotada de exigências de concessões pessoais, quer ele goste ou não disso, obviamente essa situação será frustrante, e não nutridora. O contato real com as exigências impostas por uma vida assim poderá levar a um rompimento. É isso o que acontece em muitos casamentos quando marido e mulher por fim estão fartos um do outro. Também foi isso que aconteceu com um jovem que finalmente tomou a decisão de deixar um emprego embrutecedor num grande hospital depois de um contato repetido com as exigências de confluência calada implícitas em seu trabalho. Quando percebeu que a confluência era o preço de uma existência sem conflitos, e os pagamentos deveriam ser feitos eternamente, ele se demitiu para criar outro estilo de vida para si mesmo.

A confluência é uma corrida para quem tem três pernas, organizada entre duas pessoas que concordam em não discordar. É um contrato não expresso, muitas vezes com cláusulas ocultas e letras pequenas que talvez sejam conhecidas apenas por um dos sócios. De fato, alguém pode ser envolvido num contrato de confluência sem nem ter sido consultado nem "negociado" seus termos. Pode-se entrar num acordo desses pela indolência ou ignorância e, para sua surpresa, descobrir que ele vigorava apenas quando ocorria algo que o quebrasse ou o perturbasse. Mesmo que as diferenças percebidas vagamente possam nunca ter surgido por uma discussão aberta, existem sinais de perturbação em relacionamentos confluentes entre marido e mulher, pai e filho, chefe e subordinado, quando um deles, sabendo ou não, quebra os termos do contrato. A afirmação feita por uma esposa: "Eu não sei por que ele foi embora, nós nunca tivemos uma briga em todos os anos em que estivemos casados!", ou um pai que diz: "Mas ele era uma criança tão boa, nunca respondia!", sugerem a um ouvinte atento um relacionamento frágil, e não bem estruturado. A continuidade não depende de uma harmonia ininterrupta, mas é pontuada ocasionalmente pela discórdia.

Duas pistas de relacionamentos confluentes perturbados são sentimentos freqüentes de culpa ou ressentimento. Quando uma das partes de um contrato confluente sente que violou a confluência, ela se sente obrigada a pedir desculpas ou a pagar uma indenização pelo rompimento do contrato. Ela pode não saber por que, mas sente que transgrediu e acredita que é devida uma punição, uma expiação ou uma compensação. Ela pode buscar isso pedindo ou submetendo-se docilmente a um tratamento rude, a uma repreensão ou ao isolamento. Também pode tentar punir a si mesma mediante um comportamento retrofletido, tratando-se de modo cruel pela autodegradação, humilhação ou sentindo-se sem valor e ruim. A culpa é um dos principais sinais de que a confluência foi perturbada.

106

A outra pessoa, que sente que houve uma transgressão contra si, experiencia uma justa indignação e um ressentimento. Ela está magoada e ofendida; foi traída, enganada, e cometeu-se um pecado contra ela: recebeu um golpe do ofensor, exige que o transgressor ao menos se sinta culpado pelo que fez e envide esforços extenuantes para desculpar-se e compensar o que fez. Ela também pode retrofletir numa tentativa de dar a si mesma aquilo que deseja do outro. Este é um esforço necessário, pois as exigências freqüentemente são insaciáveis, por serem irrealistas. Assim, ela sente pena de si mesma e se entrega à autopiedade e à comiseração. Que vida dura ela leva e que bruto insensível e sem consideração é a pessoa que acabou de feri-la. Para dar mais sustentação a sua posição, torna-se ainda mais miserável e digna de pena, o que, é claro, só aumenta seu ressentimento. Isso continua indefinidamente, numa espiral crescente e interminável de infelicidade e recriminação.

Um indivíduo também pode tentar fazer contratos de confluência com a sociedade. Como a sociedade não reconhece tais acordos, ele está fadado à insatisfação e ao ressentimento. Segundo as palavras de Stephen Crane:

> Um homem disse ao Universo:
> "Senhor, eu existo!"
> "Contudo", respondeu o Universo,
> "O fato não criou em mim
> Um senso de obrigação."

Assim, ele embarca em seu acordo desigual com a sociedade; ele se comportará, se adaptará e fará todas as coisas que pensa que a sociedade exige, ele nem mesmo terá pensamentos ou buscará ideais ou objetivos, a não ser aqueles que a sociedade aprove ou alimente. E por isso, como sua confluência é uma barganha iniciada para assegurar pagamento em retribuição ao desempenho, ele deve ser bem-sucedido, ou estimado, ou famoso, ou livre de doença, ou livre de dificuldades pessoais. Não existe uma recompensa intrínseca naquilo que ele faz, pois suas ações são determinadas por outro desconhecido que finalmente deve fazer com que tudo valha a pena. Ele não faz as coisas apenas porque gosta; ele não está suficientemente em contato consigo mesmo para saber *quando* gosta do que faz. Concentra-se sobretudo em saber se os outros gostam do que ele faz. Assim, quando a recompensa não ocorre na medida suficiente, ele se torna pesaroso, ressentido ou desconfiado, e firmemente convencido de que "as pessoas estão destinadas a não ter nada de bom!". Ou, em vez disso, ele pode se voltar contra si mesmo e suspeitar que se tivesse se esforçado mais, ou se não tivesse feito isso ou aquilo, teria conseguido. Ele supõe que a sociedade concordava com o contrato e foi ele quem violou seus termos. Por mais trágico que seja, sente que nem mesmo seus maiores esforços seriam suficientes para receber o prêmio nebuloso que passou a vida inteira perseguindo, como testemunha Willy Loman em *Death of a salesman*, de Arthur Miller.

Os antídotos para a confluência são o contato, a diferenciação e a articulação. O indivíduo precisa começar a experienciar escolhas, necessidades e sentimentos que sejam seus e não tenham de coincidir com os das outras pessoas. Ele precisa aprender que pode encarar o terror de ser separado dessas pessoas e ainda permanecer vivo.

Perguntas como "O que você sente agora?", "O que você quer agora?", ou "O que você está fazendo agora?" podem ajudá-lo a focalizar seus próprios objetivos. Lidar com as sensações que resultam dessas perguntas impede que se compre um pacote de sonho padrão que pode ou não estar de acordo com suas necessidades. Afirmar em voz alta suas expectativas, primeiro talvez para o terapeuta e, finalmente, para a pessoa de quem se espera essa satisfação, pode ser os primeiros passos para descobrir tentativas encobertas de se estabelecer relacionamentos confluentes.

Portia tentou corajosamente viver o tipo de vida que seu marido achava ideal para uma boa esposa e boa mãe, mas mesmo assim ela se sentia sufocada pela infelicidade. Sam, por seu lado, trabalhava para lhe proporcionar generosamente bens materiais e era um marido amoroso e tolerante. Ainda assim, Portia estava sendo sufocada pela ficção que ela e seu marido mantinham: o marido e a família deveriam dar toda a afirmação de que uma mulher necessitava, e se tinha isso, ela devia sentir-se satisfeita. Certa tarde, respondendo à minha pergunta "O que você sente agora?", Portia respondeu: "Eu me sinto como uma bolha!". Ela sentia que tudo o que fazia era uma resposta à necessidade das outras pessoas: ser motorista para os filhos e o marido, ir às aulas de vôo de Sam quando ele estava fora da cidade e fazer anotações para ele, e não demonstrar que estava perturbada com os problemas de um de seus filhos. Ela se apavorava com a idéia de discordar do marido. Chorava e tinha dores de cabeça. Conforme começou a se conscientizar de que não podia aceitar como seus os padrões de seu marido, Portia começou a se sentir desconfortavelmente ressentida com Sam e com raiva de si mesma, pela concordância submissa a essas condições. Cada vez que ela reclamava com ele, se sentia ainda mais culpada, como se estivesse exigindo demais. Sam sentia-se ressentido porque seu amor e os confortos materiais que ele proporcionava não pareciam deixá-la feliz. Ele também se sentia culpado, pois suspeitava — como estava no contrato — que de algum modo *ele* era o responsável por não dar mais a ela. Os dois começaram a trabalhar num novo estilo, embora houvesse dor na reiteração de Portia de que precisava mais, e dor também por parte dele ao ouvir isso. Ela entrou na faculdade, e Sam desistiu de um emprego em outra cidade, até que ela terminasse seus estudos. Quando ela se tornou livre para fazer as coisas tão-somente — tão-somente! — porque gostava, o apoio dos outros se tornou a guarnição, e não mais o prato principal — gostoso e agradável, mas não a fonte principal de nutrição.

Ao dar atenção às próprias necessidades e expressá-las, uma pessoa pode descobrir quais são seus objetivos pessoais e únicos, e pode conseguir aquilo que deseja. Ela não tem de se esforçar para conseguir um acordo com algum poder apaziguado; ela se transforma num agente independente, em contato com onde deseja ir e como pode chegar lá por seus próprios meios. Como ela estabelece suas próprias metas, não está presa a um contrato, e é livre para mudar e mover-se, adaptando-se de modo flexível a sua experiência no momento presente, e não vivendo segundo um contrato feito há muito tempo.

5

A fronteira de contato

Só o ser cuja alteridade, aceita por meu ser, vive e me encara na compressão total da existência, me traz a radiância da eternidade. Só quando dois dizem um para o outro com tudo que eles são, "És Tu", é que o Ser Presente está se manifestando entre eles.

Martin Buber

No útero tínhamos tudo pronto. Tudo o que tínhamos de fazer era nadar no ambiente benevolente. A armadilha era que o crescimento além de certo limite punha um fim ao arrendamento; tínhamos de sair e, querendo ou não, aprender a abrir nosso próprio caminho num mundo menos solícito.

Desde o corte de nosso cordão umbilical, todos nos tornamos seres separados, buscando a união com o que é diferente de nós. Nunca mais podemos voltar ao paraíso simbiótico original; nosso senso de união depende paradoxalmente de um senso ampliado de separação, e é este paradoxo que buscamos constantemente resolver. A função que sintetiza a necessidade de união e de separação é o contato. Mediante contato, cada pessoa tem a chance de encontrar o mundo externo de um modo nutridor. Ela faz o contato de forma reiterada; o encontro de cada momento termina imediatamente, e um novo momento de contato vem nos calcanhares do antigo. Eu toco você, falo com você, sorrio para você, vejo você, pergunto a você, recebo você, desejo você; tudo isso, por sua vez, sustenta a vibração de viver. Eu estou sozinho, mas ainda assim preciso encontrar você, para viver.

A vida inteira oscilamos no equilíbrio entre liberdade ou separação, por um lado, e união ou invasão, por outro. Cada um de nós precisa ter algum espaço psicológico no qual somos nossos próprios senhores e para o qual algumas pessoas podem ser convidadas, mas que ninguém deve invadir. Entretanto, se insistirmos ferozmente em nossos direitos territoriais, corremos o risco de reduzir o contato empolgante com o "outro" e desperdiçá-lo. A diminuição da capacidade de contato aprisiona o homem na solidão. Nós todos vemos à nossa volta como a redução da capacidade de contato pode nos sufocar numa condição de mal-estar pessoal que envenena o espírito, em meio a um acúmulo mortal de hábitos, conselhos e costumes.

Contato

O contato não é apenas reunião ou intimidade. Ele só pode acontecer entre seres separados, que sempre precisam ser independentes e sempre se arriscam a ser capturados na união. No momento da união, o senso mais pleno que um indivíduo tem de si mesmo é movido rapidamente para uma nova criação. Não sou mais apenas eu mesmo, mas eu e você fazemos nós. Embora eu e você nos tornemos nós apenas nominalmente, jogamos com a dissolução de mim ou de você por intermédio desse nomear. Você pode se tornar irresistível e subjugante, quando eu encontrá-lo com toda minha visão, todo meu corpo e toda minha mente, a menos que eu esteja familiarizado com o contato pleno. Eu arrisco minha existência independente ao entrar em contato com você, mas é apenas pela função de contato que a percepção de nossas identidades pode se desenvolver plenamente.

Tenho uma paciente cuja mãe seduzia e transava com muitas pessoas e que ficou louca. Minha paciente, uma mulher adorável, se leva a sério demais e também me leva a sério demais. Ela receia que se brincar comigo, também irá transar comigo e ficar louca. Eu não penso que ela vá ficar louca, embora pudesse transar comigo. Mas mesmo isso não é provável. E certamente não é *inevitável*. Eu lhe disse isso, e foi no momento certo, em que ela pôde acreditar em mim. Assim, ela brincou comigo. Ela sorriu de modo brincalhão. Andou atrás da minha cadeira e afagou minha careca. Sentou-se na minha frente, não a uma distância de setenta centímetros, e seus olhos dançavam e brilhavam e eu podia ver que ela fazia contato comigo e me conhecia. Bem nesse momento, ela me amava, o que quer dizer que ela me examinava com brilho e empolgação. Estávamos tão próximos quanto numa transa, mas nossas vidas não estavam organizadas para que transássemos juntos. Era empolgante ouvi-la contar sobre sua filha e seu filho e os amigos que a tinham visitado no fim de semana. Assim conhecíamos um ao outro, de um modo muito simples. Ela foi embora sem exigência nem privação. Ela havia temido a captura, havia temido perder-se na união em que sua mãe se afogara. Transar não era realmente a *questão*. Ela sabia que podia transar com seu marido, mas precisava brincar comigo e fazer contato comigo e com muitos outros porque a vida requer contato em todos os momentos e de muitas formas. Mesmo ao transar ela não perderia a si mesma — não se pudesse aprender a examinar o contato como diferente de intimidade ou união.

Perls, Hefferline e Goodman[1] descrevem o contato:

> [...] fundamentalmente, um organismo vive em seu ambiente ao manter suas diferenças, e mais importante, ao assimilar o ambiente em suas diferenças; e é na fronteira que os perigos são rejeitados, os obstáculos são superados e as coisas assimiláveis são selecionadas e integradas. Agora, aquilo que é selecionado e assimilado é sempre novo; o organismo persiste ao assimilar o novo, ao mudar e crescer. Por exemplo, a comida, como Aristóteles costumava dizer, é o "diferente" que pode se tornar "igual"; e no processo da assimilação, o organismo por sua vez é transformado. Basicamente, o contato é a consciência "de" e o comportamento "para" com as novidades assimiláveis, e a rejeição das novidades não assimiláveis. O que é difuso, sempre igual, ou indiferente não é um objeto de contato.

O contato é o sangue vital do crescimento, o meio para mudar a si mesmo e a experiência que se tem do mundo. A mudança é um produto inevitável do contato porque apropriar-se do que é assimilável ou rejeitar o que é inassimilável na novidade irá inevitavelmente

---

1. Perls, F. S., Hefferline, Ralph e Goodman, Paul. *Gestalt therapy*. Nova York: Julian Press Inc., 1951.

levar à mudança. Bem, se minha paciente supõe que é igual à mãe dela e não questiona isso, ela não está contatando nem os modos em que de fato se parece com sua mãe e, ainda mais importante, nem aqueles modos em que *difere* de sua mãe. Ela será mais capaz de mudar se estiver disposta a contatar a novidade em seu próprio sentido de eu. O contato é implicitamente incompatível com permanecer o mesmo. A pessoa não precisa *tentar* mudar por meio do contato; a mudança simplesmente acontece.

Naturalmente, se a mudança é inerente ao contato, o indivíduo bem pode mostrar-se prudente com relação ao contato, a menos que se tenha fé na mudança resultante. O pensamento no futuro, a preocupação com as conseqüências, ou o "ensaiar" como Perls[2] o chamava, podem nos amedrontar e como a cabeça da Medusa nos transformar em figuras imóveis feitas de pedra. Ninguém gosta de problemas, e todos sabemos que finalmente as conseqüências irão exigir contato tão plenamente quanto nossa experiência presente o faz. Pense em minha paciente. Se ela transar, talvez ela termine louca como sua mãe. Quem poderia dizer, com certeza, que não? Mas, em certo sentido, esse é o risco que todos temos de correr, de um modo ou de outro. É claro que não há muita segurança, a menos que tenhamos em nós mesmos a fé que os religiosos já nos pediram para termos em Deus. Trocar a fé em Deus pela fé em nós mesmos parece uma troca justa. Não existem garantias, mas onde Deus tem estado ultimamente?

O contato não é uma característica da qual tenhamos consciência mais do que temos da gravidade quando estamos andando ou de pé. Quando nos sentamos e conversamos com os outros, teremos consciência daquilo que estamos dizendo, vendo ou ouvindo, mas é pouco provável que pensemos em nós mesmos como alguém que está exercendo sua capacidade de contato. Nossas funções motoras e sensoriais são potencialmente aquelas pelas quais o contato é feito, mas é importante lembrar que, do mesmo modo que o todo é mais do que meramente a soma de suas partes, o contato é mais do que a soma de todas as funções possíveis que poderiam ser incluídas nele. Ver ou ouvir não são uma garantia de bom contato, é mais *o modo como*

---

2. Perls, F. S. *Gestalt therapy verbatim*. Moab, Utah: Real People Press, 1969.

alguém vê ou ouve que determina um bom contato. Além disso, o contato existe na interação com objetos inanimados e animados; ver uma árvore ou um pôr-do-sol, ou ouvir uma cachoeira ou o silêncio de uma caverna é contato. Também pode-se fazer contato com memórias ou imagens, e experimentá-las de modo nítido e pleno.

O que distingue o contato da intimidade ou união é que o contato acontece numa fronteira em que é mantido um senso de separação para que a união não ameace sobrecarregar a pessoa. Perls[3] sublinha a natureza dualista de uma interação com contato:

> Em qualquer lugar e em qualquer momento em que exista uma fronteira, sentem-se ambos, contato e isolamento.

A fronteira na qual o contato pode ser feito é um local de energia pulsante e permeável. Como dizem Perls, Hefferline e Goodman:[4]

> [...] a fronteira de contato não é tanto parte do organismo como é essencialmente *o órgão de uma relação específica do organismo e do ambiente.*

A fronteira de contato é o ponto em que o indivíduo experiencia o "eu" em relação ao que é não–"eu" e, por esse contato, ambos são experienciados mais claramente. Perls[5] observa:

> [...] as fronteiras, os locais de contato, constituem o ego. Apenas onde e quando o *self* encontra o "estranho" o ego começa a funcionar, começa a existir, determina a fronteira entre o "campo" pessoal e o impessoal.

Assim, o contato envolve não só um senso do próprio eu, mas também um senso daquilo que colide/encontra essa fronteira, aquilo que

---

3. Perls, F. S. *Ego, hunger and aggression.* Londres: George Allen & Unwin Ltd., 1947.
4. Perls, F. S., Hefferline, Ralph e Goodman, Paul. *Gestalt therapy.* Nova York: Julian Press Inc., 1951.
5. Perls, F. S. *Ego, hunger and aggression.* Londres: George Allen & Unwin Ltd., 1947.

surge na fronteira de contato e até se funde com ela. A capacidade de discriminar o universo entre eu e não-eu transforma este paradoxo numa experiência empolgante de fazer escolhas. As regras costumeiras não se aplicam, e as decisões engenhosas se transformam numa necessidade. Eu afeto um amigo ou deixo-o nadar em sua própria liberdade?

Se, por meio de considerações como essas, nos tornamos meticulosos quanto a invadir o espaço psicológico de outra pessoa, oprimimos a ela e a nós mesmos. Os resultados contraditórios de insistir nos direitos que cada indivíduo tem de agir por si mesmo fizeram com que muitos jovens de hoje perdessem o senso de confiança ou a consciência do poder de suas próprias objeções criativas às forças que indubitavelmente os pressionam. Se a liberdade de uma pessoa depende *exclusivamente* da *permissão* de outra pessoa, ela perde seu próprio senso de poder que precisa exercer para proteger e definir seu próprio espaço psicológico das incursões naturais que ele sofrerá. Visualizar um mundo em que a liberdade para agir seja outorgada ou garantida em vez de *alcançada* é infelizmente um pensamento fantasioso, utópico e sem contato. O domínio acontece no contato real e produz vivacidade. Contudo, o contato envolve inerentemente o risco da perda da identidade ou da separação. Nisso residem a aventura e a arte do contato.

Esta visão de contato tem implicações que afetam o decorrer da psicoterapia.

Primeiro, como pretendemos guiar as pessoas até a recuperação de suas funções de contato, provavelmente teremos intensas experiências de interação na terapia. Não as evitamos. Podemos até incentivar o movimento para a experiência intensa quando esta seria a linha do desenvolvimento da pessoa. No exemplo dado anteriormente, a necessidade que a mulher tinha de realizar uma discriminação entre "eu" e "minha mãe" levou a uma experiência de contato que, e isto é importante, não a engoliu.

Além disso, ao transformar o contato num ponto central, desistimos do conceito psicanalítico tradicional de transferência, pelo qual muitas interações de terapia eram consideradas apenas como distorções baseadas no viver no passado, e sem validade própria no presente. Se o paciente vê seu terapeuta como desinteressado ou como um ogro, temos toda uma multiplicidade de alternativas abertas para nós.

Podemos explorar como lidar com uma pessoa desinteressada ou com um ogro. Podemos investigar o que o paciente vê que produz esta impressão. Podemos tentar descobrir onde está o desinteresse: o terapeuta realmente está desinteressado ou o paciente está projetando seu próprio desinteresse naquilo que ele está fazendo no momento? Algumas vezes sua visão pode até ser distorcida, mas mesmo nesse caso não existe uma certeza de que a distorção seja baseada na transferência de um relacionamento anterior. Algumas vezes ele pode ver algo que realmente está ali, que ele é de fato tedioso, ou que seu terapeuta é um pouco ogro, e em qualquer dos casos ele está aprendendo algo que precisa conhecer. De qualquer modo, depende do paciente descobrir a realidade da situação mediante sua própria ação, e não pelas interpretações oraculares do terapeuta a respeito de como ele está realmente respondendo a alguma outra pessoa de algum outro tempo.

Testemunhei a experiência de uma jovem adorável, de vinte anos, no centro de um grupo falando sobre a sua ex-condição de dependente de drogas e prostituta e, quatro anos antes, de ter tido um bebê que foi entregue à adoção. Agora ela estava num outro tipo de vida, ajudando jovens dependentes e estudando na universidade. Num momento especialmente pungente, ela se voltou para um dos homens no grupo e pediu que ele a abraçasse. Ele consentiu, e, depois de alguma hesitação, ela foi até ele, o qual lhe deu colo. Nesse ponto, ela se soltou e chorou. Depois que seu choro diminuiu, ela olhou para cima, alarmada com o que as outras mulheres no grupo poderiam sentir sobre ela estar recebendo colo, bem como ser o centro do foco na sala. Eu disse que talvez ela pudesse ensinar às outras mulheres alguma coisa quanto a receber colo. Ela estava obviamente à vontade ao ser abraçada e demonstrava uma graça fluida e uma qualidade de acolhimento que não faria mal a ninguém aprender. Por alguns momentos, então, ela sentiu-se calma e permaneceu nos braços do homem, mas ainda atenta às reações das mulheres no grupo, que na verdade estavam muito tocadas emocionalmente e não a julgavam. Ela então pediu a uma das mulheres mais atraentes e atuantes que a abraçasse. O drama tinha tanta força que era quase inevitável que a mulher desejasse dar-lhe colo. Ela caminhou até o local em que a jovem estava sentada e a pegou nos braços. Nesse instante aconteceu a entrega final, e a jovem chorou mais profundamente do que antes.

Quando ela terminou de chorar, sua tensão se dissipara, ela se sentia à vontade e totalmente unida ao grupo.

Aqui vemos uma resolução por meio da experiência, e não da interpretação. Em vez de analisar seus sentimentos quanto a ser o centro da atenção ou sobre como as mulheres poderiam ter objeções à sua sexualidade, ou a vergonha que ela sentia com relação à dependência de drogas e à prostituição, a resolução veio pelos contatos reais com as pessoas na sala. Ela contou-*lhes* a sua história. Movimentou-se para ser abraçada. Recebeu colo. Ela relaxou sua resistência ao contato ao permitir-se ser abraçada enquanto chorava, em vez de insistir que podia cuidar de si mesma, pois mais ninguém desejaria fazer isto. Em vez de interpretar a ansiedade dela com relação às mulheres na sala, seu contato com elas foi encorajado. Por intermédio do contato aconteceram a liberação e a união.

Que valor tem uma experiência se o *insight* não for articulado para servir como guia para um maior contato? A resposta se encontra nas sensibilidades mais autodeterminadas e mais difundidas que esperamos que o indivíduo desenvolva. Piaget comentou certa vez que todas as vezes que ensinamos "a resposta correta" a uma criança, a impedimos de aprender e inventar muitas novas respostas corretas para si mesma. A ação traz as sementes do conhecimento interno, um conhecimento que abrange o alongamento das próprias fronteiras e a consciência que é assimilada deste modo. Cada vez que a jovem acima puder pedir a outras mulheres algo de que necessita, ou puder ser confortada por uma mulher, ou tiver outras experiências novas com mulheres, seu próprio mundo irá se expandir em direções que agora não podemos identificar nem prever. Transformar essa experiência num *insight* é como amarrar todas as pontas soltas; talvez fique arrumado, mas não deixe nenhuma conexão vital para uma nova experiência.

O terapeuta — que, afinal de contas, tem suas próprias necessidades de inteireza e conclusão — pode ficar tentado a dizer que a jovem precisa de cuidados maternos, ou tem características homossexuais, ou deseja mostrar-se para outras mulheres, ou qualquer uma das muitas categorias de explicação que poderiam ser usadas, mas é presunçoso imaginar que se pode capturar um sentido de seu fluxo de vida trágico/esperançoso num único golpe lingüístico. Agimos melhor se colocarmos nossa fé em cada momento de contato, permanecendo sintonizados com a ação de cada momento e usando este momento para nos guiar.

Um aspecto especial da capacidade de contato vem da possibilidade de estar em contato consigo mesmo. Isso não contradiz nossa afirmação de que o contato é a função de encontro entre nós mesmos e aquilo que não seja nós mesmos. Esse tipo de contato interno pode ocorrer, entretanto, por causa da capacidade humana para dividir-se em observador e observado. Essa divisão pode ser empregada a serviço do crescimento, uma possibilidade inerente em grande parte do auto-questionamento. O atleta, por exemplo, pode dirigir sua atenção para dentro, de modo a entrar em sua experiência antes de fazer um movimento atlético. Um orador pode tomar consciência de um maneirismo que cause distração e cuidar disso. Por outro lado, a divisão pode ser uma interrupção, voltando a pessoa retroflexivamente para dentro, em vez de permitir o foco exterior mais pertinente. O hipocondríaco obsessivamente em contato com seu corpo considera-o um objeto, e não como ele mesmo.

O processo especial que permite que o indivíduo faça contato consigo mesmo pode permanecer orientado apenas na direção de seu próprio crescimento autocontido, ou pode servir como um trampolim que sustenta o desenvolvimento da função de contato com outra pessoa. Polanyi[6] descreve o modo como uma pessoa pode conhecer outra mediante um processo que ele chama de "posse":

> [...] quando atingimos o ponto em que um homem conhece outro homem, o conhecedor possui (tão) plenamente aquilo que ele conhece... (que)... chegamos à contemplação de um ser humano como uma pessoa responsável, e aplicamos a ele os mesmos padrões que adotamos para nós mesmos, o conhecimento que temos dele certamente perdeu o caráter de uma observação e em vez disso se transformou num encontro.

A implicação aqui é que é possível sentir a operação dos pensamentos e sentimentos de outra pessoa na medida em que contatamos nossas

---

6. Polanyi, M. *The study of man*. Chicago: The University of Chicago Press, 1959.

próprias operações e podemos nos libertar dessa preocupação pessoal e sentir como outra pessoa poderia fazer a mesma coisa. Quando um pai ensina seu filho a andar de bicicleta ou a dar um nó na gravata, ele volta a seus próprios movimentos para desenvolver seu senso daquilo que seu filho poderia fazer. Num bom ensino, o processo alterna entre o professor e o aluno. Existem momentos na terapia em que ocorre este mesmo ritmo.

Fronteiras do eu

Enfatizamos que o contato é um relacionamento dinâmico que ocorre apenas nas fronteiras de duas figuras de interesse irresistivelmente atraentes, claramente diferenciadas. A diferenciação pode distinguir entre um organismo e outro, ou um organismo e algum objeto inanimado em seu ambiente, ou um organismo e alguma característica nova dele mesmo. Quaisquer que sejam as duas entidades diferenciadas, cada uma delas possui um senso de limitação, ou não poderiam se tornar figuras nem poderiam fazer contato. Como disse Von Bertalanffy:[7]

Qualquer sistema que pode ser investigado por seu próprio direito precisa ter fronteiras, quer sejam espaciais ou dinâmicas.

As fronteiras do ser humano, as fronteiras do eu, são determinadas por toda a amplitude de suas experiências na vida e por suas capacidades internas de assimilar a experiência nova ou intensificada.

A fronteira do eu de uma pessoa é a fronteira daquilo em que, para ela, o contato é permissível. É composta de toda a *amplitude* de fronteiras de contato e define as ações, idéias, pessoas, valores, ambientes, imagens, memórias etc com os quais ela está disposta e comparativamente livre para se envolver plenamente tanto com o mundo externo a ela quanto com as reverberações internas que este envolvimento possa despertar. Isso inclui também a percepção dos riscos que

---

7. Von Bertalanffy, L. *General system theory*. Nova York: G Braziller, 1968.

ela está disposta a correr, a partir dos quais as oportunidades de progresso pessoal são grandes, mas as conseqüências podem trazer novas exigências pessoais com que ela pode ou não ser capaz de lidar. Algumas pessoas são extraordinariamente sensíveis ao conhecimento dos riscos porque parecem viver sempre no que é chamado de margem do crescimento de suas vidas. A necessidade de ser capaz de prever os resultados de suas ações impede a maioria das pessoas de ir facilmente além das formas de comportamento existentes em que estão presentes as maiores oportunidades. Se elas se aventurarem num terreno pouco conhecido, embora possam ganhar um senso de excitação e de poder ampliados, podem perder sua compreensão fácil e sentir-se despreparadas e estranhas. Se a confusão não for permissível, elas podem optar por ser menos aventureiras; você não consegue algo sem dar alguma coisa.

Dentro da fronteira do eu, o contato pode ser feito com bem-estar e elegância, e resulta num senso confortável de gratificação e crescimento. Quando um mecânico habilidoso ouve o som de um motor que está funcionando mal, ele se move para a causa do problema e cuida dela. Na fronteira do eu, o contato se torna mais arriscado e a probabilidade de gratificação é menos certa. Este mecânico de carros, aproximando-se do motor, está no ápice de seu conhecimento e se sente excitado e ousado. Fora da fronteira do eu, em grande medida, o contato é quase impossível. Este mesmo mecânico pode considerar estranho e impensável fazer um cartão rendilhado de Dia dos Namorados para a sua namorada.

Se um indivíduo fosse sujeito a intenso calor, ele logo perderia o contato, desmaiando, e até poderia finalmente morrer se seus limites para assimilar o calor fossem gravemente ultrapassados. O mesmo acontece com questões psicológicas. Quando o indivíduo é confrontado por grave humilhação ou outras intrusões opressivas, que excedam os limites de sua experiência permissível, ele pode agir contra a invasão ameaçadora, perdendo o contato. Isso pode ir desde perder a consciência quando profundamente chocado, como ao ouvir sobre uma perda trágica, até bloquear o impacto da experiência não permissível por meios mais sutis e mais imperceptíveis, como lapsos de memória para acontecimentos desagradáveis, tal qual nas resistências mais crônicas.

A seletividade para o contato, determinada pela fronteira do eu do indivíduo, irá governar o estilo de sua vida, incluindo a sua escolha de amigos, o trabalho, a geografia, a fantasia, o fazer amor e todas as outras experiências que sejam psicologicamente relevantes para sua existência. O modo como uma pessoa ou bloqueia ou permite a *awareness* e a ação na fronteira de contato é a forma de manter o senso de seus próprios limites seguros. Isso tem primazia em sua vida além de qualquer preocupação com o prazer, com o futuro ou com aspectos práticos daquilo que pode ou não ser bom para ele, como Henry Clay que deveria muito mais ser correto do que ser presidente.

Embora a fronteira do eu não seja rigidamente fixa, mesmo nas pessoas mais inflexíveis, os indivíduos mostram uma grande variação na expansividade ou na contratibilidade de suas fronteiras do eu. Algumas pessoas parecem fazer grandes mudanças em suas fronteiras do eu no decorrer de suas vidas, e tendemos a pensar que as que promoveram as maiores mudanças são as que *cresceram* mais. Isso pode ir desde um acontecimento fortuito, sobre o qual elas têm pouco controle, mas ao qual parecem responder de modo cheio de energia e de habilidade, até aquelas mudanças produzidas por seus próprios esforços.

Nossa sociedade é orientada para o crescimento; admiramos aqueles que conseguem realizar o movimento expansivo da fronteira do eu até outra pessoa. Todos conhecemos a história de Horatio Alger, o menino pobre cujo começo de vida esteve limitado a pequenas ações dentro de sua própria vizinhança e que cresceu para viajar o mundo e influenciar pessoas importantes. Este é um herói de papel. O que encontramos com maior freqüência na vida real é que, dentro do mesmo indivíduo, existem ambos, isto é, a mobilização para crescer em algumas áreas e as resistências ao crescimento em outras; assim, partes da fronteira do eu acabam ficando para trás. Isso produz o fenômeno do executivo industrial que nunca acredita plenamente em seu próprio poder e em seu próprio coração continua sendo um novorico vindo do lado errado da rua. Ele passa pelos movimentos do poder, mas sempre se sente deslocado e limitado em se envolver no contato pleno em seu trabalho ou em sua vida. Por causa desse retraimento no contato, ele apenas consegue diminuir a vivacidade daquilo que poderia ser uma vida ou um trabalho cheios de aventura. O mesmo acontece com o pai que ainda experiencia a si mesmo como

122

um menininho, ou com a esposa cujo senso de si mesma continua sendo o de uma virgem.

Quando as fronteiras são estabelecidas de modo rígido, o indivíduo teme a expansão da fronteira do eu, pois sente que poderia explodir se houver sensação ou ativação demasiadas para serem contidas; ele se sente correndo o risco de sobrecarga. Seu medo da contração da fronteira do eu, por outro lado, é o medo de sentir-se vazio, murcho ou insignificante em face da pressão opressiva vinda do exterior. Em qualquer um dos casos, o indivíduo teme que a fronteira do eu habitual ceda. Ele pode sentir que sua própria existência está em jogo no caso de graves rupturas da fronteira do eu, e a ameaça dessa rendição evoca a função de emergência do indivíduo. A função de emergência inclui tanto a grande ativação energética quanto sua antítese, a supressão desta ativação, que é experienciada como ansiedade. O paradoxo surge porque a ameaça às fronteiras do eu do indivíduo ativa as reações de emergência que têm o objetivo de preservar a fronteira, mas que podem também estar situadas além dela. Por exemplo, uma pessoa que é demitida de seu trabalho, ou desconsiderada para uma promoção que ela esperava, experiencia uma contração de sua fronteira do eu; ela é afastada das oportunidades das quais necessitava e sente que seu alcance foi reduzido ou diminuído. Bem, se ela experienciar isso como uma ruptura perigosa de sua fronteira do eu, pode ser ativada para defender-se do modo que puder, talvez atacando o indivíduo cuja opinião depreciativa a seu respeito deu início a essa experiência. Mas se o ataque agressivo estiver fora dos limites de sua fronteira, ela fica num impasse com as sensações de emergência que foram ativadas e ainda assim incapaz de assimilá-las na capacidade de contato que poderia levar a uma ação intencional. A ansiedade que resulta da necessidade de suprimir a ativação é experienciada como perturbadora e pode resultar na incapacidade de se concentrar, em ineficiência ou em um modo vago de agir, ou ainda ter conseqüências mais sérias, como a psicose ou o suicídio.

Por outro lado, algumas vezes a vida é um artista volúvel, que joga o indivíduo numa seqüência rápida de acontecimentos, podendo evocar um sussurro de prazer na fronteira em mudança. Há uma memória clara do menino deficiente que passou sua vida primeiro numa cadeira de rodas, depois de muletas e por fim experiencia seu primeiro aparelho ortopédico para as pernas. Ele estava embriagado com sua nova mobilidade. Imagine, ele era capaz de movimentar-se pela sala, ficar em pé, e ter as mãos livres para tocar qualquer coisa que desejasse. Ele nem se sentava, de tão empolgado que estava com sua liberdade ampliada!

O experimento em gestalt (ver o Capítulo 9) é usado para expandir a amplitude do indivíduo, mostrando-lhe como ele pode ampliar seu senso habitual de fronteira onde existem emergência e excitação. Uma emergência segura é criada de modo a incentivar o desenvolvimento do auto-apoio para novas experiências. Ações que anteriormente eram estranhas e provocavam resistência podem se tornar expressões aceitáveis e levar a novas possibilidades.

Um homem num *workshop* de fim de semana permitiu-se chorar sem limites uma tristeza pessoal. Ele relatou que literalmente tinha se sentido expandido fisicamente, indicando uma distância de duas polegadas além de si mesmo onde ele sentia que estava sua pele. Esse é um exemplo dramático do senso de expansão que pode ser produzido por um novo comportamento. Ele aceitou um grande risco ao quebrar suas barreiras para o choro. O risco era acabar com uma experiência contínua de não-eu, não integrada e isolada, em vez de um senso crescente de ser capaz de permitir novas intensidades de experiência em sua vida. Por essa razão, o *workshop* de fim de semana precisa ser expandido num programa que combine um período maior de tempo para trabalhar com os participantes individualmente e dentro de um grupo, em que os objetivos possam ser desenvolvidos e possa se respeitar um senso de evolução seqüencial ao longo do tempo.

E se as próprias fronteiras do eu de uma pessoa não fossem suficientemente complexas no contato com a novidade no ambiente, ou com características não conhecidas ou pouco familiares da própria pessoa, as complicações se tornariam ainda mais espantosas quando se acrescenta a isso as sutilezas de fazer contato com outra pessoa que está lidando com um conjunto comparável de necessidades e resistências. É como se estivéssemos pedindo a duas pessoas tentando passar uma pela outra numa corda bamba, ambas carregando uma grande vara de equilíbrio, que façam um contato significativo uma com a outra. Ainda assim a maravilha é que de algum modo conseguimos fazê-lo em grande parte do tempo.

Quero dizer olá a Peter. Ele se afasta. A reação dele implica que meu olá pode ter sido experienciado por ele como uma invasão. Bem, se meu desejo de chegar até ele for suficientemente forte, posso arriscar-me a ultrapassar a barreira e ser mal recebido. Quem sabe ele pode ficar feliz por eu fazer isso. Por outro lado, pode considerar-me ainda mais nocivo e tentar se afastar mais. Assim, tenho de chegar a Peter no momento certo e no estado de espírito certo para que ele e eu possamos fazer o tipo de contato que desejo. É o meio-termo entre a facilidade com que Peter se mostra abordável e a quantidade de esforço que estou pronto a investir para superar algumas dificuldades na aproximação. Mas mesmo que ele insista em permanecer isolado, ainda posso fazer contato com ele neste afastamento. Posso observar e assimilar algum aspecto ou gesto com que ele faz isso. Posso estar consciente de como esse modo de agir é pouco característico dele. Posso notar alguma inclinação em seus ombros ou uma expressão em seu rosto que podem me colocar de fato em contato com Peter, mesmo que este contato aconteça em termos muito diferentes de minha intenção original. Dado o estado de espírito dele, isso pode terminar meu contato com ele, a não ser que eu improvise alguma ação de contato nova. Por exemplo, se respondo a seu retraimento gritando com ele, continuo o fluxo de contato e também crio um senso de contato diferente com ele.

Essa medida entre as fronteiras do eu em constante mudança em pessoas diferentes torna o desenvolvimento do contato totalmente imprevisível. Cada pessoa tem de se transformar num especialista na avaliação das possibilidades de desenvolvimento do que ele deseja e necessita dos outros. Algumas cenas e algumas pessoas são um terreno mais fértil para se fazer contato. Com outras pessoas ou em outros momentos, as perspectivas são poucas e os ganhos são parcos.

Os artistas parecem ser especialmente afinados neste processo de escolher lugares e pessoas com quem o contato é possível e nutridor. Eles tentam encontrar um meio que permita ou que possa até evocar o contato que se transforma no sangue vital de suas energias criativas. Esta nem sempre é uma atmosfera gentil: Zola era incitado pela opressão moral da França do século XIX, Goya pela natureza irônica da vida na Espanha, Gauguin pelo ritmo idílico dos Mares do Sul, e assim por diante. Nem todos esses eram assuntos agradáveis, certamente, mas mesmo assim algo neles estava aberto ao escrutínio do artista; para ele e para mais ninguém esse contato resultou precisamente em sua perspectiva.

Se eu me tornar suficientemente sensível ao bom contato, também irei aonde possa obtê-lo. Pode ser o encontro com pessoas que me conheceram quando criança, talvez com minha família, que falam minha língua e realmente conhecem minha vida, ou este pode ser o último lugar para se encontrar algo que não seja estereotipado. Talvez eu possa encontrá-lo com pessoas jovens e vivas, ou com velhos sábios, ou com pessoas e não intelectuais. Talvez o contato para mim esteja em falar para grandes platéias, ou em contar histórias para bons amigos e ouvir as deles, ou ouvir música silenciosamente, acompanhado ou sozinho, ou em preparar uma boa comida, ou em jogar um difícil jogo de *paddleball*. Pode haver algumas pessoas para quem as circunstâncias tenham pouca ou nenhuma importância na determinação da qualidade de sua capacidade de contato. Entretanto, para a maioria de nós, um bom contato contínuo é um processo de fluxo e marés, uma medida sensível de energia entre o que faz o contato e o que é contatado.

Por esse motivo, o poder do indivíduo para criar sua própria vida é enfatizado, e isso *inclui* o poder de reconhecer a adequação de seu ambiente. Isto significa que ele tem uma escolha quanto a pessoas, atividades, geografia, arquitetura e assim por diante. O poder que cada pessoa tem para estabelecer contato não pode ser inteiramente independente de sua escolha de ambientes ou da criação de novos ambientes. As rebeliões em prisões, as greves estudantis e os apelos por reforma nos hospitais psiquiátricos nos forçam a reconhecer a importância que o ambiente tem em moldar o comportamento das pessoas presas nessas instituições, em geral não por escolha própria, o que só aumenta o problema. Estamos apenas começando a soletrar "O relacionamento entre o ambiente físico — sobretudo o ambiente feito pelo homem — e a experiência e o comportamento humanos...".[8] Nós temos de trabalhar mais para fazer contato com um pedaço seco e sem gosto de pão num refeitório cheio e poeirento de fábrica do que para contatar uma fatia cheirosa de pão feito em casa na cozinha de um amigo.

---

8. Proshansky, H. M., Ittelson, W. H. e Rivlin, L. G. (eds.). *Environmental psychology*. Nova York: Holt, Rinehart & Winston, 1970.

Assim, também, uma pessoa amarga e estereotipada não irá evocar nem sustentar um bom contato do modo que uma pessoa aberta e vivaz poderia fazer. Existem algumas pessoas que incentivam os outros a explorar sua novidade e a interagir com elas, e desse modo essas pessoas crescem. Existem outras que permanecem fechadas, permitindo apenas um contato mínimo nas fronteiras do eu, mantendo a separação e não permitindo o crescimento. O que as pessoas mais precisam é se tornar especialistas, ou poderíamos dizer artistas, em sentir e criar ambientes nos quais o movimento exterior a suas fronteiras do eu atuais possa ser sustentado, ou em sair desses ambientes, ou em alterá-los quando isso parecer impossível.

A experiência da fronteira do eu pode ser descrita a partir de diversas perspectivas: fronteiras corporais; fronteiras de valores; fronteiras de familiaridade; fronteiras expressivas e fronteiras de exposição.

Fronteiras do corpo

As pessoas têm lugares favoritos em seus corpos. A *awareness* da sensação de algumas partes ou funções de seus corpos é restrita ou colocada fora dos limites e permanece fora de senso de si mesmas. Bem, como é quase impossível contatar aquilo que está fora da fronteira do eu, o resultado é que essas pessoas permanecem fora de contato com partes importantes de si mesmas.

Num *workshop*, um homem queixou-se de ser impotente. Ao trabalharmos juntos, ficou evidente que ele experienciava bem pouca sensação abaixo do pescoço. Sua cabeça era seu centro, e estava claro que se ele pudesse apenas espremer-se em sua cabeça, não teria problemas. Até mesmo sua fúria ficava limitada a sua cabeça, e ele ficava profundamente vermelho. Conforme ele ficava mais e mais furioso, rugia e gritava como se estivesse possuído, mas mesmo assim a princípio ele só conseguia sentir os efeitos até seu peito. Depois de se focar consideravelmente em seu corpo, com alguma atenção a seus movimentos pélvicos, suas pernas começaram a tremer. Ele ficou assustado quando começou a perceber a iminência da sensação pélvica e não permitiu que isso continuasse se desenvolvendo. Apesar disso, o resultado da sensação de tremor em suas pernas foi uma radiância incomum e um senso de paz por todo o seu corpo. Embora não tendo completado seu trabalho, ele ampliou a extensão de suas sensações corporais, mudando suas fronteiras corporais anteriores.

Beatrice estava tendo problemas para fazer contato com o restante das pessoas em seu grupo. Ela iniciava as frases e então deixava que elas se desfizessem, e seu grupo tinha de adivinhar o que ela estava tentando dizer. Eles não queriam magoá-la, mas não conseguiam ter um sentimento intenso a seu respeito, pois ela lhes parecia muito inconsistente. Numa das sessões anteriores, ao explorar a sensação corporal, Beatrice tinha observado com surpresa que não experienciava nenhuma sensação na parte de trás da cabeça. Ela só tinha sensação vinda da parte da frente de seu corpo, da fachada. Estava consciente de seu rosto e das sensações em seu peito, mas não experienciava nenhuma sensação na parte de trás de seu corpo.

Pedi a Beatriz que se sentasse no chão em frente a Todd e que falasse com ele. Eu disse a ela que realmente o empurrasse toda vez que dissesse algo a ele. Entretanto, logo ficou aparente que todas as vezes que ela o empurrava ela interrompia a força de seu movimento em algum lugar entre seu ombro e seu cotovelo. Pedi que os dois se levantassem e continuassem a falar e a empurrar. Beatriz empurrou Todd novamente, mas dessa vez apenas com as pontas dos dedos. Então, ensinei a ela como usar todo seu corpo. Ela então usou os pulsos e empurrou mais forte. Pedi que ela olhasse para Todd enquanto empurrava e se assegurasse de que estava empurrando com força suficiente para provocar algum movimento nele. Finalmente ela começou a colocar todo o seu corpo, e não só a parte da frente, no contato. Ela apoiou seus calcanhares mais firmemente no chão, colocou a cabeça para baixo e usou as costas, as coxas e toda a parte de trás de seu corpo. Nesse instante ela começou a controlar sua pelve, e pedi que ela colocasse sua pelve na ação contra ele. Depois de alguns minutos de uma interação muito atlética, ela percebeu, e nós também, que estava experienciando, pela primeira vez, a *parte de trás* de seu corpo. Nesse momento, seu rosto ficou intensamente diferente. Sua expressão característica, um sorriso confiante e congelado, havia desaparecido. Em seu lugar estava o rosto de uma mulher sem uma expressão preestabelecida e que podia ficar alegre ou triste. A fachada havia sumido, e o grupo podia sentir uma nova consistência, a de uma pessoa que poderia "estar por trás" de qualquer coisa que dissesse.

Fronteiras de valor

Um paciente, um garoto de dezesseis anos, acredita que estar interessado é crucial para a existência humana em geral, e para a sua em particular. Por outro lado, sua escola exige que ele faça coisas que não são interessantes. Ele não está disposto a trair ou a sabotar seus valores, fazendo esse trabalho desinteressante; assim, ele mal consegue se manter na escola, e existe uma grande possibilidade de que seja reprovado. Sua fronteira de valor parece estar estabelecida rigidamente, e talvez isso seja necessário por causa das pressões para que abandone seus próprios padrões. Mas isso cria um problema de limitação, pois ele não deixa nenhum espaço para fazer contato, a menos que se esteja funcionando dentro de *sua* fronteira do eu.

Entretanto, outros valores coexistem com a prioridade que ele coloca em estar interessado. Ele gosta de mecânica de carros mesmo que não sinta que iria permanecer interessado por muitos anos no trabalho feito por um mecânico de carros. Ele acha que gostaria de ser um engenheiro aeronáutico ou talvez um arquiteto. Claramente, para satisfazer essas preferências, teria de estudar algum material em que não estaria interessado, para poder chegar ao que realmente o interessa. Mas ele não consegue estudar, pois sua adesão rígida a seu sistema de valores o impediu de realizar as discriminações necessárias para conseguir o que precisa.

Assim, ele precisa aprender a ampliar suas fronteiras de valor para incluir talvez a autodeterminação, talvez a preparação para fazer um trabalho interessante, e outros valores que, quando incluídos em sua fronteira de valor, abririam caminho para a resolução criativa do que agora parecem ser valores incompatíveis. Ele poderia começar fazendo realmente aquelas coisas que o interessam, em vez de evitar se comprometer com qualquer coisa. Por exemplo, ele poderia fazer um curso de mecânica de carros. Ele poderia ir à biblioteca, como uma tarefa de terapia, e apenas folhear alguns livros — enquanto o desejasse. Poderia conversar com alguns dos alunos em sua escola interessados em conversar sobre assuntos de que ele gostasse. Ele fez tudo isso. E começou a sair com uma garota, que simpatizava com sua posição, e estava seriamente interessada em seus próprios trabalhos escolares. Todas essas influências afrouxaram seu sistema de valor e abriram possibilidades para expandir o mundo dele. Valores anteriormente incompatíveis disputaram uma posição e exigiram o desenvolvimento de um programa autodeterminado em que ele não apenas se resigna ao sistema existente, embora ainda precise lidar com este sistema. Ele não precisou desistir de seu desejo de viver de modo interessante, mas não está mais num impasse com o tédio da mera resistência. A expansão de sua fronteira de valor proporcionou um novo apoio para a ação e trouxe novas alternativas para sua existência estereotipada. Com uma *amplitude* de valores disponíveis, ele pode desenvolver a energia para equilibrar sua própria ingenuidade e iniciativa contra a energia oposta do "sistema". Isso não quer dizer que ele o aprove, mas aprendeu como obter do sistema o que precisa para viver sua vida de modo mais flexível.

Fronteiras de familiaridade

Uma família tinha ido para Vermont em todos os verões durante quinze anos antes de descobrir que a mãe *nunca* queria ir, que nos últimos cinco anos os filhos não queriam ir, e que só o pai considerava impensável ir a outro lugar. O pai não era um tirano autocrático; acontecia apenas que para interromper o padrão seria necessária mais energia do que qualquer membro da família conseguiria reunir. Cada um conhecia sua própria resistência, mas o impulso do familiar os puxava para sua órbita.

Shakespeare conhecia muito bem o modo como nos agarramos ao que conhecemos em vez de nos aventurar no desconhecido:

...Quem suportaria esses fardos
Resmungando e suando sob uma vida enfadonha,
Mas a quem o temor de algo após a morte —
O país não descoberto, de cujos limites
Nenhum viajante retorna — desconcerta a vontade,
E nos faz preferir suportar esses males que temos
Do que voar para outros que não conhecemos?

Não só a morte, mas a própria mudança evoca o terror e faz com que algumas pessoas se restrinjam a funcionar em ambientes limitados mais familiares. Para essas pessoas, uma mudança de emprego, de pessoas importantes em suas vidas ou em seu relacionamento com elas, como o crescimento dos filhos ou o envelhecer dos pais, são transições extremamente difíceis. Eu-sou-como-sou fica cristalizado num eu-sou-como-sempre-fui-e-como-sempre-serei.

Não é só o medo do desconhecido que estabelece nossas fronteiras de familiaridade. A oportunidade nos deixa experienciar apenas uma pequena parte do possível em nossas vidas; os limites geográficos ou de tempo restringem o contato com o novo ou pouco familiar. Essas fronteiras são inevitáveis e só são parcialmente removidas por meio de viagens, leitura e encontro com outras pessoas com maneiras de vida diferentes. Mas a fronteira que estabelecemos como a linha de demarcação entre nós e o desconhecido, que nos *recusamos* a contatar, mesmo que haja oportunidade, é um limite que colocamos em nós mesmos.

Um homem estava falando num grupo sobre o rompimento iminente de seu casamento e de sua agitação e ansiedade consideráveis com relação a isso. Ele desejava manter o casamento a quase qualquer custo porque esperava que sua esposa quisesse novamente estar casada com ele, embora fosse duvidoso que isso viesse a acontecer. Enquanto falava, suas preocupações principais se voltavam para a imagem que tinha de si mesmo, para a imagem que tinha do casamento e para a imagem que tinha de seu trabalho. Ele é um pastor, e sua imagem de pastor era a de que ele não se divorciaria. Ele também acredita, talvez com razão, que sua congregação e sua igreja acham que um pastor não deve ser divorciado. Bem, embora as imagens sejam uma sinopse conveniente da natureza de uma pessoa, elas são vulneráveis a distorções e a supersimplificações que podem tirar grande parte de sua liberdade individual de ação. Assim, a questão do pastor perturbado era "Se eu não sou um marido ou um pai ou um pastor, o que eu sou?", e ele respondia para si mesmo: "Portanto, não sou nada!". Para ele ou existia o familiar ou não existia Nada; e o Nada era um desastre.

Mas o desastre não acontece tão facilmente para aquelas pessoas que estão dispostas a fazer a transição entre o que parece uma dissolução catastrófica do familiar para o que ainda está incompleto. O bem-estar futuro muitas vezes viaja disfarçado, e suas bênçãos freqüentemente só são reconhecidas depois de uma extensa agitação, quando finalmente se pode dizer que meu divórcio, ou sair do negócio de meu pai, ou até mesmo meu enfarte foi a melhor coisa que já me aconteceu. Uma das dificuldades ao sair do familiar é a tentação de fechar o drama total da mudança antes que suas próprias atrações tenham a possibilidade de amadurecer. O senso de estar privado de tudo o que é familiar é um vácuo que ameaça sugar tudo dentro de seu alcance. O que é difícil de se apreciar, quando o terror molda um hiato catastrófico, é que este pode ser um vazio fértil. O vazio fértil é a metáfora existencial para abandonar os apoios familiares do presente e confiar no momento da vida para produzir novas oportunidades e perspectivas. O acrobata que se lança de um trapézio para o próximo sabe exatamente quando precisa se soltar. Ele determina extraordinariamente sua liberação e por um momento não tem nada a não ser seu próprio instante. Nosso coração segue o seu arco e o amamos por se arriscar no momento não sustentado.

Fronteiras expressivas

Os tabus contra o comportamento expressivo começam cedo. Não toque, não incomode, não chore, não se masturbe, não urine; e assim as fronteiras são delineadas. Aquilo que começa na infância continua conforme crescemos, apenas de um modo mais sutil do que os "não faça" originais. Nos tornamos mais inclusivos, e até encontramos novas situações em que as proibições iniciais podem se aplicar. As cenas simples da primeira infância envolvidas no estabelecimento dos limites não existem mais, mas só os detalhes mudam. Por exemplo, a proibição da masturbação — tocar a si mesmo de um modo amoroso — termina como uma fronteira que exclui tocar qualquer pessoa de um modo amoroso. Conseqüentemente, quando a criança cresce e se transforma num homem, seu modo de fazer amor é conservador e limitado. Como pai, ele toca seus filhos apenas quando necessário e mantém distância quando um amigo está chorando. Na verdade, mesmo que ele esteja chorando, sua resistência ao toque pode impedi-lo de conseguir o apoio que a proximidade de outra pessoa poderia lhe dar. Por mais amoroso que possa ser, o toque está excluído como um modo de expressar sua afeição.

O estabelecimento de limites expressivos fica claro na história de uma jovem de 21 anos. Jennifer é uma modelo que atua na moda para adolescentes. Ela começou a trabalhar como modelo quando estava no início da adolescência. Ainda tem uma aparência muito jovem e tem uma estrutura leve. Ela se agarrou à sua adolescência o quanto pôde, sem nem se dar conta de quanto conseguiu fazê-lo. Jennifer desejava também ser uma cantora, além de modelo. Mas aqui ela não conseguiu tanto sucesso. Sua voz tinha uma característica tonal leve, "branca" e não tinha o corpo e a maturidade que a voz de uma mulher deveria ter; aos 21 anos ela ainda cantava como uma adolescente. Sua inibição contra a expressão madura inadvertidamente arruinou suas chances como cantora, embora auxiliasse sua carreira de modelo.

Um pastor estava planejando fazer um sermão a respeito dos distúrbios raciais em Selma, Alabama, onde cães policiais tinham sido usados contra negros que faziam um protesto. Pedi-lhe que praticasse seu sermão comigo, e o fato de ele estar preocupado não me surpreendeu — era um tédio! Pedi-lhe que o fizesse novamente, mas que dessa vez ele falasse como se fosse um dos policiais de Alabama. Nesse papel, ele contou a história de um modo diferente. Sua voz era mais forte e ressoante, mais confiante. Ele usou histórias, seu rosto ruborizou-se, e ele usou seus punhos. Então pedi que ele contasse mais uma vez sua história, mas que dessa vez expressasse sua própria posição, usando o estilo e o modo de falar do policial. Dessa vez, ele fez um sermão bom, que me tocou e mais tarde tocou sua congregação. Durante esse processo de elaborar, ele se lembrou de que quando era criança sempre tinha admirado os valentões da escola. É verdade que o tinham atacado por várias vezes, chamando-o de maricas, e tinham se aproveitado de suas limitações físicas. Mas eles sempre pareciam seguros e cheios de energia, e assim eles eram os mocinhos. Ele tinha adotado a posição moral da vítima: correto, com a justiça de seu lado, mas sem vigor e destinado ao fracasso. Valentão era igual a vitalidade, mas ele não era um valentão, e assim vitalidade estava fora de questão. A expansão de sua fronteira expressiva o impulsionou a saber que embora não fosse um valentão, *ele* poderia ser igual a vitalidade, e que poderia devolver ao valentão o que ele estava acostumado a receber.

É assustador empurrar as fronteiras que estabelecemos para nós mesmos. A ameaça é perder nossa identidade, e em certo sentido isso

133

é verdadeiro, pois inevitavelmente perdemos a identidade que costumávamos ter. Precisamos descobrir nossa identidade em evolução. O *self* não é uma estrutura, é um processo. No ato de derrubar as velhas fronteiras expressivas é possível mover-se para um senso expandido de *self*. Jennifer estava pronta para a voz madura. Ela está pronta para se tornar mais do que é permitido pelas fronteiras expressivas adolescentes. O pastor está mais do que meramente correto a serviço de uma causa perdida; ele pode ser forte e agressivo, uma vez que o aceite dentro de seu raio de alcance.

Fronteiras de exposição

Existe uma inter-relação considerável entre as diversas formas de fronteiras do eu. O que pode começar como uma falta de disposição para se expressar pode se tornar tão habitual que mesmo quando o tabu expressivo desaparece, a fronteira de familiaridade assume e continua o tabu.

A fronteira de exposição também compartilha um terreno comum com todas as outras fronteiras. Aqui, contudo, a relutância específica é quanto a ser observado ou reconhecido. Um indivíduo pode saber o que valoriza e pode não ter objeção a assumir essa postura. Ele pode expressá-lo e até mesmo agir de modo apropriado a isso, mas insiste em fazê-lo anonimamente ou em particular. Ele pode criticar anonimamente ou ser generoso de um modo anônimo. Ele não está disposto a aceitar a observação dos outros além dos limites que estabelece. Outras pessoas podem não querer ser identificadas como cruéis, sedutoras, críticas, manipuladoras, sentimentais, exigentes, ingênuas, agressivas, inexperientes e assim por diante. A exposição é perigosa, quer seja aos elementos, ao desdém, ou às exigências dos outros.

Em seu grupo semanal de terapia, uma mulher respondeu a perguntas sobre sua experiência num *workshop* de fim de semana. Irene falou de modo brilhante sobre os novos exercícios que haviam experimentado e algumas das atividades inovadoras em que tinham se envolvido, bem como sobre os resultados que ela observara. Parecia ótimo, cem por cento prazer. Contudo, enquanto ela continuava, as pessoas observaram que a resposta era mais do que tinham esperado, embrulhada para presente, e apresentada com um floreio. Irene admitiu então que, na verdade, houvera dificuldades durante o fim de semana. Ela tinha tropeçado e feito um corte profundo na testa, e levara pontos, bem como sentira um desconforto considerável durante o fim de semana. Finalmente, começou a chorar e foi capaz de reconhecer como estava resistente a expor seu sofrimento. Ela teme a piedade; gosta que pensem nela como brilhante e alegre. Dessa vez, contudo, Irene foi capaz de receber a simpatia e a compreensão do restante do grupo, sem sentir-se ameaçada ou diminuída.

A psicoterapia marcou um ponto muito importante ao garantir que a pessoa não será exposta a mais ninguém a não ser o terapeuta ou os outros membros do grupo. A confidencialidade é combinada como uma garantia contra a exposição prematura de si mesmo. O indivíduo tem a garantia de que não será exposto em nenhuma situação, *a não ser* a combinada. Muitos grupos de terapia particulares passam algum tempo discutindo seus desejos de confidencialidade. Ninguém pode garantir que as pessoas num grupo, inexperientes na manutenção da confidencialidade, possam ser totalmente confiáveis em seu senso do que é um material confidencial e do que não é. Mesmo assim, eles geralmente chegam a um entendimento de que o que acontece no grupo pelo menos não será conversado levianamente em qualquer outro lugar, e muitas vezes existe a promessa de não mencionar nomes ou de não falar com ninguém a respeito disso, a não ser o marido ou a esposa. Algumas vezes a questão da confidencialidade pode levar a situações engraçadas, como quando uma pessoa de um grupo contou a outra que a havia visto num concerto, mas que não sabia se devia cumprimentá-la porque isso poderia expor o fato de que ambas eram membros do mesmo grupo de psicoterapia!

Muitas pessoas precisam dessas garantias ou pelo menos as desejam. A necessidade de elaborar os problemas em seu próprio ritmo e numa arena escolhida por si mesma precisa ser respeitada. Entretanto, é claro que quando um indivíduo pode chegar a aceitar-se em todas as suas diversas manifestações, sua preocupação com relação à exposição pública diminui. Quando ele não fica constrangido nem envergonhado por estar em terapia, é menos provável que se importe se outras pessoas ficarem sabendo disso. A aceitação obtida ao se ocultar as próprias características reais é, no melhor dos casos, um tipo tênue de aceitação.

Algumas pessoas começam a questionar a sabedoria da confidencialidade. Carl Whitaker[9] falou sobre a importância de as pessoas em terapia retornarem ao envolvimento com a comunidade. Ele descreveu a terapia de comunidade em que vizinhos e também famílias foram convidados a compartilhar sessões de terapia. Mowrer[10] tem apoiado por muito tempo a confissão comunitária. As tribos primitivas realizam suas formas de psicoterapia e exploração de sonhos e fantasias com a presença de famílias inteiras e de membros da comunidade.[11]

Outro elemento relacionado ao desenvolvimento da fronteira de exposição é o modo em que o exibicionismo se integra no crescimento pessoal. Os semânticos[12] descreveram diversos tipos de expressão: bloqueada, inibida, exibicionista e espontânea. Os estágios bloqueado e inibido são não-expressivos. No primeiro, a pessoa nem sabe o que deseja expressar, e no segundo sabe mas não o expressa. O terceiro estágio, exibicionista, é alcançado quando a pessoa expressa o que deseja, embora não tenha integrado ou assimilado plenamente a expressão em seu sistema. O estágio espontâneo surge quando o indivíduo expressa o que deseja, com pleno envolvimento, e a expressão é compatível e assimilada com seus desejos.

É durante o terceiro estágio, o exibicionista, que pode ocorrer a falta de jeito e mesmo a falsidade na expressão. Este é muitas vezes um estágio necessário e inevitável porque uma pessoa que esteja aprendendo novas expressões não pode esperar até tê-las assimilado plenamente antes de experienciá-las. Se ele insistir nisso, por causa de uma integridade compulsiva ou da necessidade de evitar a falta de jeito, pode esperar por um longo tempo antes de ocorrer a integração ideal. De fato, ela pode até nunca acontecer porque as pessoas não

---

9. Whitaker, Carl. Palestra proferida no Instituto Gestalt de Cleveland, 1968.

10. Mowrer, H. *The crisis in psychiatry and religion*. Princeton, Nova Jersey: Van Nostrand, 1961.

11. Latner, J. Dissertação de doutorado não publicada, California School of Prof. Psychology. São Francisco, 1972.

12. Korzybski, Alfred. *Science and sanity*. Lancaster, Pa: International Non-Aristotelian Library, 1933.

passam simples e uniformemente de uma posição bloqueada ou inibida para um modo elegante de agir.

Apesar disso, exibir-se como raivoso ou amoroso ou triste não é o mesmo que *estar* plenamente raivoso, ou amoroso ou triste. Em geral, a exposição consiste não só na *disposição* de finalmente agir de certo modo, mas também na exposição da *relutância* histórica em fazê-lo. Assim, os primeiros passos não podem ser atos puros e autênticos de alguém que sabe bem e assume o que está fazendo. Conseqüentemente, existe uma diferença entre os excessos e a falta de jeito da fase exibicionista e a elegância e a credibilidade do espontâneo. As pessoas que entendem de comportamento conseguem perceber as diferenças, do mesmo modo que os conhecedores de vinho podem distinguir entre eles. Muitos novos desenvolvimentos ficaram presos aqui, sem ir além do botão e sem permissão de crescer para a espontaneidade.

O processo de terapia, com sua estimulação de novos comportamentos, é vulnerável ao exibicionismo e, com sua ênfase na autenticidade, também o critica.

Esse dilema é tão inevitável quanto lamentável. Comportamentos novos e anteriormente não assimilados se tornam atraentes e possíveis. Uma pessoa tímida pressionada pelos outros a mover-se e abraçar alguém pode sem dúvida estar entrando numa nova disposição para experienciar a intimidade. Ao mesmo tempo, entretanto, ele pode apenas estar jogando um novo jogo, parcialmente sem jeito, parcialmente tímido, parcialmente intimidado, sentindo-se ridículo e suspendendo por certo tempo sua integridade pessoal. Alguma disposição para aceitar os momentos inautênticos e desajeitados é indispensável para o crescimento. Algumas vezes este é um dos maiores presentes que os outros membros do grupo podem oferecer a alguém que está dando os passos iniciais na direção que deseja seguir.

Entretanto, precisamos estar conscientes desses momentos como apenas parte do processo de expandir as próprias fronteiras do eu, e não como o desenvolvimento completo. Pode ser necessário limpar a garganta antes de falar, mas isso não é um substituto para a fala.

6

As funções de contato

*O vinho entra pela boca
E o amor entra pelos olhos;
Isso é tudo o que nós devemos conhecer de verdade
Antes de envelhecer e morrer.
Eu levanto o copo até minha boca,
Olho para você, e suspiro.*

W. B. Yeats

O contato é vitalizador. Michelangelo sabia disso quando pintou Adão no momento de ser lançado na vida, na capela Sistina. Adão espera languidamente pelo contato de Deus que o tocará para a existência viva. Pode-se sentir o drama da aproximação de Deus enquanto seu indicador estendido busca Adão. Ao simbolizar o poder divino, Michelangelo conseguiu retratar como o contato de toque entre os seres é básico e potente.

Nossa linguagem reconhece que o toque é o protótipo do contato. Nós fazemos "contato" com alguém; vemos ou ouvimos algo tão comovente que ficamos "tocados" com isso; quando afetamos alguém o suficiente para que ele nos empreste algum dinheiro, nós "o tocamos". Para nós, o contato quase sempre *significa* toque.

Intuitivamente estamos perto da verdade. As experiências de contato, mesmo que possam centrar-se ao redor de um dos outros quatro sentidos, ainda envolvem ser tocado. Ver, por exemplo, é ser tocado por ondas de luz. Você só tem de imaginar que está olhando diretamente para o sol brilhante para sentir como isso pode ser impactante — imagine olhar diretamente para outra pessoa com o mesmo impacto! Ouvir é ser tocado, na membrana basilar, por ondas

139

de som; cheirar e provar o gosto é ser tocado por substâncias químicas, gasosas ou dissolvidas.

Por causa da importância da contigüidade no contato, é tentador dar maior prioridade ao próprio toque, desvalorizando assim o contato que pode ser feito através do espaço. Golpear, afagar, segurar, dar tapinhas etc. estão entre os modos mais óbvios de atingir as pessoas rápida e poderosamente. Apesar disso, as oportunidades de alcançar as pessoas através do espaço, como ao conversar, ver e ouvir, estão certamente disponíveis de forma mais abundante que o toque, mesmo em situações interpessoais ideais. A descoberta de que uma palavra bem colocada pode ser tão tocante quanto um afago físico expande o brilho das comunicações cotidianas. Mas essas são influências sutis, que exigem que a pessoa sintonize com maior atenção suas próprias sensações. Para que os modos não contíguos de contato tenham o mesmo impacto que o toque, o indivíduo tem de ressoar com eles. É essa capacidade de ressoar com a própria experiência que possibilita a uma pessoa responder com contato e que outra bloqueie acontecimentos que parecem ter intensidade ou agudeza comparáveis.

Além desses cinco modos básicos de contato existem mais dois: falar e movimentar-se. Esses sete processos são as funções de contato. É por essas funções que o contato pode ser conseguido, e é pela perturbação dessas funções que o contato pode ser bloqueado ou evitado. Contudo, é importante lembrar que embora possamos descrever sete diferentes funções de contato, quando este é feito, é o mesmo para todas as funções; existe uma carga de excitação dentro do indivíduo que culmina num senso de pleno envolvimento com o que quer que seja interessante naquele momento. Ele pode às vezes ter a experiência de fazer "contato". A maior parte do tempo esse foco é irrelevante, e o fluxo livre de contato é experienciado apenas como uma riqueza na vida. A capacidade de contato não precisa necessariamente levar à felicidade — muitos contatos são de fato infelizes —, mas é um componente essencial da humanidade de uma pessoa. Apenas o temor da infelicidade muitas vezes é suficiente para fazer com que um indivíduo reduza sua capacidade de contato para preservar sua "felicidade". O problema é que este é outro pacto de Fausto, pago finalmente pela danação da ineficácia e do tédio.

Todas as funções de contato são vulneráveis à diminuição do impacto, por meio do distanciamento pessoal pela inércia ou pelo desinteresse, ou por causa de desenvolvimentos técnicos inevitáveis. Os alimentos muitas vezes vêm embalados ou empacotados de modo que não podemos vê-los, mas compramos apenas uma pintura de um pêssego ou de um tomate, ou, ainda pior, as palavras que lhe dizem o que há dentro. Se for *possível* ver, ainda assim os alimentos estão dentro de vidro ou de celofane; é mais saudável não tocar. Os limões vêm em pacotes com seis, as frutas secas se amontoam dentro do plástico, e até o peixe permanece sem cheiro dentro de sua embalagem clara. Nas fábricas, os instrumentos de medida são indispensáveis para tomar decisões rápidas sob condições de risco ou dispendiosas. O ar condicionado faz com que as pessoas desejem agasalhar-se mais no calor de verão. Até nas estradas, um bom senso de direção é inútil quando a viagem é determinada pelas placas de sinalização na rodovia, e a pessoa muitas vezes é levada, como Colombo, a virar para leste para poder seguir para o oeste; um trevo é a distância mais curta entre dois pontos. No telefone, a orientação de uma pessoa para o contato inclui apenas o poder de ouvir e a pungência da fala.

Não há sentido em chorar sobre o leite derramado, nós precisamos desenvolver novas habilidades de contato. O contato não é prejudicial em nenhuma idade. É uma função contemporânea para a qual cada idade cria seus próprios estilos. O efeito disseminado do "progresso" é que ele arrasta as pessoas para estilos de comportamento que são em parte conseqüências das novas tecnologias. George Simenon[1] observou que se Dostoievsky e Tolstói estivessem escrevendo hoje, provavelmente escreveriam romances muito mais curtos. Eles não precisariam descrever tão detalhadamente algo que os leitores poderiam ter acabado de ver na televisão. Isso é uma supersimplificação, mas por certo não precisamos ir em busca apenas da continuação do modo antigo. Os novos modos podem também permitir um bom contato se nos movermos para as direções que eles mostram.

Por exemplo, a máquina de lavar substituiu o contato desconfortável que uma mulher sentia no esfregar as roupas numa tábua áspera.

---

1. Entrevista de Simenon para o *New York Times*, Book Review Section, p. 4, 24 de outubro de 1971.

A maioria das mulheres que fez essa transição sente que está muito mais bem ocupada em outro lugar, fazendo coisas que prefere. Mas para uma mulher que não tenha conhecido esta evolução específica, a moderna máquina de lavar pode apresentar uma nova cilada. Ela precisa transcender seu efeito impessoal mortal. Quando você brinca com uma máquina, ela pode fazer de você uma máquina. Pode transferir o vigor que sua predecessora usava na tábua de lavar para suas atividades atuais, ou ela traz para essas atividades a mesma insensibilidade eficiente que é necessária para lavar as roupas? Dirigir nas rodovias é parte do mesmo pacote. É claro que isso gera um emaranhado de distâncias percorridas a alta velocidade, mas torna mais fácil fazer visitas, com menos esforço, de um modo menos exaustivo do que nos tempos de cavalos e carroças. Além do mais, e isso é crucial, a oportunidade para contatos nas super-rodovias pode ser tão empolgante quanto o lento andar das carroças pelo campo pouco trafegado. Algumas das maiores belezas de nossa época estão nas rodovias que cortam montanhas e colinas, esculpindo uma paisagem repleta de cor, textura, movimento, proporção e forma que são diferentes de antes. A escala muda, mas o contato natural permanece sempre uma perspectiva estimulante. Certamente, a visão das nuvens quando se está num avião é uma experiência majestosa, mesmo que o passageiro esteja encapsulado em seu assento. A tábua de lavar também podia ser impessoal a seu próprio modo. Está no olho de quem vê...

Olhar

Experimente isto: olhe para este livro que você está lendo, para esta página. Veja a relação entre o que está impresso e a brancura da página. Note como as margens emolduram a seção mais escura do que está impresso. Observe a textura do papel e a forma das letras. Experimente ver as fileiras de letras como linhas horizontais em vez de palavras a serem interpretadas. Veja como a sombra da luz que incide no papel cai sobre a página, cortando talvez uma diagonal na horizontalidade insistente do que está impresso. Vire o livro para que as linhas fiquem na vertical, e para não ser tentado a lê-las.

Bem, se essas palavras o pegaram no momento certo, e se você deu a si mesmo o tempo necessário para fazer esta mudança de foco, terá um breve divertimento visual que não é muito por si mesmo, mas pode lhe indicar o poder inerente na experiência visual pura. Esse poder é amorosamente descrito por Joyce Cary:[2]

> Eu me lembro de um de meus filhos, quando tinha cerca de catorze meses, sentado em seu carrinho de bebê, observando um jornal na grama perto dele. Havia uma brisa e o jornal estava se mexendo. Algumas vezes a página de cima se levantava e se agitava; algumas vezes duas ou três páginas se moviam e pareciam lutar uma com a outra; algumas vezes todo o jornal era levantado de um lado e agitado desajeitadamente por alguns centímetros antes de cair de novo no chão. A criança não sabia que esse objeto era um jornal movimentado pelo vento. Ela observava com uma curiosidade intensa e absorvida uma criatura inteiramente nova em sua experiência, e por intermédio dos olhos do bebê tive uma intuição pura do jornal como um objeto, como uma coisa individual num momento específico.

Naturalmente, esse contato visual nem sempre tem uma alta prioridade como por certo acontece agora, pois você está lendo este livro pelo conteúdo. Ver, nesse caso, se torna uma forma intermediária de contato que facilita o contato com as idéias ou conceitos que estamos buscando entender. Só pessoas raras, ou aquela abençoada com lazer suficiente, podem responder irrestritamente a toda a extensão de oportunidades de contato possível em dado momento. Na maior parte do tempo, construímos níveis de prioridades para nós mesmos de acordo com a situação e o motivo. Mas em qualquer momento em que optemos por mudar nossas prioridades podemos experienciar um empolgante senso de escolha e nos tornamos pessoas efervescentes, abertas à mudança de um modo possível de contato para outro. Bem neste momento, depois de olhar para a página como uma experiência em si, em vez de um veículo de informação, você pode experienciar um sabor na leitura que não estava presente antes de você ter incluído nela a característica visual da página.

---

2. Cary, Joyce. *Art and reality*. Nova York: Doubleday, 1961.

Podemos discernir aqui dois tipos de olhar, e esta dicotomia se aplica também às outras funções humanas. Um desses tipos é o contato evidencial, em que o olhar nos proporciona orientação para acontecimentos ou ações que estão além do ato de olhar em si mesmo. O outro é o contato em si.

Quando o contato evidencial predomina, a vida se torna muito prática. Vejo a máquina de escrever, *para que* eu possa datilografar; olho para meu amigo enquanto falo com ele *porque* preciso saber se ele está lá ou se ainda está interessado. Esta função evidencial é obviamente crucial para a existência. Um homem cego é deficiente não só porque não conhecerá a vivacidade das experiências visuais, mas também porque se torna bastante difícil fazer muitas coisas sem ajuda ou sem *feedback* visual.

Muitos de nós, embora sejamos bem equipados para o contato evidencial, somos entretanto cegos para o contato em que ver, *por ver*, é pouco importante para nós. Isso reduz a ativação na vida e provavelmente pode até reduzir também o contato evidencial. Todas as funções precisam existir por si mesmas, além de servir a propósitos meramente práticos. Assim, aqueles que sentem prazer em ver têm maior probabilidade de ser mais alertas e sensíveis também quando se trata de ver evidencialmente.

Contudo, ver nem sempre é inteiramente prazeroso. Algumas vezes os sentimentos que acompanham ou resultam do ver podem ser insuportáveis. Como mostra o exemplo a seguir, existem escolhas perigosas a serem feitas quando a capacidade de assimilar aquilo que ela pode ver está no seu limiar, e a pessoa corre o risco de uma sobrecarga psicológica.

Sid, um homem de 47 anos, sofria de uma ansiedade crônica tão intensa que era quase incapacitante. Ele raramente estava livre dela, embora mesmo assim desse um jeito de continuar em seu trabalho. Ele se envolvia em ponderações muito ativas que em geral serviam para afastá-lo das experiências básicas de contato, e eram parcialmente uma tentativa de distrair-se da dor de sua ansiedade bruta. Por muito tempo em sua terapia ele foi incapaz de olhar para mim, a não ser de lado, quase como se apenas quisesse confirmar rapidamente se eu ainda estava lá. Aos poucos, tentei trazer Sid para um contato visual comigo mediante perguntas simples sobre o que ele via quando olhava para mim, bem como exercitando seus poderes de olhar para objetos na sala, e por meio de tarefas de casa que o instruíam a olhar para as pessoas e objetos quando estivesse longe do cenário da terapia. Certo dia ele conseguiu olhar para mim enquanto falava comigo, e seus olhos se iluminaram! Pela primeira vez tornou-se muito evidente que ele estava falando *comigo* e, mais ainda, que *desejava* estar falando comigo. Nesse momento, Sid lembrou-se de uma experiência antiga. No início da universidade, ele se encantava facilmente com seus professores, e tinha ficado especialmente enamorado de um deles. O que quer que essa empolgação significasse, fosse homossexualidade ou admiração por um herói, ele estava sobrecarregado e não conseguia lidar com isso. Certo dia, Sid foi falar com esse homem depois da aula, para fazer uma pergunta. Ele viu claramente o rosto do homem, e a alegria dessa visão começou a inundá-lo. Sid teve de cortar a experiência, não por uma decisão, mas por um reflexo. Ele descreveu como, no momento da interrupção reflexiva, a "gestalt" do rosto do homem se rompera. Ele podia então ver apenas a boca do homem, seus olhos, seu nariz, todos como entidades separadas em vez de como partes de uma configuração. Ele ficou em pânico, e sua língua ficou paralisada e começou a ponderar, tentando futilmente descobrir o significado do rosto e as implicações do fato de o rosto estar unificado num momento e separado no outro. Suas ponderações ficaram em primeiro plano, e ele não conseguiu recuperar a experiência básica que tinha dado início ao pânico. Ele teve de ir embora. Mais tarde, voltou a ver esse professor, que tinha apenas alguns minutos para falar com Sid e o mandou abruptamente ver um psiquiatra. Logo depois disso ele teve um colapso e deixou a escola, voltando um ano depois para completar seu curso. Pela primeira vez desde então, a experiência que tivera comigo havia lembrado a ele esta experiência anterior, mas dessa vez, embora ele tivesse acendido novamente sua vivacidade, era capaz de assimilar a intensidade de suas sensações internas, e em vez de sentir ameaça, sentia prazer e amizade.

Claramente, a assimilação da experiência visual não é algo que devamos considerar como assegurado. Embora a maioria das pessoas não sinta efeitos tão intensos como este homem, a oscilação nas experiências visuais é disseminada em nossa cultura. Um exercício simples é a sobrecarga que vem do medo; todos nós provavelmente já tivemos a experiência de fechar os olhos ou de olhar para outro lado durante uma cena especialmente assustadora num filme de terror.

Gastamos muita energia em deflexões como essas e assim tiramos muito da agudeza do contato pessoal.

Olhar para o outro lado significa tão-só um modo de defletir o contato visual. Olhar fixamente é o bloqueio oposto, que está no extremo oposto e possibilita que o indivíduo bloqueie o contato pela rigidez da musculatura ocular. Olhar fixamente dá a impressão de uma pessoa envolvida num contato intenso, mas na verdade este é um contato morto, como acontece quando os braços ficam entorpecidos depois de segurar alguém fortemente por um longo tempo, ou quando os pés adormecem depois de ficar na mesma posição por algum tempo. A diferença entre o olhar direto e aberto da criança que olha intencionalmente e com fascinação e o olhar fixo é que a criança *vê* e a pessoa que olha fixamente está apenas num impasse de visão. A pessoa que olha fixamente está posicionada para ver, mas nunca chega de fato a conseguir isso. Seus olhos estão imóveis e não respondem ao que enxergam; falta efervescência e não há nenhum senso de vibração e atração no objeto visual. A pessoa que é objeto desse olhar fixo sente-se pressionada contra a parede e sente a necessidade de fugir. O olhar fixo é o equivalente visual de dizer as mesmas palavras repetidamente até que elas se transformam em linguagem inarticulada e perdem o impacto.

A solução básica para o olhar fixo é, naturalmente, recuperar a disposição de ver e sentir os efeitos de olhar. Aprender a ver o terapeuta é um auxílio neste processo. O paciente precisa ser capaz, e o terapeuta também, de sondar toda a extensão de possibilidades visuais representadas por seu terapeuta. Ele precisa estar disposto a ver os olhos gentis, o maxilar cruel, a elegância, a boca mesquinha, o gesto brincalhão, a expressão desconcertada, o olhar desdenhoso. Seja o que for que exista, ele precisa aprender que tem o direito de ver. E a partir disso ele aprende que abrir seus olhos significa ser uma unidade, e também ser visto como tal. Os olhos que estão apertados contra o choro, por exemplo, e impedem que as pessoas vejam através deles, esses olhos podem finalmente chorar, e os músculos tensos podem ser liberados novamente para ver e serem vistos. Ou os olhos tímidos, que finalmente são incentivados a ver o proibido, se tornam ativados para olhar para todo um caleidoscópio de visões estimulantes.

Embora os modos básicos de ver estejam enraizados no sistema pessoal total do indivíduo, existem algumas técnicas terapêuticas

146

bem simples que podem ajudar a recuperar a disponibilidade para ver. Um exercício é arregalar os olhos e depois fechá-los firmemente, alternando as duas posições por dez ou quinze vezes. Os olhos irão ficar mais relaxados com esse processo e dar ao indivíduo um senso de como seus olhos *poderiam* lhe dar uma sensação diferente e de como ele *poderia* ver de um modo diferente. Isso pode ser suficiente para ativá-lo a descobrir seu próprio apetite visual ou para ficar menos amedrontado da próxima vez que acontecer a ativação para ver.

Olhar de um lado para o outro, sem mexer a cabeça, é outro exercício útil. Muitas vezes a cegueira para o contato assume a forma de uma visão em túnel, na qual a pessoa só vê aquilo que está diretamente à frente, de um modo semelhante às viseiras de um cavalo que só permitem que ele vá para a frente, sem ser distraído. Olhar para os objetos no consultório do terapeuta pode trazer uma surpresa considerável; com freqüência o paciente não vê virtualmente nada no consultório, *mas apenas* o terapeuta. Olhar ao redor parece irrelevante para algumas pessoas que são como especialistas em eficiência e não gastam energia em nada, a não ser no alvo imediatamente definido. Entretanto esse "desperdício" é indispensável. Não existe um modo de fixar a própria atenção apenas no que é "relevante" sem sacrificar o senso de contexto que completa a cena. Na verdade, alguns experimentos[3] sugeriram que o movimento e o fluxo são atividades oculares naturais na boa percepção. O relacionamento da figura — o terapeuta, sua postura, sua expressão, suas roupas — e aquilo que o rodeia — a cadeira em que ele está sentado, como seu consultório está decorado, a luz que o revela ou o oculta à visão — constituem influências que diminuem o atrito nas interações subseqüentes com ele. O contexto dá dimensão e ressonância à experiência, expandindo-a para o que aconteceu antes e o que pode se seguir à cena presente. A aderência rígida à figura anula a interação porque é uma força agindo de um modo meramente estratégico e contra sua própria natureza. A natureza é generosa, até mesmo pródiga, e a "ineficiência ou desperdício" que acompanha esse processo é um subproduto da espontaneidade.

---

3. Marshall, W. H. e Talbot, S. A. "Recent evidence for neural mechanisms in vision leading to a general theory of sensory acuity". *Biological Symposia*, VII: 117-64, 1942.

Para que haja um senso de renovação na vida, essa generosidade pode ser mais eficiente, a longo prazo, do que a eficiência que se livra das oscilações inevitáveis ao ciclo relevante/irrelevante.

Ouvir

Uma pessoa pergunta ao terapeuta: "Como você pode sentar-se aí, ouvindo pessoas o dia inteiro?". Ele explica: "Quem ouve?".

Essa conversa revela o sentimento, bastante comum, de que ouvir como um ato por si mesmo, não relacionado a outras formas de experiência, se torna tedioso e um esforço intolerável, mesmo quando você é pago para fazê-lo. Entretanto, ouvir pode ser um processo muito ativo e aberto. Alguém que está de fato ouvindo está avidamente recebendo os sons que entram em si — como num concerto, por exemplo. Esse é um processo adorável que com freqüência demasiada é considerado de segunda categoria em comparação com o comportamento obviamente mais ativo de falar ou de fazer outros sons.

As implicações é que a ação fica em suspenso enquanto se está ouvindo, que a pessoa está cedendo terreno ou o foco principal, mas só até que chegue a sua vez de assumir o papel ativo. Isso é inevitável, parcialmente por causa da natureza recíproca de falar e ouvir. Não se pode continuar a ouvir outra pessoa se também se está falando. O padrão é mais ou menos assim: meu amigo tem algo a dizer que ele ainda não completou, mas minha reação rápida já foi despertada por algo que me estimulou a responder. Bem, tenho a opção de responder imediatamente ou de deixar a resposta em suspenso até que ele tenha terminado o que deseja dizer. Se o interrompo, me arrisco a desagradá-lo e também a receber apenas uma versão incompleta do que ele estava me contando. As interrupções se tornariam caóticas, e o caos não é uma das condições prediletas numa sociedade em que os limites de tempo nos fazem perder a fé na resolução do caos. Assim, as pessoas são levadas a não interromper, aprendendo a ouvir umas às outras sobretudo na tentativa de manter as duas partes de si mesmas em movimento — o ouvinte e aquele que interrompe. As pessoas em geral se acomodam em aparentar que estão ouvindo enquanto na realidade estão apenas passando o tempo, esperando por uma chance de falar.

148

Conseqüentemente, por causa dessa cidadania de segunda classe, ouvir não é tido em grande estima, exceto pela condescendência que diz que algumas pessoas são "bons ouvintes". Isso é semelhante ao elogio dado à mulher que, embora não muito culta ou habilidosa em questões de abrangência global ou em sua própria criatividade, é descrita como uma boa dona-de-casa ou uma boa mãe. Não que essas não sejam virtudes apreciadas; é bom que alguém faça isso ou onde estaria o lar? Mas muitas mulheres testemunhariam que esse é apenas outro exemplo da síndrome de "pelo menos", em que um elogio débil é apenas um disfarce sutil para o desrespeito. Naturalmente, o escutar não é suficiente se for usado apenas para orientação quanto à posição de outra pessoa, em vez de ser parte da carga total de excitação, compondo seu envolvimento rítmico com a ação. Mas, como orientação, ouvir é básico para a ação conseqüente.

As dificuldades para manter um ritmo entre ouvir e falar se tornam evidentes em qualquer conversa em que o ponto de vista de pelo menos um dos participantes seja preestabelecido, ou no qual suas exigências para a conversa sejam predeterminadas. Objetivos ocultos como esses sempre irão interferir com a escuta plena. Uma pessoa não exerce apenas a seletividade quanto ao que irá ou não dizer, mas também quanto ao que irá ou não ouvir. Portanto, o indivíduo que espera críticas pode se especializar em ouvir isso e pouco mais. Outra pessoa pode ouvir apenas o que ela pode aceitar como favorável, e a crítica passa despercebida por ela. A capacidade de contato do indivíduo é limitada pelo grau em que essas seleções predeterminadas interferem com a escuta direta.

Cada indivíduo constrói suas habilidades de escuta com especialidades estabelecidas, quer sejam ouvir apoio, ouvir críticas, ouvir informações, condescendência, simples fatos, complexidades que ele não entenderá, tom de voz sem dar atenção à mensagem real e assim por diante. Não importa o que você possa dizer ao Jack, ele irá supersimplificá-lo e perder qualquer senso de detalhe. Não importa o que você diga a Marie, isso será ouvido como se estivesse envolvido de qualificações e de contingências especiais. Algumas pessoas só ouvem afirmativas, mesmo que tenham sido feitas perguntas, e assim se torna impossível fazer-lhes uma pergunta, pois ela é inevitavelmente recebida como uma exigência ou uma acusação. Algumas pessoas supõem que quando alguém lhes *faz uma pergunta*, ele está tentando

149

lhes *dizer* algo sobre seu comportamento, e não tentando descobrir algo. Um membro de um grupo comentou certa vez que já que ele usa as perguntas para colocar as outras pessoas na defensiva, ele suspeita que quando as pessoas as fazem a ele, na verdade também devem estar tentando fazer o mesmo. Quando a mãe grita: "Por que você derrubou seu irmãozinho?", ela não está procurando informação, mas sim retribuição. Quando um marido diz para a esposa enquanto ela dirige: "Eu acho que você deveria ir para o lado direito da rua para poder fazer esse retorno", talvez ela ouça: "Sua idiota, você vai ter de fazer logo e ainda nem está pronta para fazê-lo!".

Por causa dessas diferenças, um modo de recuperar a atenção e o foco no processo de escuta é pedir que o paciente ouça outra coisa além das palavras que estão sendo ditas. O que ele ouve na voz da outra pessoa? Ela é suave e sussurrada, ou soa dura e agressiva? O mesmo com o tom e a inflexão: nivelado, metálico, monótono ou animado e contagioso? As pessoas muitas vezes ficam surpresas quando param de ouvir as palavras e prestam atenção a alguma outra característica, e percebem mensagens inteiramente novas ou diferentes em vez das velhas comunicações familiares.

Outro método para assegurar que a pessoa esteja ouvindo é fazer com que ela repita o que acabou de ouvir, antes de responder. A outra pessoa tem de concordar que foi isso que ela quis dizer, antes que seja dado o próximo passo na conversa. Embora essas técnicas possam ser usadas na terapia individual, parecem ser ainda mais valiosas quando se trabalha com casais ou com grupos, em que se pode lidar não só com a resistência a ouvir por parte de uma pessoa, mas também com a necessidade de permanecer oculta ou não ouvida por parte da outra pessoa. O terapeuta, ao trabalhar com um paciente, geralmente tenta tornar-se tão claro e audível quanto possível, para minimizar a distorção. Mesmo aqui, está claro, ainda permanecem chances de que algo seja mal-entendido. As pessoas que viram as demonstrações de Perls lembram-se claramente que ele esperava ser ouvido sempre que falava; ele assumia que a falha em escutá-lo era uma resistência deliberada e se recusava a repetir qualquer coisa quando lhe pediam isso. Era exasperador, talvez, mas o efeito na pessoa com quem ele estava trabalhando era eletrificante: ela ficava mobilizada para ouvir cada palavra daí em diante.

150

A seletividade descrita no processo de escuta pode ser uma fonte de criatividade. Por exemplo, alguns terapeutas podem trabalhar de modo muito belo com as implicações sexuais do que ouvem, outros podem detectar as nuanças mais delicadas de hostilidade, outros ainda podem ressoar com os tons das frustrações criativas no que o paciente estiver dizendo. Não é que eles tenham lido isso, porém ouvem esses temas com uma sensibilidade que outro terapeuta pode ter para algum outro tema. Isso pode ser responsável pela diferença que alguns terapeutas experienciam ao serem capazes de trabalhar bem com alguns pacientes e não tão bem com outros.

Essa escuta não é mais uma escuta literal. Ela se transforma quase numa orquestração de ouvir, *enraizada* no literal, mas respondendo a nuanças de voz e também às seqüências de palavras e contextos de significados. Uma pessoa que se lamuria muitas vezes o faz de um modo tão sutil que apenas um ouvinte bem sintonizado pode identificá-lo, embora todos os ouvintes possam ser afetados subliminarmente. Ouço uma pessoa em dificuldades; não quero ouvir; não quero me importar. Ela será um fardo nos meus ombros. Ouço outra pessoa em dificuldades; sou inundado pela emoção; meus olhos se abrem; meu pescoço incha; ela expressa uma tragédia que me assombra. Ela sabe que foi ouvida.

Certa vez trabalhei com jovens marginalizados numa cafeteria. Quando me apresentei a um grupo sentado ao redor de uma mesa, conversamos por um breve tempo, e então alguém pensou em voz alta se eles podiam confiar em mim. Perguntei: "por que não?". Ele disse que eu podia ser um policial. Eu quis saber de que modo me parecia com um policial. Ele disse: "Você ouve, e só os policiais ouvem", um comentário admirável sobre a comunidade que o jovem experienciava ao seu redor! O fato é que na verdade a observação dele tinha mérito. Algumas pessoas podem ser muito envolvidas e animadas, mas não muito sintonizadas em ouvir umas às outras. As conversas são muitas vezes estereotipadas, com algumas palavras evocando determinadas respostas, sem contato com as sutilezas de cada afirmativa específica. As pessoas muitas vezes estão preocupadas demais com a correção de suas próprias opiniões e não fazem muito esforço para relacionar suas opiniões com as dos outros.

O ouvinte que faz contato está atento ao que está sendo dito, mas ele também penetra em si mesmo; assim, ouve mais do que apenas as palavras. Ele ouve o que significa algo para si e é afetado por aquilo que ouve. Quando o ouvinte ouve, ele sabe que está num bom contato, e quando a pessoa que fala sabe que está sendo ouvida, seu contato também é avivado.

Tocar

O modo mais óbvio de fazer contato é pelo toque. Embora os tabus contra olhar e ouvir sejam explícitos — não olhe fixamente, não escute atrás das portas —, os tabus contra o toque são ainda mais altos e claros. Quando as crianças tocam algo que supostamente não deveriam, elas podem levar tapinhas nas mãos ou ir embora sentindo que sujaram aquilo que tocaram. Assim elas aprendem rápido que não devem tocar objetos valiosos, não devem tocar seus genitais, e devem ser cuidadosas se tocarem outras pessoas por temer que possam tocá-las num lugar inviolável. Dessa forma o cuidado se torna normal. Tudo bem em dar um aperto de mãos, mas mesmo aí a etiqueta toma outra dimensão quando se trata de homens e mulheres. Tocar as outras pessoas em qualquer outro lugar é raro e cuidadosamente estruturado, o que resulta em gestos disfarçados e defletidos.[4]

Embora os tabus estejam se afrouxando, as pessoas ficaram tão distanciadas do toque que a recuperação atual da disponibilidade para tocar demonstra o exibicionismo autoconsciente que em geral acompanha o desempenho de uma função pouco familiar. O toque está recebendo uma má fama porque grande parte dele está acontecendo sob condições em que emerge como um artifício, em vez de algo no auge da maturidade. As pessoas podem ficar constrangidas a tocar alguém quando não se sentem preparadas ou a quem prefeririam não tocar. Essa compulsão muitas vezes leva a um mau senso de oportunidade, como o homem num grupo que desejava me abraçar logo que o grupo começou. Abraçar esse homem era a última coisa em minha mente nesse estágio de nosso conhecimento mútuo.

---

4. Morris, Desmon. *Intimate behavior*. Nova York: Random House, 1971.

O novo clima do toque exige prática e paciência. São necessários anos de experiência antes que nossa cultura possa desenvolver a elegância e a sensibilidade que transformariam o toque numa parte autêntica de sua existência, como ocorria com os etruscos, cujas pinturas antigas mostram uma cultura em que tocar era tão natural quanto andar. Durante este processo evolutivo, nós que apreciamos o bom contato devemos trabalhar para nos tornarmos conhecedores do toque *como contato*, em vez do toque como um rito de iniciação como membro na nova ordem.

Especialmente nos grupos, a recuperação do toque é um meio de completar importantes questões inacabadas. A imediaticidade do toque atravessa as camadas intelectuais e atinge reconhecimentos pessoais palpáveis. Por exemplo, num grupo, uma mulher vivaz, mas sexualmente ingênua, falou do seu passado de moleca, e disse que nunca tinha se sentido realmente próxima de um homem. Pedi-lhe que tocasse diversos homens na sala. No início, ela relutou, embora com certeza a sugestão não a desagradasse. Cuidadosamente ela tocou o cabelo de um homem, e começou a perder a autoconsciência, dando um tapinha nos ombros do próximo homem e afagando o rosto de outro. Ela começou a se sintonizar, no início meio incrédula, com o fato de que estava realmente fazendo contato com os homens, e cada um deles era receptivo a seu toque e respeitava sua exploração. Ela ficou cada vez mais fascinada com sua nova descoberta. Quando ela chegou em mim, subiu no meu colo. Logo começou a ter a percepção de uma perda. Ela começou a chorar enquanto nos contava a história de seu relacionamento com seu pai, que sempre a tinha afastado do contato direto com ele. Ele tinha morrido havia apenas um ano, bem quando ela estava começando a sentir que poderia se aproximar dele. A tristeza dela com relação à interrupção causada pela morte dele ainda era profunda, mas em vez da depressão que a perda e renúncia costumavam provocar, ela agora se sentia radiante com seu senso de recuperação das possibilidades com as outras pessoas.

Em outro grupo, Julia reclamou do fato de Tony, um dos homens mais jovens, não conseguir aceitar ou responder ao desejo dela de se comportar de um modo brincalhão com ele e de ser aceita como uma colega dele do modo que ele permitia a alguns membros mais jovens do grupo. Ela não estava disposta a se acomodar no estereótipo da mulher profissional de classe média e de meia-idade. Pedi que eles falassem um com o outro e buscassem tocar um ao outro de modo leve e brincalhão, enquanto falavam. Ficou claro que em seu repertório de toque brincalhão, Tony precisava da liberdade para tocar de forma vigorosa, agressiva, e com a energia que era uma parte importante de seu estilo brincalhão. Por outro lado, Julia precisava estabelecer alguns limites realistas por causa de sua artrite. O que os dois reconheceram é que existiam de fato alguns modos em que ele precisava responder cuidadosamente a ela. Entretanto, parte da cautela de Tony para com ela invadira seu modo de ver Julia como "delicada" de um modo geral. Essa interação os ensinou que embora Julia pudesse não ser capaz de aceitar um tratamento físico duro, ela não era tão frágil para ouvir e entender parte da necessidade dele de se expressar vigorosa e abruptamente.

Esses exemplos de toque não são excepcionais num ambiente em que o toque seja valorizado como uma função central de contato. Por meio do toque começamos a redescobrir o impacto que uma pessoa pode ter sobre outra. Uma vez que os tabus contra o toque sejam relaxados, podemos não só tocar, mas podemos também nos envolver em todo um contínuo de experiências que devem ser proibidas, pois elas podem *resultar* na ação proibida — o toque. O temor das possíveis conseqüências de nosso comportamento é muitas vezes tão incapacitante quanto a proibição do comportamento em si, pois ele pode interromper o contato muito antes de o ponto perigoso temido ser alcançado. Assim, evitar o toque não seria tão problemático se ele também não nos impedisse de sair de trás de nossas mesas, de contar histórias íntimas sobre nós mesmos, de ficar perto das outras pessoas, de falar de modo caloroso ou expressivo, e de realizar muitas outras ações nas quais poderíamos vir a tocar outra pessoa.

O fato é que tocar não é o resultado *inevitável* do envolvimento caloroso, mas se uma pessoa tem um medo insuportável disso, as expectativas catastróficas irão exercer seu efeito mortal de qualquer modo. A separação entre o que uma pessoa deseja recusar *em última instância* e o que a pessoa realmente recusa é a separação neurótica; é a essência do desperdício na vida. Não é nossa intenção impedir as pessoas de dizerem "não", mas sim colocá-las em contato com seu não *existencial*. O não existencial diz "não" às coisas em relação às quais a pessoa sente um "não", nem antes nem depois de este "não" surgir. Quando uma pessoa *diz* não ao toque e *quer dizer* não ao toque, esse não é um problema neurótico, embora isso possa certamente provocar atritos nas relações pessoais. Mas quando uma pessoa deseja ficar perto de outra, mas tem medo, pois isso poderia levar ao toque, ela está criando uma separação entre o que ela *é* e o que ela *poderia* ser. Quanto maior essa separação, menores serão as possibilidades de que a pessoa experiencie sua realização na ação. Qual é o resultado? As diversas formas de mal-estar descritas nos textos como psicologia anormal e o senso de disritmia pessoal lamentado pelos psicólogos existenciais, romancistas e cineastas do último meio século.

O elo que nos impede de contatar a realidade existencial e nos prende em ponderações e na ação intelectual requer uma resolução dupla. Primeiro, precisamos aprender a identificar o não existencial, para não ficarmos congelados em dizer "não" prematuramente e depois permanecer, como Tântalo, sempre próximos de nosso objetivo, mas sem nunca alcançá-lo, insatisfeitos e não realizados para sempre. Segundo, precisamos ser capazes de abranger as implicações de nossas respostas afirmativas para não terminarmos comprometidos, agora ou no futuro, com algo que não desejamos. Talvez, ao dizer sim a algo, o sim inicial seja o início de um curso de ação que finalmente leve a um não, e precisamos reconhecer essa possibilidade e incluí-la no nosso modo de dizer sim. Quando dizemos "sim" a algo, temos de reconhecer que mesmo que isso possa resultar numa situação em que mais tarde digamos "não", isso não significa que o "sim" original foi estúpido ou hipócrita ou sem visão.

Os pensadores simplistas entre nós, impacientes com as meras palavras, podem estar tendo a idéia certa quando nos aconselham a apenas agir do nosso próprio modo e depois assumir as conseqüências. Isso significa que estaríamos dispostos a sofrer consideravelmente, é verdade, mas o sofrimento seria existencial, em vez de neurótico, e a experiência seria de dor, mas não bruta.

"Agir do próprio modo" está enraizado no desenvolvimento da habilidade de identificar com precisão o sim e o não.

Falar

Como uma função de contato a fala tem duas dimensões: voz e linguagem.

Voz — musicalmente, a voz humana muitas vezes é considerada o protótipo do tom expressivo. O desempenho de um instrumentista é elogiado conforme ele se aproxima das qualidades vocais humanas. Os críticos escrevem sobre a eloqüência do instrumento, sobre seu tom cantante e sobre seu fraseado. Os atores, é claro, usam suas vozes como o núcleo de seus poderes expressivos. Um dos exemplos mais admiráveis do uso da voz humana para propósitos expressivos teatrais é o teatro japonês Kabuki, no qual a voz vai de um guincho a um rugido, de um queixume a um rosnado baixo, mediante uma amplitude fantástica de possibilidades vocais.

Essas possibilidades, menos dramáticas e mais facilmente ignoradas, existem em todas as comunicações. A frase "Como vai?" pode transmitir, dependendo de diferenças na voz, uma preocupação genuína com sua saúde, um cumprimento caloroso, um questionamento educado mas desinteressado, a impaciência em passar para o assunto real do encontro, um modo de passar o tempo com uma conversa sem significado etc. Os atores podem praticar, pegando uma frase simples e dizendo-a primeiro da perspectiva de uma pessoa que esteja desesperadamente infeliz, depois profundamente brava, e por fim apaixonadamente enamorada. Não é nenhuma novidade que uma pessoa deve soar diferente quando está brava e quando está apaixonada, embora existam muitas pessoas cuja voz permanece a mesma.

Larry era afligido por uma voz emocionalmente sem expressão e, além disso, ele nem sabia que ela não tinha expressão, e assim eu lhe pedi que cantasse suas palavras para mim como se estivesse numa ópera. A sugestão o divertiu. Da primeira vez que ele cantou uma resposta, seu rosto despertou como se tivesse acabado de sair de uma chocadeira e seu bico estivesse apontando para o mundo pela primeira vez. Larry trabalhou com sua voz durante toda a sessão até que, tendo cantado suas palavras, conseguiu dizê-las com alguma vivacidade que havia sido evocada nele pelo canto. Pelo menos agora ele sabia a diferença entre sua voz viva e sua voz sem expressão, e era capaz de viver isso por algum tempo, expressando-se em tons mais animados e variados. Mas os efeitos diminuíram e ele retornou a seu tom monótono. Dessa vez, entretanto, Larry estava bastante frustrado porque agora sabia a diferença e *queria* uma voz com mais entusiasmo. Ele não conseguia expressar o que queria obter. Dessa vez, enquanto falava, sua cabeça estava abaixada e havia o ar de um suspiro em volta dele. Pedi-lhe que inspirasse profundamente e suspirasse, mantendo sua cabeça abaixada e próxima do peito. O suspiro virou um gemido. Conforme ele continuou a gemer, a voz de Larry foi ficando cada vez mais profunda e ele começou a sentir uma integração entre sua voz e o restante de seu corpo. Agora ele percebia que não só sua voz tinha sido monótona, mas também o seu corpo. Apesar disso, mesmo que estivesse gemendo, sentia uma estranha paz, um senso de unidade interior, uma sensação que transcendia um conteúdo específico. Depois de alguns momentos, ele conseguiu falar de novo com a vivacidade que descobrira recentemente. Essa nova vivacidade não irá continuar permanentemente com ele, mas a cada vez que ele a perder será mais fácil encontrar um meio de recuperá-la, no início, na terapia e depois, sem ela.

Cada pessoa está destinada a elaborar repetidamente determinados aspectos de sua natureza, e espera-se que consiga alcançar novas posições a cada vez, com menor vulnerabilidade aos efeitos prejudiciais e com maior flexibilidade ao renovar a si mesma e encontrar o caminho de volta novamente. A terapia dedica-se a elaborar repetidamente esses temas recorrentes em todas as formas, até que o tema tenha sido finalmente tocado mediante seus inúmeros disfarces e seja colocado de lado por outros temas que abram caminho até o primeiro plano. Antes que Larry com a voz monótona possa sentir-se em casa com a vivacidade vocal, ele pode precisar grunhir, gritar, chorar, falar como uma mulher ou como um valentão, sussurrar, arquejar, falar num dialeto estrangeiro, guinchar, declamar — descobrindo a voz inacabada que ele manteve num impasse por tanto tempo. Alguns desses sons podem ter se originado de instruções que os outros lhe deram, mas, em última instância, surgem como surpresas para ele, desenvolvendo-se a partir de suas próprias necessidades expressivas. Conforme ele se tornar mais consciente de suas necessidades que precisam ser expressas, também irá obter uma maior amplitude de poder expressivo em sua voz, como uma criança que rapidamente supera os limites estreitos do teclado do piano de brinquedo e deseja o maior alcance proporcionado pelo teclado de tamanho normal. Os exercícios são apenas um processo de aquecimento para o jogo. Certamente são importantes para reunir a força e a histamina necessárias para o crescimento, mas nunca irão substituir a experiência da vida real, do mesmo modo que os exercícios calistênicos não irão substituir a corrida de 46 metros.

Além de sua função expressiva, a voz também tem direção e temporalidade. Pense na voz como se ela tivesse um alvo que o indivíduo quer atingir por meio do som. Pois o ato de penetrar em outra pessoa pela voz é agressivo. Haverá um bom envolvimento se o indivíduo se introduz harmoniosamente e é incisivo de um modo assimilável, bem como se é bem-vindo. Por outro lado, se a pessoa que fala é pouco incisiva, ela pode nunca atingir o alvo. Se ela for incisiva demais, atravessando as fronteiras da outra pessoa de um modo muito abrupto, a resistência normal a ser atropelada será evocada e influenciará o contato. As palavras de algumas pessoas caem a meio caminho entre quem fala e quem ouve, algumas passam direto pelo ouvinte, algumas o rodeiam ou vão além dele, enquanto algumas pessoas fazem o contato exato, com a sensação de renovação e de acertar o alvo.

A situação também faz diferença na capacidade de contato da voz. As vozes de algumas pessoas são mais adequadas para a conversa íntima, não se projetam longe, mas talvez se projetem suficientemente bem para a distância necessária. Ouvir qualquer vocal de Peggy Lee é um bom exemplo desse senso de comunicação particular, de pessoa a pessoa. Outras pessoas operam melhor em público e em situações de grande escala, e suas vozes inundam a intimidade entre duas pessoas. William era um magnífico orador em público. Ele encantava suas platéias consistentemente porque cada palavra que dizia chegava a cada um deles, até mesmo aos que estavam mais distantes. Contudo, quando ele falava com as pessoas individualmente, mesmo que permanecesse interessado, ainda se posicionava como se estivesse falando para uma grande audiência, e suas palavras passavam por cima da cabeça delas e se ricocheteavam ao redor. O efeito conseqüente era que William não conseguia estabelecer a intimidade que sua vibração geral teria merecido. Ele era demais para o indivíduo que logo começava a sentir-se dominado e não contatado, algumas vezes até invadido, por esse homem.

O riso é outro aspecto que fala a respeito do contato da voz. O riso flui do indivíduo ou é lançado para fora dele? O riso tem ressonância ou é metálico? É solto ou controlado? Um homem ria em resposta a quaisquer situações que tivessem mesmo a sugestão mais leve de humor. O nível de decibéis de seu riso estava sempre no

158

máximo, quer algo fosse totalmente engraçado, ou fizesse apenas cócegas leves e nem mesmo provocasse riso nos outros. Sorrisos e risadinhas não existiam em seu repertório. Seu riso era a exigência de uma pessoa que buscava a proximidade do humor e tentava extrair a última gota possível de camaradagem a partir desse momento. Sua necessidade opressiva de proximidade e sua preguiça em produzir algo que pudesse elicitar isso nos outros o tornavam voraz e desesperado, e seu riso refletia isso.

Outro homem, Ben, falava com um lamento crônico. Ele contou a um grupo reunido para um *workshop* de fim de semana que se submetera a um exame de audição traumático no qual ficara sabendo que seu problema auditivo era um processo degenerativo e ele poderia acabar surdo. Certamente esta é uma circunstância em que o próprio conteúdo iria provocar compaixão. Entretanto, houve uma pequena resposta. A história em si mesma era colocada em segundo plano pela voz inerentemente lamuriante de Ben, e, em vez de ficarem presas no que lhes parecia um poço sem fundo, as outras pessoas do grupo simplesmente se desligaram dele.

Um princípio básico da gestalt é acentuar o que existe, em vez de meramente tentar mudá-lo. Nada pode mudar até que seja aceito primeiro; depois ele pode manifestar-se e abrir-se para o movimento natural da mudança na vida. Seguindo este princípio, pedi a Ben que desse uma volta pela sala, mendigando algo de cada pessoa. Embora isso tenha se mostrado uma experiência útil para ele, existem alguns riscos envolvidos em estabelecer um experimento desses. Por exemplo, poderia ter sido humilhante para ele ser colocado abruptamente em contato com sua natureza suplicante. Embora a humilhação possa às vezes ser útil para alguém que talvez use a reorientação que esta envolve, bem como seja mobilizado por ela, de modo geral ela interrompe o crescimento e pode ser muito aviltante para a pessoa envolvida. Apesar disso, as pessoas não tendem a sentir-se humilhadas pelas coisas que estão prontas para explorar. Foi assim com Ben, que estava motivado a descobrir como ele desligava as pessoas e que tinha auto-sustentação suficiente para ser capaz de reconhecer o suplicante dentro de si. Conforme ele passava pela sala fazendo seu ato de súplica, entrou claramente em contato com seu próprio tom de voz, por meio do exagero e do foco acentuado. Quando chegou a um sentido claro de si mesmo como um mendigo, Ben começou a rir sinceramente, vendo o humor em sua súplica e percebendo que não precisava mendigar. Ele era uma pessoa por direito próprio, e podia falar sobre sua perda de audição de igual para igual. As pessoas podiam ouvir sem ter de lhe dar uma ajuda exorbitante. A compaixão expressa então pôde atravessar a distância entre Ben e o grupo sem que ninguém tenha se sentido sugado por ela.

De modo simplista, a fala pode ser considerada uma respiração modificada. Portanto, torna-se importante que a respiração recupere seu papel central como uma fonte pulsante de sustentação para esta função de contato. As pessoas podem falar a partir do apoio da respiração ou do apoio da musculatura. Isto é, elas podem falar como se sua voz estivesse flutuando no alto de uma onda de ar ou podem soar pela força da energia muscular que impulsiona o ar por meio de suas cordas vocais. Se a pessoa inspira de modo adequado e usa plenamente essa respiração na produção do som, sua voz tem a flutuabilidade de uma bola de pingue-pongue movendo-se num jato de ar. As cordas vocais não são obrigadas a fazer o duro trabalho de colocar a energia — um trabalho para o qual não estão preparadas — e estão livres para vibrar, para ressoar, para dar forma à energia, como a coluna de prata de uma flauta faz quando o ar é soprado para dentro. Vozes apoiadas dessa forma são vibrantes, ressoantes e parecem ser produzidas sem esforço. Quando o aparelho vocal é sobrecarregado ao fazer o trabalho que o sistema respiratório deveria estar fazendo, o esforço se torna aparente; a voz é áspera, tensa, e raspa de forma metálica. As pessoas que fazem terapia e descobrem a função de sustentação de sua respiração, quase inevitavelmente, ficam deliciadas com as mudanças que acontecem em suas vozes.

Linguagem — a linguagem é potencialmente um dos agentes mais poderosos para o contato. Vigor, colorido, pungência, simplicidade, direção, todas essas e outras características da linguagem podem determinar se você atinge a outra pessoa. Os bons escritores sabem como fazer isso com sua linguagem porque eles não dependem de nenhuma outra função de contato. A seguir o prefácio de Sartre para o livro de Fanon, *The wretched of the Earth*.[5] Sem desperdiçar palavras, ele abre o trânsito entre ele próprio e o leitor:

---

5. Fanon, F. *The wretched of the Earth*. Nova York: Grove Press, 1968.

Europeus, vocês precisam abrir este livro e penetrar nele. Depois de alguns passos na escuridão, vocês verão estranhos reunidos ao redor de uma fogueira; cheguem perto, e ouçam, pois eles estão falando do destino que irão determinar a seus centros de comércio e aos soldados contratados para defendê-los. Talvez eles os vejam, mas continuarão falando entre si, sem nem mesmo abaixar as vozes. Essa indiferença vem do lar; seus pais, criaturas sombrias, *suas* criaturas, eram apenas almas mortas. Foram vocês que lhes permitiram ter vislumbres da luz, eles só ousam falar a vocês, e vocês nem se dão ao trabalho de responder a tais zumbis. Os filhos deles ignoram vocês; uma fogueira os aquece e lança luz ao redor deles, e não foram vocês que a acenderam. Agora a uma distância respeitosa, vocês é que se sentem furtivos; presos à noite e sucumbindo ao frio. Virem-se e olhem ao redor; nessas sombras que logo serão rompidas pelo amanhecer, vocês é que são os zumbis.

Primeiro, Sartre deixa muito claro e repete de modo enfático a quem ele está se dirigindo; segundo, ele não evita comprometer-se nem se equivoca; terceiro, descreve acontecimentos específicos; e quarto, entra em contato direto com uma força que apenas espessas paredes ou peles grossas poderiam desviar. Como um exemplo, isso servirá para nos lembrar de que os mestres em qualquer forma de expressão são mestres porque suas antenas estão configuradas para um bom contato; eles não aceitam menos que isso.

Os hábitos lingüísticos de uma pessoa dizem muito sobre *ela* e também sobre o que ela está tentando comunicar. Alguns dos estudos mais fascinantes sobre personalidades foram escritos a respeito de Shakespeare, detalhando seu uso da linguagem, as próprias palavras, e o modo como ele as reunia. Em todos os lugares pode-se olhar para as pessoas com essa mesma sensibilidade ao uso que fazem da linguagem. Algumas pessoas são avarentas com suas palavras, medindo cada palavra cuidadosamente, como feijões secos, grampos ou balas. Outras pessoas jorram torrentes de palavras, como água transbordando e depois desaparecendo sem deixar traço ou como um arremesso de pedrinhas de cores brilhantes, encobrindo seu brilho falso, ou nos deliciando com seus reflexos e generosidade. Algumas são pessoas-verbo, outras são pessoas-substantivo, algumas deixam de fora os pronomes pessoais, outras são poeticamente livres, outras são tão precisas como os supervisores.

161

Um modo de matar as possibilidades de contato da linguagem é pelo circunlóquio. Um professor universitário, que precisava realmente comunicar seu trabalho a seus alunos, estava conversando comigo, depois de duas ou três sessões, e me falando sobre como ele se sentia avaliado, e como sentia que todas as interações de sua vida eram avaliadas. Perguntei-lhe qual a nota que ele me daria. A resposta dele, transcrita da gravação da sessão, foi a seguinte:

Eu acho que estava falando sobre avaliar você, e ensaiava alguns pensamentos sobre a semana passada quando você me falava sobre seus sentimentos com relação à minha importância, e meus pensamentos posteriores sobre isso durante a semana foram que, em certo sentido, isso era um tipo não real de interação, pois você é sincero em sua avaliação, a menos que o problema resida em encontrar um sentimento daquele tipo de coisa quando você está se sentindo importante a partir de seu ambiente, a partir dos sinais de seu próprio ambiente. Assim, em termos de avaliar essa interação específica, embora eu gostasse disso no momento, e pensando mais a respeito, senti algo... que era similar a professor—aluno, pai—filho, algo fora de contato. É interessante, e acho que é por isso que estou interessado nas questões de contato humano, porque as coisas sobre as quais penso, e que me parecem fazer sentido, quando tenho a oportunidade de falar com alguém a respeito disso, não são tão impressionantes ao serem ditas. No sentido mais amplo, minha avaliação a seu respeito acontece em termos do que sinto que estou obtendo com nossas sessões, e, por um lado, sinto que as sessões poderiam ser produtivas no sentido terapêutico, apesar de minha reação imediata a elas, desde que haja alguma técnica de terapia que tenha demonstrado sucesso, ou, por outro lado, uma oportunidade para a interação real, de modo que, do último ponto de vista, o grupo talvez seja igual, talvez ainda mais igual, no fato de que existem mais pessoas contribuindo com mais experiências.

O vaguear dele me passou mensagens com relação aos seus padrões, as complicações que ele experiencia na avaliação, seu ceticismo e seu interesse em toda uma estrutura teórica que, para ele, é subjacente a qualquer tentativa de me avaliar. Ele teria vagueado ainda mais, mas eu queria obter algum foco em sua experiência real, além de sua tentativa de chegar a uma avaliação, e assim lhe perguntei o que ele estava fazendo e sentindo. Ele disse:

> Estou tentando organizar meus pensamentos em termos de minhas respostas a você, o que é uma resposta ao que sinto que está acontecendo nessas sessões, e estou tentando colocar tão *correta e fielmente quanto possível* os tipos de pensamentos que tenho tido. Estou tentando abordar a mim mesmo como se formado por duas partes, e acho que você provavelmente está envolvido em algum tipo de terapia existencial cuja estrutura não vejo, e acho que daí decorre minha espécie de insatisfação ou mal-estar com isso, e também me ocorre que posso estar caindo num tipo próprio de armadilha de contradição, pois a terapia existencial, por definição, não tem estrutura.

Nesse momento pedi-lhe que me avaliasse em uma frase. Ele disse: "Ponto de interrogação". Aí nós dois sabíamos que ele tinha finalmente dito o que queria dizer, e houve um vislumbre de reconhecimento e encontro entre nós que tinha faltado em todo o vaguear.

Bem, os circunlóquios desse homem eram mais graves que o comum, mas não tão graves a ponto de serem irreconhecíveis. Todas as pessoas que precisam estar totalmente certas, ou que precisam cobrir todas as possibilidades ou contingências que possam ter alguma relação com o que dizem, ficarão tão enroladas em seu próprio processo interior que não sobra nenhuma ativação disponível para manter um contato inacabado, mas mesmo assim *focado*. Quando o contato é feito de modo contínuo, a pessoa não precisa estar certa imediatamente porque a certeza emerge e se constrói no desenvolvimento da interação, como crianças jogando lenço-atrás. Se este homem tivesse dito simplesmente: "Ponto de interrogação", logo no início, ele certamente ainda desejaria incluir algumas das outras coisas que disse. Ele por certo teria tido a oportunidade de fazer isso; eu poderia ter lhe respondido com uma pergunta: "O que você questiona?", ou poderia ter dito: "Uma ova!", mas em qualquer um desses casos, ele provavelmente teria tido uma ampla oportunidade para resolver o que permanecesse inacabado.

O jargão é outra armadilha lingüística que ajuda as pessoas a evitarem o esforço de fazer o contato; ele pode facilmente se transformar num hábito entre pessoas que se conhecem, pessoal ou profissionalmente, e não desejam ter o trabalho de criar algo novo a cada vez. O jargão é como uma comida enlatada, um produto semipronto, que não é tão ruim se você suprimir seu próprio paladar. Afinal de contas, ela tem a aparência da coisa real, e assim a compramos novamente, levados por nossa própria indolência ou pressa.

Dizer aquilo que desejamos é um ato magnífico de criação, facilmente negligenciado, porque as pessoas falam demais. Em certo sentido, nenhuma palavra significa exatamente a mesma coisa para duas pessoas — e muitas vezes nem para a mesma pessoa em momentos diferentes ou sob circunstâncias diferentes — porque a emergência de uma palavra é um acontecimento que concentra toda uma vida de sensações, memórias, desejos, imagens. Assim, cada palavra autêntica logicamente teria sua própria configuração única de significado. As palavras de jargão não têm essas características e têm apenas uma capacidade mínima de contato, pois elas não são de fato uma afirmação pessoal do indivíduo. Elas deturpam porque são facilmente ignoradas e recebidas indistintamente.

Aqueles de nós que aprenderam a linguagem típica dos centros de crescimento pessoal ou dos grupos de encontro reconhecem os sintomas. Parte de nossa consciência incômoda vem dos caricaturistas que estão zerando o estoque de frases de nossa loquacidade. Muitos de nós estão cansados de ouvir alguém dizer que deseja "ser ele mesmo". Essa fórmula comunica muito pouco, a menos que esteja ancorada no fazer algumas coisas específicas que ele deseja fazer, ou experienciar algo que anteriormente não estaria disposto a experienciar. Mas "ser ele mesmo" é tudo o que pode ser, é o que ele é, seja insatisfeito ou falso, ou inibido, ou qualquer outra coisa, isso é "ele mesmo"! Até que ele saiba que *ele é* esse eu insatisfeito ou insatisfatório, os termos de jargão não vão lhe fazer bem algum.

Outras afirmações de jargão encobrem os atos mais simples na linguagem mais elevada. Assim, em alguns grupos, uma pessoa não fala simplesmente com outra pessoa, uma pessoa se "relaciona" com a outra, ou uma pessoa "compartilha" com a outra, ou o terapeuta "intervém". A interação entre as pessoas passa a soar como uma série de movimentos táticos e estratégicos que têm algum objetivo gloriosamente definido.

Torna-se importante então esclarecer a linguagem de todas as formas possíveis. Uma técnica é pedir que a pessoa *seja* aquilo que ela está descrevendo. Se diz que é radical, peça-lhe que seja radical e personalize o que está dizendo apenas pela metade. Assim, o indivíduo poderia dizer: "Eu sou um radical, eu jogo pedras". Ou poderia dizer: "Eu sou um radical, eu gosto de ir até a raiz das coisas". Outro método é fazer perguntas — como ele é um radical, ou onde é radical, ou quando é radical — que levem a circunstâncias específicas de sua natureza radical e o afastem do rótulo.

Existem muitos outros jogos de linguagem que tiram o calor da incerteza do contato. Explicar demais é um deles — tentar jogar dos dois lados do jogo ao deixar bem claro o que o ouvinte deve ouvir e como ele deve interpretar isso. Um homem que está sempre contando a *história toda*, qualquer que seja o seu relato, cria um tédio total porque não existe nada a ser dito quando ele acaba. Ele não conversa; profere monólogos que deixam todas as pessoas pensando por que elas não gostam de estar com ele.

Repetir-se é outra forma de neutralização do contato. Quando a primeira afirmação fracassa em estabelecer o contato, talvez funcione se ela for dita de novo. É como o sonho da ninfomaníaca de que a próxima transa será ótima, ou como a próxima banana-split para o glutão.

Frases *sim-mas* são um neutralizador de contato semelhante. Perls costumava dizer que ele nunca ouvia nada antes do "mas". "Eu gostaria muito de sair hoje à noite, *mas* estou ocupado" é mais fácil de entender se você inverter a posição das duas frases, ou se você deixar de lado o que veio antes do "mas", ou se você a encurtar e pedir que a pessoa diga apenas: "Não posso vir", ou: "Não virei". O restante é tão-só um processo de suavização e isola o tema principal da afirmação. Algumas vezes é exatamente o contrário, e a frase suavizadora é o tema principal: eu adoraria sair hoje à noite. Quando uma pessoa sempre fala de um modo cheio de rodeios, até ela mesma tem dificuldade para descobrir qual é a mensagem real. Frases *sim-mas* são um sinal para estar mais atento que o normal para discernir a verdade essencial da afirmação.

Se ao menos não está muito longe de *sim-mas*. É como o homem que garante a sua esposa como ela poderia ser digna de amor *se ao menos* ela superasse sua timidez, ou como ela poderia ser criativa *se ao menos* ela tentasse. Ele diz tudo isso usando palavras benevolentes e fica surpreso quando ela se sente tão pressionada pela mensagem

165

disfarçada que transmite o desejo básico que ele tem de que ela seja diferente de quem realmente é.

Fazer perguntas em vez de afirmativas é outro modo de manter-se no lado frio do contato. É não comprometido e ilusório porque pela pergunta a pessoa leva à incerteza e à hesitação. Mas a mensagem real é transmitida porque as implicações são lidas nas perguntas, de qualquer modo. Existem perguntas que simplesmente não são perguntas. Alguém que pergunte a um homem se ele gosta de seu pai pode estar dizendo: "Não me parece que você goste de seu pai", ou: "Eu não gosto de meu pai", e tentando fazer com que isso soe como uma procura inocente de informação. Discriminar entre a simples curiosidade e as afirmações disfarçadas é básico no desenvolvimento da capacidade de contato na linguagem.

Muitas vezes a linguagem é tudo o que existe para se fazer contato, e mesmo as mínimas mudanças fazem a diferença entre atingir o alvo ou cair quilômetros longe do ponto de contato. Um jovem estudante universitário, muito brilhante e bastante falante, entedia as pessoas apesar de ter idéias muito estimulantes. Ele lança suas palavras ao redor, como se fosse um desinfetante, em vez de se focar na pessoa com quem está falando. Por diversas vezes tentei ajudá-lo a me alcançar. Um modo foi fazê-lo olhar para mim enquanto falava. Outro modo foi fazê-lo apontar para mim a cada vez que falava comigo. Um terceiro modo foi começar cada frase com o meu nome. Cada uma dessas maneiras fez com que ele me alcançasse — não só na experiência que tive dele, mas em sua própria experiência de si mesmo e de mim. Ele ficou radiante a cada vez que teve a experiência de alcançar-me com suas palavras. Por diversas vezes ele rompeu num riso ruidoso como se tivesse descoberto o segredo do Universo!

Mover-se

Os poderes do movimento no contato são revelados de forma mais clara no trabalho do mímico. Ele mostra puramente pelo movimento como se abre um pacote e se encontra nele um objeto precioso ou algo repugnante, como alguém se aproxima do chefe para pedir um aumento ou de um estranho para pedir orientação, como uma pessoa se move para beijar uma tia idosa ou para beijar a namorada. Não existe a distração de nenhum diálogo nem de nenhum cenário; o foco está exclusivamente em seus movimentos. Apesar disso, no contato cotidiano, o movimento com freqüência desaparece no fundo e exerce apenas um efeito sutil e muitas vezes despercebido. Mas a atenção de Reich às atividades de encouraçamento do corpo envolvidas na repressão e os estudos atuais da linguagem corporal[6] afirmam a importância do movimento. Os movimentos podem facilitar o contato ou podem interrompê-lo ou bloqueá-lo. Ao entrar numa sala e andar até uma pessoa com quem se deseje falar, alguém age sob seu próprio poder e movimenta-se livre e suavemente, outra pessoa movimenta-se como uma boneca malfeita sendo impulsionada aos trancos pela sala para realizar uma obrigação social que não estava em sua mente.

Focalizar o movimento revela ação fluida e sem impedimentos de uma pessoa que sustenta a atividade em que está envolvida, ou a ação desajeitada e deselegante que é o acordo entre um impulso e sua inibição. Reich[7] descreve este comportamento:

> [...] ela é uma função substituta para alguma outra coisa, ela serve para um propósito de defesa, ela absorve energia, e é uma tentativa de harmonizar forças conflitantes [...] O resultado do desempenho é totalmente fora de proporção com a energia despendida.

A satisfação do indivíduo é diminuída e ele trabalha duro para chegar onde está indo, como se estivesse dirigindo com o freio puxado, por causa das deflexões necessárias para o acordo e em virtude do contato deficiente resultante desse comportamento substituto.

Existem dois passos principais quando se trabalha com o movimento. Um deles é chamar a atenção para os aspectos observáveis do movimento conforme eles aparecerem no primeiro plano. O outro é criar um experimento que proporcione a oportunidade de acompanhar as direções sugeridas por seu movimento ou pelas palavras que possam ter acompanhado o movimento. Por exemplo, Steve, que se

---

6. Fast, Julius. *Body language*. Nova York: M. Evans, 1970.
7. Reich, W. *Character analysis*. Nova York: Orgone Institute Press, 1949.

movia de modo tenso, atravessou a sala com um modo de andar sutilmente balouçante. Quando isso foi trazido a sua atenção, ele se lembrou de que tinha sido continuamente ridicularizado enquanto estava crescendo porque balançava constantemente o corpo. Para evitar o ridículo, buscou deliberadamente reprimir a exuberância de seu movimento ao andar. Ele foi bem-sucedido em reprimir uma grande parte disso ao tensionar a parte de cima de seu corpo, o que resultou numa disritmia entre as partes superior e inferior de seu corpo — uma cisão básica e bastante comum. O corpo de Steve expressava essa polaridade. A parte superior estava bastante imobilizada: braços pendentes, ombros tensos, peito sem vida. Abaixo da cintura ele era tenso e seus movimentos pareciam estudados, embora suas pernas parecessem fortes e vibrantes. Segundo Steve, ele só se sentia capaz de andar livremente quando praticava montanhismo, seu passatempo favorito. Entretanto, quando havia pessoas a seu redor, seu andar ficava autoconsciente e controlado. Pedi a Steve que atravessasse a sala, diversas vezes, pulando. No início ele estava autoconsciente, mas aos poucos começou a se divertir e perdeu sua autoconsciência. Então, pedi-lhe que batesse seus braços enquanto pulava pela sala, como se estivesse voando. Quando fez isso, seu prazer aumentou e ele percebeu que pela primeira vez tinha consciência de uma unidade entre a parte inferior e a superior de seu corpo, bem diferente do desconforto vago que sempre experienciava. Quando ele andou pela sala normalmente de novo, as mudanças ficaram aparentes para o grupo. Seus braços e ombros conseguiam mover-se de um modo coordenado com seu tronco, e seu peito não parecia mais afundado. Steve obviamente irá recair em seus modos mais característicos, porque uma experiência dificilmente irá superar os hábitos de toda uma vida. Apesar disso, ele tomou consciência de alguns dos controles que havia imposto sobre si mesmo havia muito tempo e teve um vislumbre de qual é a sensação de transcender essa separação.

Provavelmente é difícil aceitar que um conjunto simples de movimentos como pular e bater os braços tal qual um pássaro possa fazer muita diferença. Conforme observamos, esse tipo de experiência precisa ser repetido e retrabalhado até ser assimilado. Mas mesmo essas mudanças pessoais temporárias que resultam do trabalho com a capacidade de contato geral de um indivíduo, e do trabalho específico com o movimento, podem ser valiosas. Embora o movimento seja a figura, ele se expande além do domínio do mero exercício físico quando é feito dentro de um contexto e colocado contra o *background* de experiência que lhe dá significado. No exemplo anterior, o significado incluía a divisão na personalidade de Steve entre sua exuberância e sua cautela, seu sentimento de ter bloqueado o contato com as outras pessoas, o drama de ter acompanhado outras experiências intensas que já tinham acontecido no grupo, e a memória do sofrimento pelo qual ele havia passado quando criança, mas de que não se lembrara por muito tempo. Esses são apenas alguns dos fatores que se fundiram para lhe dar inspiração e possibilitar que ele experienciasse uma sensação que de outra forma poderia ter permanecido apenas racional ou especulativa. Subitamente ele estava ali, *inteiro*, e tinha menos chance do que antes de esquecer que a totalidade é de fato possível para ele. Se você puder mostrar a uma pessoa onde ela está, ela o perceberá mais facilmente do que se continuar vagueando pelas antigas trilhas conhecidas. Embora esse serviço fique aquém das grandiosidades psicoterapêuticas satisfatórias, não é um serviço menos importante.

O modo como uma pessoa se senta também diz muito sobre o contato que está disposta a estabelecer. Inclinar-se para a frente ao falar ou ao ouvir impele o indivíduo a um contato diferente do que virar a cabeça para o outro lado ou enterrá-la de modo firme e irrecuperável entre os próprios ombros curvados. Num *workshop* de casais, Paul, sentado no chão, perto de sua esposa, reclamava que Sheila estava perpetuamente "em cima" dele. Ele queria dizer que muitas vezes ela o tocava e se aconchegava a ele quando ele não o desejava, embora estivesse tudo bem com esse comportamento nas vezes em que ele o desejava. Ele estava sentado perto dela, com uma postura absolutamente simétrica e equilibrado como um Buda, e Sheila por certo teria dificuldade em encontrar um lugar para si mesma. Ele tinha uma aparência tão sisuda e impenetrável que talvez só usando uma energia bem concentrada é que ela conseguiria se chegar a ele. Paul era uma figura fechada, que só admitia a aproximação em seus próprios termos. Sua simetria deixava bem claro que ele desejava sua independência de qualquer das tentativas dela para envolvê-lo. Sheila o deixava assimétrico, e sua posição equilibrada era mantida contra o risco de assimetria; essa posição também o protegia contra o excitamento da união com Sheila. Alguém do grupo começou a experimentar derrubar Paul. Cada vez que ele conseguia, com dificuldade, nosso amigo simétrico recuperava seu equilíbrio com vivacidade, como um desses brinquedos de empurrar com um peso no fundo e que voltam rapidamente à posição ereta. Logo, o próprio Paul começou a se questionar se ele precisava mesmo voltar tão rápido para o *status quo*. Nesse momento Sheila foi orientada a tentar novamente se aconchegar a ele e a criar uma abertura para si mesma, para garantir que se ela desejasse mais contato com o marido, faria todo o possível para obtê-lo. Ficou aparente que Paul resistia não só à ameaça de ser controlado, mas que essa intimidade *per se* também era ameaçadora, e era esse medo que o fazia adotar uma postura em que ele parecia tão inalcançável. De qualquer modo, surgiu uma risadinha, e Paul cedeu ao calor do momento, deixando que este derretesse seus músculos e permitindo-se receber ternamente sua esposa, e sem medo. A partir daí até sua simetria pareceu ficar mais suave e receptiva. Ele precisa de prática na descoberta de sua própria ausência de limites para que possa responder à intimidade sem temer ser subjugado.

O mesmo tipo de atenção pode ser dirigido aos menores detalhes do gesto e do movimento. Um ouvinte que acena atentamente está afirmando e acentuando seu contato com a pessoa que fala — ou seu gesto pode ser uma objeção confluente. A pessoa que fala pode mexer sua cabeça lentamente de um lado para o outro enquanto diz que ama muito sua mãe, negando sua própria mensagem. Assombro, medo, fascínio ou surpresa podem abrir os olhos ou a boca como se a pessoa estivesse abrindo espaço para permitir que o pleno impacto entrasse. O indivíduo cujos gestos são pequenos e confinados a si mesmo está transmitindo uma mensagem diferente da pessoa que abre totalmente seus braços com abandono e cujos gestos deixam seu corpo aberto e sem guarda. A pessoa cujas narinas e cantos da boca descrevem uma forte curva para baixo pode estar dizendo com seus movimentos: "Eu vou respirar este ar e falar com você, mas desaprovo ambos, o ar que respiro e você". A posição de um professor em relação a crianças muito pequenas também pode afetar o contato. Por essa razão, muitos professores se ajoelham freqüentemente para ficar no nível da criança, diminuindo a distância pela qual o contato deve ser feito e estabelecendo um senso de paridade em suas comunicações. A sensibilidade e a criatividade do terapeuta podem levá-lo a focalizar os movimentos relevantes que podem preencher os vazios que diminuem a elegância e o movimento para o contato. Não existem regras claras, mas há algumas diretrizes que podem direcionar o trabalho do terapeuta.

Primeiro, o terapeuta pode orientar o paciente a experienciar *seus movimentos como eles existem atualmente.* Qualquer foco que enfatize o que já está acontecendo proporciona uma base para mudança. Buscamos restaurar uma aceitação desse fluxo apesar da dor de experienciar o que se passou a não desejar, e que portanto foi esquecido. Com o retorno dessa aceitação, a dinâmica para a mudança reaparece e leva o indivíduo a direções inerentes a ele. Assim, se ando desequilibrado, inclinado para a esquerda, quando presto atenção a minha tendência para a esquerda, posso também prestar atenção ao que possa fluir disso. Suponhamos que quando noto que me inclino para a esquerda também descubro um movimento em meu braço esquerdo que, quando levado em sua plena extensão, é um golpe no maxilar de um valentão que fantasio, ou do qual me lembro. Quando solto o golpe de meu braço esquerdo, minha raiva esquecida surge de novo com a memória odiosa, mas dessa vez eu não estou com medo e não seguro o movimento do golpe. O impasse incompleto que causava a inclinação para a esquerda foi desbloqueado, e a assertividade volta a meu lado esquerdo, trazendo com ela a elegância liberada pela nova liberdade. Só ao congelar e esquecer eu poderia ter permanecido compulsivamente inclinado para o lado.

Para ilustrar ainda mais a importância da experiência atual do movimento, Arthur estava oscilante com relação a seu senso de distância de mim. Ele desejava ficar mais próximo, mas não sabia em que base poderia reclamar uma maior intimidade. O perigo de parecer presunçoso o imobilizava. Pedi a Arthur que se levantasse e experimentasse qual lhe parecia ser a distância correta. Depois de alguns momentos de conversa entre nós, e alguns ajustes para descobrir a distância correta, ele se aproximou de mim e sentiu-se repentinamente muito bem por estar onde estava. Fez um movimento com suas mãos, uma contra a outra. Pedi-lhe que sentisse este movimento e deixasse que ele se tornasse aquilo que quisesse. Depois de alguns momentos, as mãos de Arthur estavam batendo com força uma contra a outra, uma com os dedos em forma de concha, enquanto batia vigorosamente contra a palma da outra mão. Era um som oco e retumbante. Arthur lembrou que, quando era garoto, os meninos em sua vizinhança faziam esse tipo de som quando sentiam que as coisas eram muito bonitas! Ele sorriu ao lembrar e continuou fazendo o som para mim e depois para o restante das pessoas na sala, que o observavam. Depois todas as pessoas começaram a fazer o som. Arthur tinha afirmado seu prazer em seu contato comigo e expandido esse senso de prazer para os outros no grupo. A atenção a seu movimento não só afirmou seu contato nesse momento, mas também trouxe a ele todo o frescor de uma experiência da juventude que ficara fora de sua consciência por muitos anos. Vale a pena observar que é comum a conclusão de expressões inacabadas liberarem antigas lembranças que se tornam então parte do processo de elaboração. Isso é semelhante à busca psicanalítica pelo material inconsciente ou reprimido do passado, exceto que o processo é revertido. Para nós, na gestalt-terapia, a volta do inconsciente *segue-se* à recuperação do contato, enquanto na psicanálise o retorno do inconsciente é visto como *precedendo* a recuperação da função presente.

O segundo princípio orientador é guiar a consciência do indivíduo e suas ações pela sucessão de bloqueios até o *exercício pleno do movimento* sendo focalizado. Vimos isso acontecer quando o jogo de mãos da infância de um homem uniu todo o grupo. Nós o vimos também com Steve, que pulou e bateu os braços como se fosse voar. Nesse estágio, a arte e a interação do terapeuta e do paciente são cruciais. A intuição que cada um deles tem com relação ao próximo passo deve acompanhar e coordenar-se com a intuição do outro. O "bom" paciente não é o obediente, mas aquele cuja vida de fantasia é rica e ousa permitir que sua mente e suas ações fluam. Certamente, o terapeuta tem um papel importante no estabelecimento de um clima em que essa característica do paciente possa florescer, mas os "bons" pacientes podem transformar a maioria de nós em "bons" terapeutas.

Um terceiro princípio orientador é *procurar as fontes de suporte* disponíveis no corpo do indivíduo. Por exemplo, no andar e no ficar em pé é importante observar se a pessoa está usando suas pernas como uma base sobre a qual possa descansar com confiança, como uma base para a postura ou movimento. As pernas de algumas pessoas parecem delgadas e oferecem pouco apoio. Outras pessoas mantêm os joelhos travados como se o apoio só viesse da rigidez. Outras ainda têm pernas que se arrastam e dão apenas uma sustentação mínima. Algumas pessoas dão a impressão de estar suspensas como um pedaço de carne num açougue ou uma marionete numa corda, com a ausência total do senso de suporte de si mesmas.

Cada parte do corpo sustenta uma parcela da pessoa em movimento. A coluna sustenta o pescoço enquanto se apóia nas partes inferiores a ele; os ombros, por sua vez, também são sustentados pela parte superior do tronco, que descansa sobre a coluna pélvica — como a antiga canção sobre os "dem bones". Mas e se o pescoço não confiar nos apoios abaixo dele? Ele pode assumir uma maior parte do trabalho de sustentar a cabeça do que é necessário. Assim é instituído um processo de tensionamento que pode interferir com a transmissão da sensação de outras partes do corpo para a cabeça, separando a função da cabeça do restante do corpo. Mesmo que o corpo ative uma tensão suficiente para gritar, a mensagem nunca chega até a cabeça; ela pode se revelar num nó no estômago ou em dores nas costas ou no tensionamento da parte superior dos braços, mas a cabeça não está disponível para a saída ou a expressão, de modo que a ação precisa buscar essas saídas substitutas. A cabeça, também, separada da informação sensorial do restante do corpo, é deixada com suas próprias engendrações. A atividade cerebral, privada de sua base sensorial, leva à intelectualização. Acrescente-se que quando o pescoço é tensionado ele perde sua flexibilidade e não é mais capaz de virar-se livre ou plenamente, fazendo com que a pessoa olhe de forma rígida para a frente, confrontando as questões da vida que são imediatamente óbvias, mas deixando de lado parte daquilo que se passa ao lado. O pescoço é especialmente vulnerável porque é uma passagem estreita e congestionada que contém partes vitais, como a garganta, a traquéia e a laringe, e por causa de suas características giratórias, algumas vezes nos causa o medo de que ele não esteja preparado para sua tarefa, e se possa certamente perder a cabeça. Assim, o cuidado com o pescoço não é de surpreender.

A liberação de cada parte do corpo para realizar a função de sustentação pela qual é responsável — *e não mais que isso* — é, portanto, muitas vezes de extrema importância. Para realizar isso, é necessário recuperar a confiança no sistema normal de sustentação. As pernas obviamente são básicas. Mas a sensação precisa ser recuperada em todo o sistema, e as barreiras ao aumento das sensações precisam ser exploradas e estendidas mediante exercícios que aumentem a *awareness*.

Quando uma pessoa está sentada ou deitada ela precisa ser capaz de ceder parte de seu próprio apoio interno e receber apoio externo do chão ou da cadeira. Parece simples. Mas algumas pessoas sentam-se ou deitam-se quase como se estivessem levitando algumas polegadas acima, sustentando-se no ar. Há um exercício, idealizado por Charlotte Selver, no qual uma pessoa levanta alternadamente os braços, as pernas e a cabeça de seu parceiro, que está deitado no chão. Muitas pessoas têm uma dificuldade surpreendente em renunciar à sua própria sustentação e recorrer a outra pessoa. Elas fazem todo o trabalho, levantando e abaixando seus próprios membros e cabeça, independentemente da ação de seus parceiros. Elas estão no controle, e esse é o modo que insistem em manter. O sentimento "eu devo fazer tudo por mim mesmo" deixa de fora quaisquer necessidades que eu possa ter e que precisem ser sustentadas por algo externo a mim, seja a Mãe Terra ou simplesmente minha mãe. Esse é um mundo solitário e uma condenação perpétua para aqueles que não conseguem experimentar fontes de sustentação confiáveis e nutridoras.

Finalmente, observamos a *flexibilidade das partes móveis*. Cotovelos, ombros, pulsos, pescoço, maxilar, olhos, joelhos, tornozelos, cintura e pelve são todas partes do corpo que de algum modo são articuladas. Com que grau de liberdade essas partes se movem quando são mobilizadas? Especialmente em nossa sociedade, o movimento livre da área pélvica é freqüentemente bloqueado. Bem, a flexibilidade de muitos tipos de movimentos é muito dependente da liberdade da ação pélvica. Quando as juntas articulares permitem que a pelve se mova livremente em conjunção com as pernas, o movimento resultante tem um senso de fluxo e de progresso desimpedido que é direto e propicia o contato, sem nenhum senso de interferência interior. Muitos homens bloqueiam seu movimento pélvico porque nosso ideal ocidentalizado é que as mulheres movimentem os quadris, mas os homens verdadeiros não. A contradição óbvia é o atleta masculino, que trabalha melhor com a ação pélvica que tem o mais belo e livre balanço. Imagine um jogador de futebol correndo pelo campo e habilidosamente evitando ser bloqueado, ou um golfista realizando um *drive*, ou um jogador de beisebol posicionando-se para atirar a bola o mais longe que puder. As mulheres também bloqueiam o movimento livre de sua pelve, não porque girar os quadris esteja muito fora do estereótipo feminino, mas por causa das implicações ou da estimulação sexual que podem surgir dessa ação. A necessidade terapêutica de recuperar o movimento pélvico flexível é comum em ambos os sexos.

A rotação do pescoço e dos olhos é a segunda em importância. A flexibilidade resulta de ser capaz de girar e também de seguir diretamente em frente. Uma pessoa com um pescoço rígido e olhos que não girem vê direto em frente, ponto final. Algumas pessoas estão tão firmemente fixas em seus próprios objetivos que entram no consultório do terapeuta e só depois de muitas sessões percebem que existem outras coisas no consultório *além* do terapeuta. Tudo o mais, qualquer outra coisa, é irrelevante e é desconsiderada. Mas a relevância está ligada ao contexto, e ao focalizar apenas a figura do terapeuta elas deixam pouca possibilidade de estabelecer o senso de contexto que é central para a percepção figura-fundo e para a experiência de contato.

Como superar essa esterilidade? Algumas sessões serão dedicadas a experimentos que requerem que o paciente movimente seus olhos de um lado para o outro e gire seu pescoço de modo a examinar o consultório tão plenamente quanto possível. Ele será orientado a continuar esses exercícios fora do consultório, prestando atenção a detalhes ao lado ou atrás de sua direção, quer ele esteja dirigindo, sentado ou andando. Ao dirigir o carro a caminho de uma reunião, uma pessoa que se sinta inclinada apenas a chegar lá em geral não observa as árvores, as pessoas que andam pela rua, o motorista do carro à sua frente, ou talvez o nível de gasolina em seu próprio carro. A flexibilidade é essencial para a capacidade de contato porque qualquer coisa que permaneça num foco nítido e imutável por tempo demais acaba morrendo, como um pé que fica entorpecido quando você se senta tempo demais sobre ele. As pessoas que não se viram permanecem fixas e sem contato. A recuperação do movimento no pescoço e nos olhos tem um grande papel para desfazer esta fixidez.

Cheirar e provar

Provar o gosto e cheirar infelizmente são relegados a um lugar secundário como funções de contato. Eles têm papéis apenas tangen-

175

ciais na maioria das situações que formam o curso produtivo da vida. São preocupações centrais basicamente em circunstâncias de lazer, como provar um bom vinho ou uma comida requintada, ou cheirar os pinheiros ou a chuva da primavera, ou em acontecimentos de emergência em que precisamos cheirar algo queimando ou gases ácidos, ou provar o gosto para saber se algo está estragado ou azedo. Nos tornamos dependentes de sinais automáticos e não precisamos mais nos apoiar em nossos próprios sentidos. Um *timer* diz à dona-de-casa quando seu jantar, cozido num recipiente à prova de cheiro, está pronto. Um aparelho lhe diz se a temperatura de sua casa está adequada, e se suas roupas estão limpas no final de um ciclo de lavagem de quatro ou seis minutos. Embora o gosto e o cheiro tenham apenas uma baixa prioridade como funções de contato na vida cotidiana, estão longe de ser ausentes no ambiente de terapia.

Tem havido um ressurgimento da função do paladar entre os gestalt-terapeutas basicamente por Perls considerar o processo de alimentação como o protótipo da manipulação e da assimilação que o indivíduo faz do que o seu ambiente tem a oferecer.[8] No início, a criança engole inteiro o que é facilmente assimilável; depois ela começa a mastigar para alterar o que o seu mundo lhe proporciona sob forma digestível.

À concepção de Perls se junta o fato de que o paladar é um ato de avaliação que julga se a comida é aceitável ou não. Além disso, o paladar é tanto um estímulo quanto uma recompensa ao ato de comer. A habilidade de fazer discriminações sutis em qualquer modalidade de sentido recebe uma alta prioridade em gestalt-terapia. Mesmo assim, pareceria estranho pedir a nossos pacientes que trouxessem comida para o consultório para que pudéssemos explorar o processo de mastigar e saborear. *Fizemos* isso com conseqüências vigorosas, mas só raramente. Entretanto, não é raro recorrer à metáfora ao falar que uma pessoa é abençoada com bom gosto e outra é amaldiçoada com um gosto atroz. Isso implica que algumas pessoas mostram sensibilidade a respeito da adequação ou inadequação de algumas ações ou objetos, e que essa sensibilidade as guia na avaliação e discrimina-

---

8. Perls, F. S. *Ego, hunger and aggression*. Londres: George Allen & Unwin Ltd., 1947.

ção de quadros, *desempenhos* e habilidades de outras pessoas em geral. A implicação intuitiva neste uso da palavra gosto, referindo-se à capacidade de avaliação das pessoas, é que a função do paladar é o protótipo genérico para avaliar o bom ou o mau, o apropriado ou o inapropriado.

Alcançamos o ponto em que o paladar tem sido sacrificado a considerações de conveniência e lucro. Cada vez menos as pessoas percebem a diferença entre o pão ou o bolo feitos em casa e os produtos comerciais insípidos resultantes de fórmulas de produção em massa, os *TV dinners* — cinco aulas para um prato adequado! —, frutas tratadas para parecerem atraentes mas sem sabor, comidas congeladas, facilmente guardadas e comercializadas porém sem sabor. Tudo isso é bem comum e recebe pouca objeção por parte de uma população que mal reconhece as diferenças, ou, mesmo que reconheça, não tem tempo para reclamar ou sente vagamente que está reclamando sobre algo trivial e não essencial. A distância entre a fazenda e a boca contribuiu pouco para esta falta de discriminação. Os valores culturais sustentam a indiferenciação epidêmica. O problema é que uma vez que tenhamos cedido ao contato simples e básico disponível ao saborear a comida há apenas um pequeno passo para a desvalorização do contato em geral. Recuperar a própria capacidade de discriminação quanto ao paladar é um passo no sentido da recuperação da preocupação com o próprio contato; não apenas em benefício deste, o que já seria suficiente, mas também para o reconhecimento básico da importância de se relacionar plenamente com o que quer que esteja disponível no ambiente.

Os *gourmets* alimentam essa sensibilidade e planejam as refeições para que cada parte da refeição não só tenha sua própria afirmação a fazer, mas também estabeleça um contexto de contraste e harmonia com o restante da comida, de modo que as comidas quentes podem ser estimuladas por comidas frias, sabores fortes podem ser contrastados com sabores simples, e riqueza com simplicidade. A textura e a cor também são manipuladas; assim o detalhe e a sutileza se fundem numa experiência em que a resposta flui de um prato a outro como uma sinfonia ou uma dança, só que muito mais efêmera. Cada oferta é planejada para ser notada, e *não* desconsiderada.

O cheiro é uma das funções de contato mais primitivas e também provavelmente a mais subestimada. Aquele que é um dos sentidos de maior contato para os outros animais se transformou para o homem numa vítima da depreciação e do escárnio. A maioria das pessoas não cheira os outros, nem deseja fazê-lo. Qualquer observador casual de anúncios publicitários pode notar quanto tempo é dedicado a nos incitar e — com um pequeno preço — nos auxiliar a encobrir, remover ou minimizar nossos próprios cheiros. Temos de evitar os odores corporais; precisamos lavar freqüentemente nosso cabelo, usamos desodorantes, usamos *sprays* perfumados em casa, damos a nossos cachorros uma comida que irá até diminuir o odor de seu hálito, e Deus nos livre de ter mau hálito!

Os perfumes são uma ampliação do contato, mas eles nunca perdem a característica de ser um odor que se passa por pessoal, e emite uma mensagem estereotipada. Um cartum mostrava uma mulher gorda, de meia-idade, fazendo uma última tentativa, ao lado de um balcão de perfumes onde todas as fragrâncias tinham nomes como "Noite de Paixão", "Entrega", ou "Siga-me", e dizendo timidamente ao vendedor: "Você não tem algo para uma principiante?".

Márcia costumava cheirar de um modo característico como uma forma de pontuar algumas de suas afirmativas. Pedi a ela que cheirasse algo no consultório que a estimulasse para isso. Primeiro ela cheirou o carpete, a seguir uma mesa e depois a mim. Quando ela me cheirou, ela ficou consciente de estar perto demais, ficou constrangida e voltou para a sua cadeira. Enquanto estava consciente da grande intimidade de me cheirar, ela também se lembrou de uma antiga humilhação que a tinha feito experienciar um grande sofrimento. Márcia tinha nove anos quando veio da Europa para os Estados Unidos. Sua nova vida era muito confusa e ela tinha muita dificuldade em fazer amigos ou em sentir-se em casa. Certo dia várias crianças lhe deram um sabonete Lifebuoy de presente. Naquela época sabonetes Lifebuoy, odor corporal e desgraça eram todos parte de um mesmo pacote. Embora Márcia na época não pudesse compreender a plena significância do presente, sabia que tinha sido muito humilhada; que ela era estranha e vergonhosamente diferente de todas as outras pessoas a seu redor. Enquanto continuava a falar, Márcia percebeu que gasta muito de sua energia tentando avaliar qual é o cheiro do mundo e decidiu que de modo geral o mundo cheira bem mal. Esse julgamento a sustenta em sua necessidade crônica de ser superior aos outros. Uma das marcas características de seu caráter é o seu conhecimento dos defeitos dos outros. Transformar o cheirar figurativo de Márcia num cheirar real virou a mesa; ela descobrira que o cheirar real a tinha trazido para uma posição de intimidade comigo e, para seu espanto, ficou assustada e retraiu-se. Claramente, a excitação era maior quando seu cheirar produzia intimidade do que quando era meramente uma reafirmação desgastada de uma antiga afronta.

7

Episódios de contato

Nós nunca paramos de explorar
E o final de toda nossa exploração
Será chegar onde começamos
E conhecermos o lugar pela primeira vez.

T. S. Eliot

Descrevemos a fronteira em que o contato ocorre e as funções pelas quais é feito o contato. Entretanto, esses são meramente os componentes básicos da experiência de contato. Os episódios de contato são os eventos reais em que o contato ocorre; esses eventos proporcionam substância e drama à terapia. Preocupações e temas recorrentes se entrelaçam nesses episódios e tecem fios que se tornam os guias para as principais questões na vida de uma pessoa.

Anne ficou furiosa comigo porque ela acreditava que eu estava favorecendo outros pacientes que, ela sabia, estavam tendo experiências magníficas em sua terapia comigo — e ela não estava tendo essas experiências! Ela despedaçou meu relógio, espalhou meus abajures e cinzeiros e deu um soco em meu rosto. Tive de lutar com ela para evitar mais danos à sala e a mim. Quando foi segura, Anne estava branca de histeria, exausta e em choque. Eu a afaguei diversas vezes até que sua cor retornasse e ela pudesse me ver novamente. Depois peguei a sua mão e disse que iríamos limpar a sala juntos. Ela estava aliviada com a chance de juntar-se a mim e desfazer os efeitos de sua fúria. Depois de arrumarmos a sala juntos, ela conseguiu sorrir, sua radiância surgiu e ela foi embora. No dia seguinte, Anne ligou para dizer que iria substituir o relógio e sentia que a experiência valera um milhão de dólares para ela. Deixei o dinheiro de lado e aceitei o relógio. Tais episódios vão além das técnicas, e o terapeuta experiencia a si mesmo como um participante dos acontecimentos. É claro que nem todos os episódios de contato têm tal intensidade. Nem todos eles incluem esse tipo de emergência ou tanta dor. Mas todos os episódios de contato têm uma seqüência de momentos de contato que constroem uma unidade identificável. Essas pequenas unidades de interação formam a base para o desenvolvimento do senso de se ter uma vida plena de acontecimentos.

Os episódios de contato têm três características principais: sintaxe, representatividade e recorrência.

Sintaxe

A característica básica do episódio de contato é sua sintaxe, ou seja, a estruturação ordenada e reconhecível de uma parte do episódio com as suas outras partes.

O episódio começa com o surgimento de uma necessidade, imediatamente reconhecível ou que se forma gradualmente a partir de uma matriz de vazio, confusão, caos ou falta de objetivo. Muitas necessidades florescem e são satisfeitas sem nenhum senso de propósito ou *awareness*. Alguém conta uma piada e você sorri, satisfazendo espontaneamente a necessidade de ele se juntar a você por intermédio do humor. Muitas vezes, entretanto, as necessidades da pessoa não só não são facilmente satisfeitas, mas também são obscuras; os movimentos espontâneos no sentido da satisfação são impedidos pelas contradições pessoais. Alguém conta uma piada, mas parece preocupado e não consegue arrancar nenhum sorriso, nem consegue atenção para suas preocupações. É necessário ter prática em explorar sua própria experiência antes que muitas de suas necessidades possam até mesmo chegar suficientemente perto da superfície para serem reconhecidas. Ele pode nem saber que está preocupado ou que parece preocupado e que isso está afetando sua resposta a ele. Sem prática, muitas pessoas teriam dificuldade em responder diretamente ao que desejam. Algumas podem simplesmente não saber; outras podem pedir mais detalhes para ter pistas de como *deveriam* responder à pergunta; outras podem saber muito bem, mas não estar dispostas a reconhecê-lo; outras ainda negam desejos simples, como a necessidade de mexer uma perna, e assim buscam um desejo grandioso; e outras acham o mero ato de desejar tão estranho que não irão experimentar mais nada.

Logo a necessidade emerge na terapia, e o episódio de contato segue até o processo de representar a necessidade, desenvolvendo seus detalhes de modo que ela possa se dirigir para a conclusão e a satisfação. Então, conforme a necessidade se torna mais clara, ela pode encontrar resistência, porque a realização da necessidade em psicoterapia em geral se dá em face de uma forte resistência. Nesse momento, em que o poder da necessidade e a força da resistência são aproximadamente iguais, acontece o impasse. O impasse pode ser visto como um fulcro ao redor do qual o movimento do indivíduo pode ser bloqueado ou favorecido.

No progresso na direção do impasse, se desenvolve um tema que sublinha o conteúdo do drama e dá título e clareza ao que está acontecendo. O tema pode ser o lugar de uma pessoa nos sentimentos de outra, como descrito anteriormente no drama de Anne, ou pode ser o modo como a pessoa se comporta sob pressão, como no exemplo a seguir. A gama de temas é ilimitada, incluindo como influenciar o chefe, como viver com a própria maldade, como falar sem adjetivos infindáveis, como desfazer um bloqueio que se tem para escrever e como desistir do próprio perfeccionismo. Cada tema tem seu caráter e conteúdo pessoais específicos, e se desenvolve de um modo único dentro do episódio de contato. O tema indica o caminho, o momento de reunião, movendo-se na direção do impasse. Aqui, em face das forças opostas dentro do indivíduo, o episódio de contato atinge um momento culminante, abrindo novas possibilidades para atravessar as barreiras anteriores e passar por sentimentos ou comportamentos antes proibidos até chegar à conclusão. O excitamento crescente, que agora é assimilável em vez de ameaçador, sustenta uma onda que por fim leva à iluminação. Aqui o indivíduo chega a uma nova orientação quanto a resoluções e alternativas. É comum o reconhecimento da nova experiência, embora às vezes esse reconhecimento — sobretudo em grupos — possa levar facilmente a análises que destroem o drama do evento completado. Depois do reconhecimento — ou mesmo sem ele — o indivíduo está livre para seguir adiante, muitas vezes para completar o mesmo tema em novos episódios de contato, mas com infinitas variações que dão a cada repetição dimensão e relevância maiores.

Portanto, a sintaxe do episódio de contato se move mediante oito estágios: 1) a emergência da necessidade; 2) a tentativa de representar a necessidade; 3) a mobilização da luta interior; 4) a afirmação do tema incorporando a necessidade e a resistência; 5) a chegada ao impasse; 6) a experiência culminante; 7) a iluminação; e 8) o reconhecimento. Esse ciclo pode durar apenas um minuto; pode atuar durante uma sessão, um ano, ou mesmo uma vida inteira. Os oito estágios podem ocorrer em diversas seqüências, ou algumas vezes condensar-se simultaneamente. Eles são orientações e não devem ser considerados uma ordem precisa e imutável.

A seguir há um exemplo de como um episódio de contato se move segundo suas fases. É um resumo de uma sessão de terapia individual em que Bernard começa descrevendo como sente dificuldade para fazer qualquer coisa, a não ser que sinta que a situação é crítica. O resultado é que ele é repetidamente governado pelas situações de crise e não consegue fazer aquilo de que necessita, porque só é inspirado pela necessidade imediata. Sua experiência é que sua vida é agitada, sentindo muita urgência, pouco senso de sustentação e nem de longe paz suficiente.

> *Bernard*: Quando estou numa situação de crise, simplesmente me sinto fluir.... Eu posso realmente me mover. Posso reconhecer que estou amedrontado... todos os tipos de sentimentos que tenho, mas nunca me imobilizo.

Ele continua:

> (Bem) é assim, eu pego o telefone e *ajo*. Como ontem, peguei o telefone e agi. Mas por três meses antes disso fiquei enrolando, e isso me parece louco.

Aqui temos o primeiro estágio do episódio de contato em que a *necessidade* emerge, precedida por algumas trocas pessoais, de conversa, informativas que ajudaram, não estratégica, mas naturalmente, a lubrificar a experiência de contato entre nós dois. A afirmação específica de Bernard sobre a necessidade inclui aprender a produzir não só quando a urgência apaga o senso de escolha, mas também quando ele é um agente livre e pode operar sem pressão. Nessa etapa do episódio de contato estamos prontos para passar ao segundo estágio, que é encontrar maneiras de *representar a necessidade*. Minha fantasia era de que Bernard precisava ser pressionado contra uma parede antes de produzir algo. Minha especulação seguinte foi de que ele não *confia* em ninguém para ficar por trás dele ou para sustentá-lo — assim ele opera melhor quando suas costas estão contra a parede. Senti essas especulações com força suficiente para representar a necessidade mediante uma metáfora, como um meio de colocar Bernard num cenário em que seu relacionamento com a parede por trás dele pudesse se manifestar. Primeiro, tentei trazê-lo para a consciência de como ele experimentava o espaço atrás de si, supondo que ao ficar com esta experiência Bernard poderia contatar o espaço vazio em vez de meramente preenchê-lo com projeções sobre as pressões que o confrontam. Em resposta a isso, fantasiou que o espaço atrás dele era côncavo e ele podia lançar-se como se estivesse numa grande cadeira de balanço. Para ele, isso trouxe uma sensação semelhante à de um útero, e ele ficou constrangido com o pensamento de que um homem de sua idade (pouco mais de trinta) pudesse querer algo assim. Então sua *luta interior* (estágio 3) começou a se formar, rejeitando sua passividade e infantilidade inaceitáveis, normalmente perturbadoras, e ao mesmo tempo provocando a crise em que ele poderia ficar de pé (como um homem) e agir. Bernard disse:

> Bernard: Sim, essa é a sensação, simplesmente esse absurdo. Eu não deveria querer isso. (Longa pausa) Bem, a outra fantasia que tive é, numa crise eu fico em pé ereto e não existe a necessidade de fazer algo deste tipo. E eu me sinto... inteiro. Ereto, inteiro, e capaz de agir.

Aqui ele reafirma sua necessidade, só que dessa vez sua luta polarizada é evidente. Uma das forças opostas dentro dele diz: "Eu não deveria querer isso", e ele está também constrangido, hesitante, com os ombros arqueados e imobilizado. Seu outro lado se opõe a isso, procurando pela crise de modo que possa se sentir "Ereto, inteiro... e capaz de agir". Bernard precisa descobrir que mesmo essa parte de si mesmo

185

que ele desdenha como absurda pode ter suas próprias possibilidades produtivas. Sua fantasia de um retiro semelhante ao útero é suficientemente constrangedora para bloquear o contato com o espaço atrás dele. Mas ele precisa se mover além desse constrangimento. Com isso em mente, pedi novamente a Bernard para imaginar o espaço e a parede atrás dele.

Bernard: A sensação é boa, mas não muito segura porque não estou certo do que existe ali atrás. E parece frouxo, e assim algo poderia atravessá-lo... uau!

Terapeuta: Isso lhe traz ansiedade?

B: Não o modo como ela é, mas o modo como a concebo, isso me provoca ansiedade... me sinto um pouco ansioso.

T: O que poderia atravessar? Veja se você consegue imaginar isso.

B: Uma fantasia de duas mãos atravessando e pegando meus ombros, me puxando para trás. Mas como mãos realmente separadas do corpo simplesmente atravessando ou saindo da parede. Elas são mãos muito fortes, muito grandes, meio nodosas... e peludas... e elas simplesmente ficam assim suspensas (faz o gesto).

T: Como você se sente com relação a elas ficarem assim suspensas?

B: Assustado. O que acabei de pensar disso, o que acabei de fantasiar foi que elas começavam a me acariciar. Elas me acariciaram e depois pegaram minha cabeça, como se eu começasse a me sentir descendo assim... e elas pegaram minha cabeça e meio que me levantaram assim, me agarraram.

A luta mobilizada aumenta. A resistência assume a forma de um contato perigoso projetado como corporificado na imagem ameaçadora de duas mãos. Essa projeção aumenta a energia para o movimento da luta na direção do impasse e para a conseqüente resolução culminante. Ansiedade é excitação constrita,[1] e assim podemos esperar que a pressão que resulta de qualquer tipo de constrição irá servir aqui como uma força de propulsão, que busca expressar-se. O diálogo continua:

---

1. Perls, F. S., Hefferline, Ralph e Goodman, Paul. *Gestalt therapy*. Nova York: Julian Press, Inc., 1951.

T: O que elas estão tentando fazer?

B: Elas continuam evitando que minha cabeça caia. E parece que se elas me soltarem eu deixaria minha cabeça cair.

T: Você está satisfeito por não deixar sua cabeça cair, ou você gostaria disto?

B: Parece que deixar minha cabeça cair seria involuntário, que eu realmente não quero fazer isto, mas que o faria de qualquer modo.

T: Apesar de si mesmo e das mãos.

B: É como se eu não puder manter minha cabeça ereta, então as mãos farão isto, e se elas não puderem, nada poderá ajudar. (Pausa muito longa)

T: Isto faz com que você pare, espantado.

B: Acabei de ter uma rápida visão de um monte de pessoas que me dizem para fazer ou para não fazer coisas, e parecia como se fossem as mãos delas (isso foi dito bem rápida e apressadamente). As palavras que me vieram foram "será que eu sou realmente tão fraco?". Algumas vezes me sinto assim, especialmente nas coisas do cotidiano, no que se refere a fazer as coisas.

T: Fale mais sobre quando você se sente assim.

B: Quando sei que deveria fazer algo, quando eu deveria estar fazendo um relatório ou escrevendo meu ensaio, realmente fico hesitante. Quando existe uma expectativa externa, então eu o faço, você sabe, algum tipo de coisa externa. O que é louco porque fico me colocando em posições em que recebo esse tipo de coisa... a expectativa externa, e então eu sinto que não quero continuar com isso ou que não posso continuar com isso ou sinto as duas coisas.

Aqui temos uma clara *afirmação do tema* (estágio 4) de seu dilema. Para conseguir se mexer, Bernard cria uma situação em que ele receberá pressão vinda de uma fonte externa. Seu ressentimento da exigência externa, contudo, faz com que ele resista — caindo psicologicamente — ao que ele mesmo provocou. Ele precisa ser capaz de escrever seus relatórios e seus ensaios, de fazer seu trabalho sem uma pressão externa imediata e clara para compensar sua incerteza quanto a suas próprias direções. Minha especulação é que Bernard tem de ser capaz de fazer contato com suporte-sem-exigência e permitir que sua ativação aumente. Essa excitação precisa estar disponível para ele,

187

mesmo quando ele não está sob a pressão severa que suprime seu senso de liberdade de escolha. O problema para ele é ser capaz de criar a partir de um senso de propulsão interior, dentro do quadro de referência de suporte e expectativa, mas sem sentir-se empurrado. Continuamos estabelecendo um diálogo entre as polaridades:

T: Então deixe seu eu hesitante falar com as mãos.

B: Para que você continua me empurrando, me empurrando? Eu simplesmente quero me deitar, por que você não me deixa em paz?

T: O que as mãos dizem?

B: Fique em pé! Levante-se! Pare de falar bobagem! Cresça! Assuma a responsabilidade. Seja homem. Não dê uma de esperto.

T: Como seu eu hesitante se sente agora?

B: Você ainda não foi embora? Suma! Me deixe em paz! Estou cansado de você! Você é um tolo! (Suspiro profundo e pausa longa) Simplesmente... você não vale nada.

T: O que as mãos fazem agora?

B: Controle-se, pelo amor de Deus, você está falando como uma criança! (Muito mais alto e sem pronunciar bem as palavras) Não sei o que vou fazer com você! Você é um lixo! Você está desperdiçando sua vida, desperdiçando seu tempo!

Nesse momento Bernard atinge o *impasse* (estágio 5). Seu senso de hesitação obteve poder suficiente para confrontar seu senso de exigência urgente, e o resultado é um empate; ele fica hesitante quando as mãos o acariciam, transformando assim a própria carícia num apoio para a sua hesitação. Finalmente, as mãos sustentadoras se voltam para a acusação e a exigência. Isso resulta em sua resistência diante do apoio *ou* da exigência.

Esse impasse poderia ser resolvido de muitos modos diferentes. O ponto básico em todos eles seria estabelecer uma emergência segura por meio de um experimento ou de um confronto, em que um rearranjo dos ingredientes familiares impeliria Bernard a superar antigas contradições. Nesse instante optei por me colocar atrás dele, em pé ali para que ele pudesse *me* sentir no espaço vazio e ser ativado por um senso de contato real em vez de mediante suas projeções costumeiras:

T: (Em pé atrás dele) O que você está sentindo?

B: Humm, primeiro fiquei imaginando o que você ia fazer e então ouvi um barulho e fiquei imaginando o que você estava fazendo. Então comecei a olhar à minha volta e percebi que o barulho era fora da sala. Eu me senti ao mesmo tempo relaxado e mais pressionado a fazer algo. (Pausa muito longa enquanto o terapeuta fica em pé atrás dele e segura suavemente seu pescoço) Sinto uma vontade de me curvar e ser um bebê.

T: Então permita-se fazer isso.

B: (Murmurando) Você está brincando. Não, isso realmente me assusta. Ohhh! (grande suspiro) Eu tive um *flash* de... como ser um bebê é colocar o polegar na boca e chorar, e então percebi que isso é tudo o que ser um bebê significa para mim... isso é tudo.

T: Bem, experimente colocar seu polegar na boca e ver como é isso.

B: (Faz isso. Riso curto) Parece... Realmente senti a tensão indo embora de meu corpo. Eu me senti relaxado (Pausa muito longa) Uau! Quando coloquei meu polegar na boca, senti que não precisava chorar. Minha fantasia era que eu faria as duas coisas, mas quando o fiz, era como se colocar meu polegar na boca me impedisse de chorar... não me impediu, não senti nenhuma necessidade de chorar.

Aqui está a primeira transformação; Bernard afrouxa o impasse ao descobrir que o comportamento proibido traz satisfações inesperadas. Isso o libera para experimentar o apoio sem a exigência e o prepara para ir na direção de sua própria experiência culminante:

T: Qual é a sensação que você tem quanto a eu estar aqui atrás?

B: Parece *realmente* bom! Eu me sinto muito aquecido e apoiado neste momento. De algum modo não me sinto preocupado com o que digo.

T: Bem, simplesmente deixe que seus pensamentos fluam e veja o que surge para você.

B: Eu tenho um tipo de conexão estranha com as palavras. Quase como quando escrevo um poema, não estou realmente certo do que irá surgir e assim me sinto descontrolado. Palavras, uh...

O tempo é justo e não tem
Nenhum conceito de intimidade.
Existe um doce encantamento que diz,
Manhã certa, noite escura
(murmúrios) Manhã certa, noite escura
Em algum lugar os pardais cantam
    Até
A tempestade ainda está por vir.
E nunca antes num doce mistério, talvez
    nunca de novo
Os rios possam fluir do sul para o norte.
Para que os velhos sonhem sonhos, cantem canções e dancem.
Além de horizontes que a juventude nunca pode tocar
Existe um riacho que corre rápido,
Profundo nas qualidades da escuridão e elevado nas
    qualidades do céu azul.
Só os velhos — só os velhos chefes
Que sabem que às vezes a mágica não funciona
Sabem que
O tempo é a conseqüência do justo
Daquilo que, estrangeiro eu sonhei.
Este amanhã é *agora* em rios de sangue
Que correm pelo meu corpo.

A *experiência culminante* (estágio 6) tinha acontecido: com grande absorção, até mesmo assombro, Bernard tinha produzido algo vindo da urgência interior em vez da exigência projetada. Ele experimentara o apoio de outra pessoa sem ficar hesitante, mantendo sua própria liberdade expressiva e seu estilo. A seguir vem a *iluminação* (estágio 7):

T: Você pode sentir os rios de sangue?

B: Sim. Em meu pescoço e em meus braços. (Pausa longa) Neste momento eu sinto como... como se eu pudesse estar no olho de um furacão, onde tudo está calmo, e tudo estivesse bem. Você poderia ver tudo rodando em volta, e eu ainda poderia me mover. É isso que acontece comigo. Eu... gosto do cotidiano. Não que isso pareça tão tedioso e cotidiano. Parece tão caótico, e então *eu me* sinto caótico e de um modo ou de outro não consigo lidar com o caos. Mas quando me sinto calmo assim, sinto que posso lidar com o caos, que está tudo bem se as coisas forem caóticas. Eu não preciso controlar, posso simplesmente lidar com isso... Agora eu queria ter papel e caneta. Se eu pudesse ver o que foi que eu disse (silêncio muito longo). Simplesmente me sinto totalmente solto agora... paz. Muito consciente de meus sentidos. A sala parece muito mais leve. Algumas coisas, como este quadro e aquele sofá e as almofadas, parece que eu estou realmente vendo... eu posso realmente ver as cores, você sabe, pela primeira vez, elas não parecem monótonas. Agora elas parecem muito coloridas. É agradável.

Com o *reconhecimento*, "É agradável" (estágio 8), Bernard está livre para ir adiante; o episódio de contato está completo.

Representatividade

Muitas pessoas expressaram a preocupação sobre o que a psicoterapia tem a ver com a vida da pessoa *fora* da terapia, se é que tem algo a ver. Essa controvérsia é um poço sem fundo. Boas experiências crescem além de seus próprios breves momentos de existência tão certamente quanto um momento se move para o seguinte. Acreditamos nisso. Os episódios de contato individuais representam os estilos de contato fora da própria experiência da terapia, e eles exercem uma influência além das horas passadas no consultório do terapeuta.

Todas as experiências podem ser vistas como tendo um poder alegórico, isto é, o poder de condensar em pequenas unidades os eventos que acontecem no decorrer de períodos de tempo. A experiência da terapia é especialmente dotada desse poder por causa de sua intensidade e em virtude da intenção explícita de que a significância da experiência irá estender-se para a vida cotidiana. Além desse poder, entretanto, existem três vertentes principais que favorecem a representatividade do contato terapêutico: 1) o ensino de habilidades que possam ser usadas na vida cotidiana; 2) a função de ativação; e 3) o desenvolvimento de um novo senso de *self*.

Ensino de habilidades — geralmente, as habilidades são ensinadas, como no caso de andar de bicicleta — com um objetivo claro em mente e um conhecimento bem explícito quanto aos passos intermediários envolvidos na aprendizagem da habilidade-fim. Não é assim na psicoterapia, em que o ensino — apesar de ser às vezes abertamente instrutivo, como ao se ensinar alguém a tirar os outros de suas costas — é sobretudo bastante sutil, e as habilidades muitas vezes não são fáceis de identificar. As habilidades podem incluir usar uma linguagem mais expressiva, manter os olhos abertos, soltar-se ao dançar, permitir uma onda de sensação no clitóris, fazer perguntas proibidas ou perturbadoras, convidar uma garota para sair ou se afastar de ambientes nocivos.

É bem conhecido o poder do terapeuta ou do grupo para dar apoio e incentivo a fim de que a pessoa experimente novos comportamentos. Ele age mesmo que não tenha sido dada nenhuma instrução específica. Muitos pacientes cujas fantasias sexuais são ouvidas e aceitas e que seguem adiante e experienciam novas sensações sexuais nunca mais terão medo da sexualidade *no mesmo nível*. Muitas pessoas silenciosas que exploram sua loquacidade na terapia terão maior probabilidade de buscar novos modos de falar fora da terapia. Depois de ser amado pelo terapeuta ou pelo grupo, é difícil voltar ou se acostumar com os antigos níveis de isolamento ou timidez.

Uma esposa reclamava o tempo todo com seu marido porque ele saía muito de casa. Segundo ele, o modo pelo qual ela estava reclamando aqui em meu consultório fora o que o havia afastado de casa. Perguntei-lhe o que ela poderia fazer que fosse mais interessante. Ela hesitou e se interrompeu por alguns momentos, e depois permitiu-se explorar como seria se ela fosse brincalhona com ele e pudesse trazê-lo mais para perto. Assim, ela sorriu para ele e falou suavemente sobre o que gostava nele, e relembrou as coisas que eles tinham desfrutado juntos. Ela era convidativa, e sua voz era íntima e quente. Ele ficou deliciado, e ela descobriu que tinha a *habilidade* de trazê-lo para perto e não precisava recorrer a reclamações. Outra paciente, uma mulher que experienciava a maioria dos problemas em sua vida como se houvesse apenas dois pontos opostos de resolução, teve de aprender a considerar alternativas. Sua criação puritana e conservadora ensinara-lhe a considerar sua experiência em contrastes agudos de preto ou branco, bom ou mau, certo ou errado, e não havia dúvida quanto ao que ela deveria escolher. Na terapia, ela aprendeu a considerar o outro lado de si mesma e encontrou em si um humor e uma originalidade travessos que poderiam levá-la a encontrar respostas novas para seus próprios problemas, como vender pessoalmente todos os móveis da casa porque estava cansada deles! Isso é uma habilidade.

Esses exemplos são comuns. Uma vez que uma habilidade seja aprendida, ela pode ser usada; ou, ao contrário, uma vez que uma habilidade seja usada, ela pode ser aprendida. Quando a pessoa aprende a nadar num lago seguro, também pode nadar em outros lugares. Quando uma mulher aprende, na terapia, que pode seduzir seu marido em vez de importuná-lo, ou quando um homem aprende que ele pode falar de forma vigorosa em vez de tímida, eles por certo experimentarão usar essas habilidades em outras situações.

Muitas das habilidades aprendidas em terapia são produtos colaterais do processo de abertura ou afrouxamento. Conforme a perspectiva comportamental do indivíduo — ou "fundo" — se expande, ele se torna mais receptivo a novas atividades e a novos sentimentos. Por exemplo, quando uma pessoa sente sua sexualidade nascente na atmosfera animadora e permissiva da terapia, ela é orientada a experienciar novos comportamentos sexuais. O conseqüente desenvolvimento de sua habilidade sexual não depende de instruções diretas, mas cresce a partir de suas próprias atividades, pelas quais ela descobre como fazer aquilo que anteriormente estava fora de suas próprias fronteiras. Uma habilidade não pode ser bem aprendida até ser exercitada. Ao exercitá-la, o indivíduo abaixa seu limiar de risco. Na verdade, toda a cena terapêutica tem o objetivo de alterar os limiares de risco, ao fazer com que a pessoa experiencie numa situação relativamente segura aquilo que era proibitivamente assustador no mundo externo. Depois que a nova habilidade foi experimentada, a questão não é mais se o indivíduo *pode* se envolver em tal comportamento. Em vez disso, ela passa a ser se ele *escolhe* fazê-lo e sob quais circunstâncias. Entretanto, esta não é uma proposição tudo-ou-nada. A terapia lida com o estabelecimento de novos limiares para a experiência, e não apenas com a alteração total do comportamento. Portanto, o indivíduo pode se tornar menos facilmente constrangido, desanimado ou intimidado, ou, se isso acontecer, ele pode não ser tão enfraquecido por esses sentimentos. Além do mais, mesmo que ele fique enfraquecido, poderá se recuperar melhor desse revés.

É claro que a aprendizagem incidental de habilidades, pelo processo natural de interações e sem a intenção de se ensinar uma habilidade específica, é inevitável. Mas em muitos casos *existe* uma intenção clara de ensinar habilidades específicas, incluindo como usar a linguagem, como andar, como ver, como respirar etc. Quando alguém aprende pela prática a falar de modo penetrante, a sustentar suas próprias afirmações, a mexer sua pelve, a abrir seus olhos e ver seu ambiente, a dizer a verdade sobre si mesmo ou sobre o que ele observa, até mesmo a planejar um currículo universitário etc., ele está *aprendendo habilidades*. O terapeuta não precisa relutar em *ensinar* algo a alguém: ensinar não significa inexoravelmente colocar algo na pessoa que não seja dela, nem deve significar tirar da pessoa a oportunidade de aprender algo por si mesma, nem ignorar o fato de que a vida é mais do que uma habilidade específica.

Suponha que o terapeuta diga a um de seus pacientes: "Experimente mover sua pelve deste modo", e ele experimente e diga: "Isso parece feminino", e o terapeuta diga: "Sim, feminino, mas qual é a sua sensação?", e ele diga: "Parece mais suave andar assim" e ele termine andando de um modo mais livre e fácil sem se preocupar com a feminilidade. Não é nenhuma safadeza. Ambos estariam seriamente limitados se o paciente tivesse que descobrir isso sem nenhuma instrução ou esclarecimento do terapeuta. Que bem o terapeuta teria feito a ele? É claro que ao ensinar alguém existe um risco de que o paciente apenas siga as instruções. Mas muito poucas coisas são realizadas sem que haja riscos, e esse risco parece valer a pena. Na verdade, não há como evitá-lo, por mais zelosamente que se proteja a sacralidade da iniciativa e da descoberta individual. De qualquer modo, o paciente muitas vezes irá imitar o terapeuta ou tentará seguir instruções "implícitas". Assim, se o terapeuta tem uma habilidade para ensinar alguém, não é suficiente esperar piamente que algum dia a pessoa vá descobrir isso por si mesma. Muitas habilidades podem ser ensinadas diretamente sem sabotar a integridade de quem aprende. Se o professor de natação me diz que continuo engolindo água porque estou batendo as pernas baixo demais, experimento bater mais alto e descubro que fica mais fácil. Ainda tenho de praticar isso para fazer com que funcione para mim, mas fico grato por não ter de descobrir tudo sozinho. Eu poderia nunca perceber isso, ou demorar muito para fazê-lo, e este tempo pode ser mais bem empregado no próximo passo de aprendizagem. Desse mesmo modo, se o terapeuta diz a uma pessoa, cuja voz não se projeta bem, para respirar um pouco mais fundo e para falar quando ainda tiver ar, essa pessoa não está sendo privada de um funcionamento independente. Na verdade, podemos argumentar que está recebendo uma referência firme para exercitar sua função individual mediante essa instrução simples.

Ativação — os bons terapeutas, independentemente de qual seja sua base teórica, são pessoas animadas. A fala e as ações deles são incisivas e estimulantes. Após estar com eles, nos sentimos renovados e inclinados a novos desenvolvimentos muito depois do contato original ter sido feito. Essa ativação é um ingrediente natural da experiência de contato. O talento do terapeuta para fazer contato é seu instrumento básico para ativar a outra pessoa a fim de que ela use suas próprias energias e se anime a realizar mudanças. A ativação leva por si mesma — talvez até evoque — a novas oportunidades de resolução. Além disso, cada resolução por si mesma tem um novo potencial de ativação.

O terapeuta não deixa que os cachorros adormecidos continuem deitados, a menos que ele avalie que seus apetites, quando despertados, possam ser tão vorazes que se mostrem não administráveis. O paciente, depois de ter experimentado o sabor, ter provado um pedaço e ter se tornado um participante na sua criação, terá menor probabilidade de se acomodar com uma conversa monótona e rotineira, segura mas insatisfatória. Ele está ativado para recriar em outras situações aquilo que já experienciou na companhia do terapeuta ou do grupo. Pode também começar a experimentar a si mesmo como capaz de estimular outras pessoas. Ele não só será mais capaz de responder a uma situação estimuladora, mas pode até aprender como fazer com que isso aconteça quando for necessário.

A dificuldade em tentar fazer as coisas acontecerem é que as circunstâncias fora da terapia são bem diferentes e as frustrações são inevitáveis. Mas a ativação começa um novo processo, que em geral resulta em novos valores e em novos comportamentos, e algumas vezes provocam mudanças em chefes, maridos ou esposas, e colegas de trabalho. As conseqüências de disritmia, ansiedade, caos e conflito fazem parte de uma perturbação que pode nos levar a questionar se tudo isso vale a pena. Chefes e colegas de trabalho não entendem ou não podem ser incomodados. Maridos e esposas são atormentados e

195

distraídos. Entretanto, a mudança só irá ocorrer segundo os riscos inerentes a tais ativações. Não que essa agitação seja indispensável para a mudança, mas o risco de que ela aconteça é indispensável! Uma das experiências mais ativadoras na vida é se apaixonar. Isso acontece com alguma freqüência entre paciente e terapeuta ou entre membros do grupo. Nesse amor existe a fagulha da mobilização que se estende para além da própria terapia. Uma jovem de 21 anos, totalmente isolada dos homens, me contou um sonho em que ela fazia amor comigo, e depois declarou que gostaria realmente de fazer amor comigo. Seus desejos, fortes e surpreendentes, e expressos de um modo direto e ingênuo, me aqueceram. Embora eu não estivesse disposto a fazer amor com ela, disse-lhe como a achava profundamente atraente. Ela podia ver como sua abertura havia me comovido de forma profunda. Desde então, os homens se tornaram parte da vida dela. Sua disposição para ativar e ser ativada era como se ela tivesse aprendido uma linguagem, que anteriormente lhe era estranha.

O amor não é a única força ativadora. A frustração é outra fonte comum de ativação. Mencionamos que Perls descrevia muito de seu próprio trabalho como baseado na frustração criativa. Sua intenção era frustrar o paciente em seu movimento na direção de qualquer objetivo que *dependesse* da cooperação de Perls. Impelido pela mobilização que se desenvolvia a partir dessa frustração, o indivíduo iria romper sua própria paralisia e se tornar suficientemente ativado para obter satisfação por seus *próprios* esforços.

O humor é outro elemento ativador que participa do episódio de contato, tanto na terapia quanto fora dela. A disposição para brincar, a piada no momento certo, mexer com a outra pessoa, rir das incongruências, tudo isso faz parte de unir-se a outra pessoa, não só quando ela está perturbada, mas também na expansividade que o humor inevitavelmente evoca. A hilaridade é comum em grupos de gestalt. Algumas vezes isso é escapista, é verdade, mas com freqüência é parte do espírito de estar juntos em acontecimentos estimulantes que abrem as pessoas. Por exemplo, em um grupo Barbara tinha descrito como ela era inundada por discussões familiares e sua incapacidade de discordar de seu marido quando tantas outras coisas estavam acontecendo. Representamos uma situação descrita por Barbara na qual ela estava dirigindo um carro cheio de crianças — e o cachorro da família — para terem aulas de patinação. Seu marido

196

decidiu assumir uma posição com uma das crianças mais novas que sempre estava atrasada, ou perdia algo, ou se atrapalhava com alguma coisa. Alinhamos as cadeiras na forma de uma van, escalamos membros do grupo como as crianças e o cachorro — a colocamos atrás do volante, e uma pessoa representou o marido que decidiu que Barbara devia esperar até que a criança atrasada estivesse disponível. A cena era hilariante — o cachorro latia animadamente, e as crianças discutiam em tom de voz bem alto sobre onde cada um iria sentar. Uma barulhenta comédia familiar estava acontecendo. Passando pela exuberância do humor, nossa atriz principal descobriu que certamente ela podia gritar acima de todo esse barulho e dizer ao marido o que desejava, ir embora sem a criança atrasada.

O toque é ativador. Histórias dramáticas são ativadoras. Novos movimentos físicos são ativadores. O reconhecimento é ativador. A boa respiração é ativadora. A liderança é ativadora. Um rugido é ativador. Revelar um segredo é ativador. O catálogo de experiências ativadoras é ilimitado.

Novo sentido de self — as pessoas percebem-se notoriamente enevoadas, até mesmo distorcidas, no modo em que vêem a si mesmas. Elas ouvem suas vozes gravadas, ou vêem filmes de si mesmas, e ficam incrédulas. Carl Rogers[2] acredita que um indivíduo constrói uma auto-imagem a partir da informação que recebe dos outros sobre si mesmo. Essas imagens podem ser desde adulteradas até precisas. Seu senso de eu também inclui as atitudes estereotipadas de sua sociedade, família e seus amigos. Assim, um homem pode acreditar que para ser um bom pai ele precisa ser rigoroso, mas *ele* pode ser essencialmente uma pessoa amigável. Ou pode pensar que ser masculino exige que tenha uma voz alta e assertiva, quando é, na verdade, uma pessoa de fala mansa e tranqüila. A oportunidade de receber novas informações ou respostas não estereotipadas, como acontece na terapia, o abre para novas visões de sua própria natureza e para novas visões sobre as implicações de seu caráter.

---

2. Rogers, Carl. "A theory of personality". In: Millon, T. (ed.). *Theories of psychopathology*. Filadélfia: W. B. Saunders, 1967.

As próprias descobertas da pessoa sobre si mesma, despertadas por novos comportamentos e por habilidades recém-aprendidas, são ainda mais importantes para as mudanças na auto-imagem do que as reações das outras pessoas. Por exemplo, o indivíduo que descobre num grupo que ele responde compassivamente à tristeza de outra pessoa — quando antes se considerava meramente brusco — está livre para agir mais sobre essa descoberta, para abraçar alguém que esteja chorando ou para dizer uma palavra afetuosa. A teoria da dissonância cognitiva[3] diz que o comportamento que não combina com uma atitude estabelecida exige a mudança. Essa mudança em geral assume a forma de uma alteração na atitude original para que esta combine mais com o comportamento atual. Do mesmo modo, quando uma pessoa se comporta de um modo diferente, ela também irá mudar sua atitude a respeito de si mesma.

Um homem na terapia mostrou-se como alguém muito doce. Ninguém o vê desse modo, inclusive ele mesmo, pois adotou a dureza como parte de seu papel de engenheiro que deseja ser bem-sucedido. Quando comentei que ele parecia um homem doce, seu rosto se avermelhou cheio de surpresa e de esperança, e ele ficou comovido quase até as lágrimas. Claramente, alguma nova informação foi acrescentada a seu senso de eu costumeiro.

A imagem que Naomi tinha de si mesma era que ela era intuitivamente sensível, mas muito ruim quando tentava descrever acuradamente algo. Assim, certo dia pedi-lhe que descrevesse um quadro de meu consultório. Ela amava esse quadro, e tinha muitas vezes respondido a suas cores mutáveis e brilhantes. Dessa vez, entretanto, foi orientada para descrevê-lo em termos factuais diretos que o tornassem imediatamente reconhecível para alguém que pudesse vê-lo pela primeira vez numa sala cheia de quadros. Conforme Naomi fazia isso, ficou consciente da natureza difícil dessa tarefa — ela estava apertando seus dentes, tensionando seu maxilar e arrancando as palavras. Reconheceu também como se sentia ressentida com os adultos em sua infância que lhe ensinaram que o modo adequado de responder às coisas era editar o prazer e reter apenas a pura descrição. Mas agora

---

3. Festinger, L. "Cognitive Dissonance". In: Coopesmith, S. (ed.). *Frontiers of psychological research*. São Francisco: W. H. Freeman, 1966.

Naomi descobrira outra coisa, que ela *podia* fazer a descrição sem diminuir o amor que sentia pelo quadro. Quando terminou, disse com um ar de realização inflexível: "Qualquer pessoa que entrasse numa sala em que este quadro estivesse pendurado junto a outros poderia *reconhecê-lo!*".

Ted, um homem conservador com meio milhão de dólares em sua conta bancária, vivia frugalmente com o que ganhava como físico. Ele não apenas se abstinha de usar seu dinheiro, ele nem mesmo o experimentava como um fator real em sua vida. Quando Ted começou a compreender que o dinheiro estava realmente lá e era uma fonte de impulso para a ação, começou a se experimentar como uma pessoa obrigatoriamente independente e rica. Primeiro, decorou seu apartamento como de fato desejava e — ainda mais importante — ficou ávido para criar um novo modo de vida.

Em resumo, o ensino de novas habilidades, o poder de ativar e a mudança no próprio senso de *self* se fundem para transformar a experiência da terapia num estímulo para encontrar uma nova vida distante do terapeuta ou do grupo. A transição é repleta de ciladas porque na vida cotidiana não existem as proteções e as simplificações da terapia. As mudanças também não podem ser moldadas de modo imutável no ambiente terapêutico. Nas primeiras vezes em que a nova aprendizagem for traduzida em ação na situação sem garantias fora da terapia, o comportamento pode não se encaixar no estilo pessoal do indivíduo, ou ele pode provocar conseqüências não previstas, ou pode ser percebido de modo equivocado e precisar de alguma amplificação ou de outra resposta. Bem, obviamente, conforme o indivíduo fica mais confiante, ele também irá se tornar mais flexível em seu comportamento. Ele conseguirá rever ou improvisar novas variações conforme necessário para a cena em mudança. Assim, aquilo que ele aprende no ambiente da terapia funciona principalmente como uma prática para a inventividade exigida pela vida. Como acontece na aprendizagem de remar uma canoa — até que se tenha tido a experiência de remar, a pessoa não sabe a que profundidade fazê-lo, qual a velocidade possível, como fazer uma volta com a canoa sem virá-la —, o indivíduo que está aprendendo novos modos de permanecer flutuando em sua sociedade nem sempre sabe qual o efeito que suas ações terão. Com a expansão de sua experiência, ele fica mais sensível às necessidades da nova aprendizagem. Com o suporte constante para o crescimento, os erros podem ser assimilados, a necessidade dos antigos apoios autodestrutivos ou incapacitantes diminui, e as oportunidades para experimentar novos métodos se unem para consolidar as novas experiências e transmutá-las numa nova realidade.

Recorrência

Se a assimilação de novas imagens e comportamentos soa como uma luta, pois é complicado integrar na vida cotidiana os desenvolvimentos terapêuticos — *é assim mesmo*. Não deveríamos nos surpreender com o fato de os temas que requerem resolução se repetirem muitas vezes. Embora alguns temas se repitam muitas e muitas vezes durante a vida de um indivíduo, outros temas podem ser vivenciados durante um período específico, e nunca mais se repitirem. O impasse, o ponto em que a necessidade de mudança encontra uma força que resiste à mudança com igual poder, é confrontado repetidamente até que, passo a passo, o indivíduo empurre suas próprias fronteiras do eu para incluir o que anteriormente era inassimilável. A recorrência de temas representa a exploração gradativa do território psicologicamente desconhecido.

Uma paciente passou os primeiros meses de sua terapia exigindo ser tratada "como uma dama". Depois de ela esclarecer o que era "ser uma dama" e quais suas implicações, nunca mais se incomodou com isso, mais ou menos como um adulto que não deseja mais brincar com um ioiô.

Outra pessoa ficava repetidamente preocupada com sua atividade homossexual esporádica e seus medos sobre o que isso implicava a respeito de seu valor como pessoa. Esse tema foi trabalhado mediante diversas fantasias, relatos de suas experiências, dramatizações de cenas relevantes, confrontações repetidas com o terapeuta. Ele então descobriu sua própria potência com as mulheres, exercitou-a, casou-se, e logo depois não mencionou mais nenhuma palavra sobre homossexualidade em suas sessões de terapia. Ele não *decidiu* não falar mais sobre isso. Simplesmente isso não lhe interessava mais. Agora começou a explorar a ansiedade a respeito de seu desenvolvimento profissional e sua capacidade de ganhar dinheiro, do qual ele precisava mais urgentemente do que antes. Sua facilidade para fazer afirmações profissionais claras, sua disposição a se arriscar a ser tolo e sua inventividade se tornaram os pontos focais de seus esforços terapêuticos. Sua ansiedade ainda era um fator importante em sua vida — embora não mais tão impulsionadora quanto antes —, mas agora se centrava em novas preocupações.

Poderíamos questionar: o que há de bom em resolver os problemas homossexuais só para encarar os fardos de ser heterossexual? O benefício é grande porque no próprio ato de mudar seus problemas você está se libertando da característica neurótica básica do impasse. Qualquer pessoa que prometa que a vida pode ser vivida sem problemas está anunciando as roupas novas do imperador. Uma mudança de problemas de modo que eles reflitam a vida atual não deve ser desprezada. Um dos aspectos dolorosos da neurose é o fato de ela ser tão monótona. É verdade que ataques de pânico e ansiedade raramente podem ser chamados de monótonos. Entretanto, a qualidade invariável de grande parte da existência neurótica consiste na resistência quanto a encontrar os aspectos não costumeiros de uma situação, e, em vez disso, se insiste em reduzi-la ao mesmo velho tema. Além disso, no processo de passar para novos temas, a pessoa também descobre como lidar com os problemas em geral, incluindo a tolerância à ansiedade, a confusão, o processo, o clímax, e especialmente a fé de que, com o contato, o problema se submeterá aos movimentos do indivíduo. Conforme os temas reaparecem e são resolvidos, sua resolução parece mais confiável.

Finalmente, mesmo quando os temas se repetem durante toda a vida, as resoluções podem se transformar num estilo de vida ricamente detalhado em vez de tão-só cópias repetitivas. Um homem pode passar a vida criando moda feminina por causa de necessidades poderosas de fazer com que as mulheres tenham uma aparência melhor do que ele naturalmente pensa que elas têm. Ou pode se tornar um terapeuta por causa de uma necessidade inacabada de fazer sua mãe sentir-se melhor, bem como um músico pode desejar expressar o inefável sem ter de usar palavras. Certamente, essas necessidades de ação envolvem, no melhor dos casos, o crescimento na inventividade, mesmo quando se lida com temas familiares. Se a amplitude de resoluções inovadoras é suficientemente grande, esses temas podem ser motivos produtivos por toda a vida.

Outras influências nos episódios de contato

Existem três fatores adicionais que podem ser tanto interferências quanto atrativos no desenvolvimento dos episódios de contato: amor, ódio e loucura. Eles interferem porque temos medo deles quando ameaçam ir além de nossos limites de tolerância costumeiros. São atraentes por causa do poder de serem levados para qualquer direção em que nossas forças internas possam mover-se. São experiências tão grandiosas que, sob diversos disfarces, eles permeiam muitos episódios de contato. Assim, uma pessoa pode aprender uma habilidade específica relacionada com amar ou ser amada, ela pode experienciar a energia ativadora de amar ou ser amada, e seu senso de eu pode ser materialmente alterado por descobrir-se uma pessoa capaz de amar ou digna de ser amada.

Amor — o raio de ação do amor inclui desde formas suaves da amizade e da aceitação, até a sedução, a radiância, o jogo sexual, a devoção e o estado viciado de *estar apaixonado*. Se não fosse pelas características viciantes do amor, grande parte do risco envolvido no amor desapareceria — dentro e fora da terapia. Na terapia — em que o amor é virtualmente inevitável — pode-se aprender a distinguir entre amor e dependência, amor e obsessão, e talvez até mesmo amor e sexualidade. Os fundamentos do processo de elaboração exigem que o indivíduo aceite suas sensações como suas, expanda seu próprio fluxo pessoal, e reconheça que essas sensações podem ser satisfeitas de tantas formas quanto sua engenhosidade permitir. Quando, sob as condições favoráveis do relacionamento de terapia, o indivíduo transcende suas barreiras habituais ao amor, ele descobre como experienciar livremente a qualidade de amar, sem ardis, estratégia ou estereótipo. Depois de expandir-se além das meras convenções do amor, ele se torna mais sensível ao obter as satisfações existentes no relacionamento da terapia, apesar de seus limites habituais. Além disso, quando essas mesmas sensações emergem em outros locais — desde que não se prendam a alguma forma pré-designada de amor —, as chances de satisfações serão maiores. Com essa liberdade para aceitar a experiência sem exigências estereotipadas, as características viciantes do amor não são tão ameaçadoras, e o sucesso não está reduzido a um desejo focalizado numa única pessoa.

Por exemplo, o amor pelo terapeuta pode inspirar a pessoa a desejar fazer amor com ele. Provavelmente ela não o fará, mas mesmo assim está aberta a muitas interações que fazem com que o relacionamento seja empolgante e significativo. O paciente, embora se beneficie disso, ainda precisa de alguém com quem fazer amor. Depois que essa necessidade de amor vem à superfície, o paciente fica mobilizado a obter nos outros relacionamentos aquilo de que precisa. Isso não é meramente um deslocamento do desejo sexual do terapeuta para outra pessoa — uma experiência "em vez de", baseada num senso de rejeição simples? Talvez, mas só quando a pessoa se agarra a seu ideal único e tenta realizá-lo de algum modo. O antídoto para o apego é a descoberta do polimorfismo, a descoberta de que cada experiência é válida por si mesma e não tão-só um substituto para alguma outra experiência. Quando há uma boa forma, a pessoa não é apenas prisioneira de suas sensações. As sensações são apenas guias para seu próprio desaparecimento. As sensações *querem* desaparecer — elas não apostam em sua própria imortalidade. As sensações tendem a ir até o fim nas direções estabelecidas para elas. Então, elas desaparecem, apenas para serem substituídas por outras sensações igualmente humildes e dispensáveis. Só o sentimentalismo, baseado no medo incipiente da interrupção prematura, leva à necessidade do apego, leva ao senso de inviolabilidade e à necessidade de garantia com que se tenta preservar aquilo que é basicamente impermanente. Depende de nós, na terapia, ajudar na redescoberta da qualidade de revezamento da vida de um momento para o outro, de um ano para o outro. Quando uma unidade de experiência termina, outra começa, e é esse *processo* que constitui a imortalidade, e não criar um ídolo a partir de uma única experiência.

Bem, não queremos minimizar o dilema real produzido na terapia pela intensidade do sentimento. O senso de urgência pode ficar forte, o caminho da conclusão pode se tornar repleto de dificuldades, e a necessidade de apegar-se à esperança de um critério de conclusão específico e predefinido pode se tornar imperativa. Aprender que o amor não significa apego não é uma lição fácil, sobretudo quando o amor não é recompensado com as atenções familiares, muito anunciadas e estabelecidas em nossos códigos sociais.

Por exemplo, Ruth ficou furiosa e até mesmo desiludida por eu não tê-la visitado no hospital quando ela foi internada para uma pequena cirurgia. Ela havia experienciado meu afeto muitas vezes em nosso trabalho juntos e acreditava que o fato de eu não ter ido vê-la no hospital havia transformado aquele afeto numa fraude, uma mera técnica para tratar dela. Ruth teve de aprender que as respostas afetivas a seu humor, a sua tristeza, a seu fluxo de imagens sem dúvida haviam sido autênticas. Elas simplesmente não me levaram a visitá-la no hospital. Bem, esta pode ter sido uma base válida para sua raiva e desapontamento, mas não nega o afeto que eu de fato sentia por ela e a capacidade de atração que meu afeto havia feito com que Ruth apreciasse em si mesma. Entretanto, sua capacidade de atração não dependia meramente de minha confirmação segundo as exigências estereotipadas dela. É difícil reconhecer que o amor não confluente é válido e pode ser nutridor. Mesmo assim, a confrontação com as realidades do amor, em vez de simplesmente suas características costumeiras, faz com que os pacientes passem a apreciar o amor como ele é em vez de como *deveria* ser.

Isso soa como uma visão fria do amor, na qual nenhum dos parceiros sente responsabilidade por responder às expectativas que alguns contatos evocam? Não é assim. Existem algumas expectativas que são cruciais, e corretas, no nível de alguns relacionamentos. Mas, e isso também é crucial, essas expectativas não podem ser notas promissórias estereotipadas extraídas de contratos sociais anteriores. Elas são parte do processo de descoberta mútua e representam uma afirmação sensível de onde cada pessoa está em relação à outra. Assim, Ruth acabou por reconhecer que meu afeto por ela era genuíno, mas que ele não estava ligado a uma visita hospitalar.

Como teria sido tentador interpretar o comportamento de Ruth tal qual uma mera representação de sua tola repetição de situações inacabadas com seu pai que lhe dava pouca atenção. O calor do relacionamento de amor real pode ser muito forte. Breuer descobriu isso há muito tempo quando teve de abandonar a psicanálise em razão disso. Freud mostrou-se mais capaz de suportar o calor, mas mesmo ele teve que inventar o conceito de transferência para se isolar dele. Ao invocar o conceito de transferência, ele e seus seguidores conseguiram despersonalizar o contato, dizendo que ele não tinha nada a ver com a pessoa do terapeuta.

Na gestalt-terapia tentamos focalizar o relacionamento como ele é. Reexperimentar a si mesmo como amoroso é recuperar um aspecto da plena experiência do eu que é fraca ou ausente na vida cotidiana de muitas pessoas que vemos. O amor é mais que uma causa célebre ou um caso socialmente aceitável de monomania. Ele não está irrevogavelmente ligado ao objeto que o provocou, mas é uma função da pessoa que ama. Assim, quanto mais ele puder aprender a amar muitas pessoas de várias formas, maiores suas chances de satisfação e realização. O paciente encontra condições ótimas para vir a amar outra pessoa na segurança da terapia ou do grupo, na continuidade da interação, na empolgação do encontro com pessoas atraentes, em meio à profundidade e à intimidade do bom contato e até mesmo em face da vulnerabilidade que muitas vezes é imposta pela necessidade de amor.

Todos sabemos que o amor pode ser divertido e enriquecedor sem ter a estereotipia e obrigação de questões como permanência, exclusividade e paixão. Amar o professor na universidade pode mobilizar uma pessoa a levar a sério a si mesma e a sua educação, e pode apresentar-lhe novas direções na leitura, no pensamento e na comunicação. É vergonhoso dissuadir as pessoas de seus sentimentos amorosos. Em vez disso, as pessoas precisam aprender que amar alguém não significa que temos de nos casar com essa pessoa, oprimi-la, enviá-la para a universidade, convidá-la para festas, estar sempre com ela. Isso pode até acontecer, mas não é inevitável. Expectativas, sim; inevitabilidades, não!

Ódio — assim como o amor é a condição genérica para uma grande amplitude de ações e de sensações, o mesmo acontece com o ódio, que inclui grande diversidade de possibilidades interativas, incluindo a raiva, a rejeição, a exclusão, a suspeita, a luta, o isolamento e muitas outras. O ódio é o coágulo residual que se forma pelo acúmulo de sentimentos não expressos, palavras ou ações geradas pela ameaça pessoal. O ódio é tão central no episódio de contato quanto o amor, porque é uma força proveniente do não-contato, que se movimenta na direção da capacidade de contato. Os contatos especiais que acompanham o ódio são tão absorventes que se não forem confrontados na experiência da terapia, o potencial para o contato será gravemente diminuído. É crucial recuperar parte da capacidade de contato que está sendo retraída. O indivíduo teme as sensações que podem surgir se ele liberar seus sentimentos de ódio, e ele teme as possíveis conseqüências de tal liberação. Repreender a mãe ou o chefe na fantasia, esmurrar a imagem do valentão da vizinhança, gritar com fúria contra o destino, dizer não para o parceiro, insistir vigorosamente nos próprios direitos com o terapeuta ou com o grupo, todas essas são experiências de contato que podem resultar em estranhamento e impotência se forem evitadas.

Em todas as diversas formas que o ódio pode assumir, existe um depósito tão grande de ativação que ele ameaça inundar o indivíduo com sua maré venenosa. Ninguém pode se dar ao luxo de considerar levianamente tal inundação. Assim, o ritmo e o momento oportuno para as expressões de ódio precisam ser ordenados cuidadosamente para respeitar a integridade do indivíduo. Para que o indivíduo possa recuperar a paz mediante conclusão, as erupções orgânicas que surgem do ódio precisam ser experienciadas no momento certo e em seu auge, e não forçadas nem contidas. Bater numa almofada pode ser inválido quando o terapeuta ou o grupo, como um grupo de animadores de torcida, insistem com uma pessoa bloqueada para que dê voz a sua raiva. Essa coesão também pode ser auto-aplicada, como quando um membro do grupo anunciou no início de um *workshop* que ele viera com o objetivo expresso de dar vazão à sua raiva. Essa intenção coloriu toda sua atitude diante do grupo. Eles, por outro lado, se mostraram realmente como uma fonte de muito afeto para ele. Se ele tivesse usado o grupo meramente como bonecos nos quais seriam espetadas agulhas, isso teria cumprido seu objetivo de um modo muito restrito. Qualquer raiva que emanasse de tal preordenação focalizada só poderia ser obsessivamente ridícula, um ultrapassado *Punch and Judy show*. Infelizmente, existem oportunidades genuínas mais que suficientes para o fluxo natural da hostilidade, assim não precisamos fabricá-las obsessivamente. Elas irão surgir, irão surgir.

Uma paciente, num momento de fúria, pegou meu cinzeiro favorito e jogou-o no chão, quebrando-o em fragmentos que não podiam ser reconstruídos. Estiquei meu braço e dei um tapa em suas nádegas. Isso realmente a atingiu, e ela ficou terrivelmente assustada porque tinha uma impressão de permissividade na terapia. Sem dúvida, mesmo com sua brevidade, esse foi um episódio de contato transformador. Várias lições foram aprendidas nesse contato. Uma se referiu à sensação de jogar meu cinzeiro, outra foi o modo como me senti ao bater nela, outra foi a volta humilde — embora felizmente *não* humilhante — à realidade, outra ainda foi a reconciliação subseqüente entre nós. Em uma, mesmo que ela tenha se comportado estrondosamente, a resolução foi uma parte importante do episódio tanto quanto a dor havia sido. Num momento anterior, a hostilidade dessa mulher teria sido expressa passivamente pelo silêncio e por um ar de inadequação ou de confusão. Contudo, sua inacessibilidade árida anterior se transformou dessa vez em raiva, que ainda não fora expressa com habilidade, mas de modo animado e receptivo à resolução. Obviamente, o movimento para o contato raivoso foi um acontecimento produtivo.

Outras manifestações de episódio de contato com base no ódio são mais sutis. A pessoa que fala de modo tedioso, o divagador, aquela pessoa que sempre chega atrasada, aquele que cria confusão, a pessoa que não se dispõe a ceder nem um milímetro, podem todos estar defletindo sua hostilidade de modo a permanecer com o mínimo de contato. A deflexão faz com que pareçam fora do alvo e inatingíveis. Eles precisam aguçar seu foco e identificar seus sentimentos e direções. É um pouco mais fácil identificar o sentimento no caso da pessoa que está retrofletindo sua hostilidade; para fazer contato com o alvo apropriado ela precisa redirecioná-lo. Não existe nada essencialmente novo ou surpreendente a respeito do reconhecimento da importância da hostilidade na psicoterapia. O que é novo é o conceito da fronteira de contato como o local da ação terapêutica de restauração e do episódio de contato como a seqüência de acontecimentos na vida com os quais é estabelecido o contato restaurador.

Loucura — o temor reflexivo da própria loucura está profundamente enraizado na essência humana. Esse temor determina e permeia os contatos que a pessoa está disposta a permitir. A defesa contra a loucura é exercida de modo mais poderoso por aqueles cujas defesas são rotuladas como "loucas" por sua sociedade. Essas são as pessoas que se esforçam muito para estabelecer sua sanidade: o alucinado que insiste na realidade daquilo que vê, o catatônico que tensiona tanto seu corpo contra a erupção de seus loucos excessos de ativação que nem consegue se mover e levantar-se da cadeira, e o depressivo que acredita profundamente na futilidade da vida de modo que suas necessidades loucas não precisem ser postas em ação.

Em menor grau, todos estamos no mesmo bote, evitando aquele contato que possa nos ameaçar com a loucura. O medo da loucura precisa ser respeitado no desenvolvimento do episódio de contato —

em parte como uma medida de segurança que serve para reter a unidade da pessoa, e em parte porque o medo da loucura provoca uma vigilância que evoca uma poderosa força anticontato.

Lembre-se, aquilo que o indivíduo experiencia se chegar perto demais do limite da fronteira do eu é o risco de desaparecer, de desintegrar-se ou de tornar-se estranho a si mesmo. Além disso, ao se aproximar desse limite ele experimenta chances menores de um resultado bem-sucedido. É aqui que teme a perda da autodireção, em que suas ações são desconhecidas e os resultados são incertos. Ficar louco é experienciar a perda mais extrema do próprio sistema de escolha. Sob uma forma mais suave, a pessoa tem uma sensação semelhante quando é confrontada com o fato de ter sido tola, de ter ficado extremamente ativada, ou de ter se comportado contra seus próprios critérios. Essas miniloucuras são explorações comuns na situação de terapia. As pessoas que não se arriscam a falar numa linguagem inarticulada, que não se arriscam ao toque, que não fazem um discurso, que sorriem constantemente para bloquear seu medo da depressão, que têm medo de revelar sua vergonha masturbatória são prisioneiras de seu próprio temor da loucura. Para elas, a loucura é o excesso inassimilável que ameaça quando os controles são abandonados. O risco é a perda da administração pessoal, que algumas vezes é um risco real, embora não sempre. É importante discriminar se o medo é um mero anacronismo ou se está sintonizado com uma possibilidade presente. Se a pessoa realmente teme que sua tolice possa se transformar numa permanência hebefrênica ou que se ela chorar, irá chorar para sempre, certamente estaria certa em bloquear a tolice e o choro. A descoberta de que essas explosões têm suas próprias conclusões e darão lugar no momento certo a outros aspectos importantes da existência é um apoio crucial para se estabelecer um senso de administração pessoal na vida.

O apoio necessário para explorar essas miniloucuras pode vir de diversas direções. Uma é o senso de que o terapeuta ou outra pessoa está tão disponível e é tão confiável em caso de emergência que a pessoa está disposta temporariamente a abrir mão das próprias restrições costumeiras — como o iogue que precisa de um companheiro quando vai às profundezas de seu não-ser para que alguém confirme que ele não está morto.

208

Kevin estava nas garras do terror ao visualizar, com clareza eidética, crianças num *playground* sendo engolidas por um monstro gigante que surgia no céu. Numa violenta onda de sensação e de impotência, Kevin começou a gritar como se o monstro estivesse bem ali e então começou a chorar. Só gradualmente, quando o segurei e sussurrei seu nome, ele conseguiu terminar o choro e retornar a um novo senso de paz pelo seu contato imediato comigo. "Onde você vai estar se eu precisar de você?" é uma pergunta séria. É subjacente a todos os relacionamentos em que uma aventura conjunta é evocada, e em que a pessoa sente intuitivamente que seus próprios recursos podem não se mostrar suficientes quando a guarda costumeira for abaixada.

Outra fonte de apoio é a expectativa e a garantia de que o movimento para a experiência anteriormente inassimilável — impensável — será gradual e suficientemente fiel às necessidades do indivíduo. O indivíduo precisa saber que sua fronteira do eu será estendida sem risco irreparável e que terá caminhos de retirada à sua disposição, caso precise deles. Ele pode não precisar retirar-se a uma grande distância, mas precisa sentir que pode voltar atrás o quanto for necessário. Essa é a premissa básica do experimento, que discutimos no Capítulo 9. Essencialmente, isso significa que prestamos uma atenção respeitosa à resistência e mudamos as condições da exploração segundo a natureza da resistência encontrada no caminho. Suponha que peçamos a alguém para olhar para a pessoa com quem ela está falando. Suponha que ela não possa fazer isso. Para diminuir o grau de intensidade dessa experiência, podemos pedir-lhe que olhe ao redor da sala e descreva o que vê. Quando ela puder recuperar sua disponibilidade para ver sob circunstâncias menos ameaçadoras, terá maiores probabilidades de conseguir exercitar sua visão, mesmo quando as condições forem assustadoras. Se ela teme que olhando atentamente demais para outra pessoa irá provocar alguma ação violenta à qual será impotente para resistir, ela aprende que pode olhar e que, apesar de ativada, não perde seu senso de livre-arbítrio. O gradualismo pode levar a um crescimento menos doloroso e menos arriscado, que terá maior probabilidade de ser assimilado.

Entretanto o gradualismo tem limitações reais. A vida não é assim tão cooperativa, e a pessoa precisa estar disposta a aceitar confrontações ocasionais com possibilidades explosivas. Cada pessoa desenvolve sua própria vida em parte segundo sua disponibilidade e confiança para administrar essas explosões. Assim, a proporção entre agitação e cuidado muitas vezes será um fator importante na determinação do estilo de trabalho ou de vida de uma pessoa. A experiência agitada não é meramente caótica ou fora de sintonia com a realidade. Na verdade, às vezes uma pessoa agitada, como o general Patton por exemplo, pode cumprir sua tarefa de um modo mais ousado e mais efetivo do que uma pessoa cautelosa. O paciente agitado geralmente irá se mexer mais que o cuidadoso, mas ele tem de estar disposto a transcender o erro e a dor que coexistem com seu modo às vezes mais espasmódico de resolução e de crescimento. Algumas vezes, o que parece agitação é na realidade um funcionamento sensível e habilidoso com margens de erro menores do que as usadas pelas pessoas que operam com menos energia. O que para uma pessoa é um risco tolo pode ser enérgico e brilhante para outra. Nesse aspecto, o relacionamento entre paciente e terapeuta se parece com a ação de pessoas hábeis em geral, sejam elas acrobatas circenses, estrategistas políticos, amantes ou caçadores de animais selvagens. Se errarem seu alvo eles podem se encontrar em dificuldades; mas o melhor deles tem uma marca da agitação em seu espírito — e eles freqüentemente acabam menos encrencados do que muitas pessoas mais circunspectas.

Outra fonte de apoio ao confrontar as possibilidades da própria loucura vem do conhecimento, por parte do indivíduo, de que ele não *tem* de fazer aquilo que não *deseja*. É importante respeitar a característica de auto-regulação da escolha de uma pessoa. Algumas vezes, é possível lidar com as objeções de uma pessoa a uma ação específica sem nem mesmo voltar ao comportamento rejeitado. Suponha, por exemplo, que peçamos a um homem para imaginar sua mãe sentada na cadeira à sua frente e falar com ela. Ele diz que não quer fazer isso; ele não gosta de faz-de-conta. Perguntamos quais são suas objeções. Ele responde que quando era um menininho, suas três irmãs estavam sempre brincando de faz-de-conta e o atraíam para seus jogos. Numa comemoração de Halloween todos eles se fantasiaram e ele foi convencido a usar uma camisola feminina. Seus amigos o viram e desde então foi uma luta viver com as humilhações que lhe foram lançadas. Quando perguntamos como ele se sente ao contar essa história, diz que o ódio que sente por todos os envolvidos reapareceu: por suas irmãs, pelos garotos que zombaram dele e por sua mãe também, por ter permitido que isso acontecesse. Agora temos um jogo totalmente novo. Estamos falando com uma pessoa que está autenticamente ativada, e não com alguém que está resistindo a um exercício falso — ou, pior ainda, fazendo-o sem vontade. Agora ele está afirmando sua indignação; e a recuperação de sua auto-sustentação, em vez de uma contracorrente oculta e encolhida, é tão relevante como se ele tivesse seguido com a tarefa original de falar com sua mãe na fantasia.

Todos esses apoios ajudam, mas o apoio preordenado para se arriscar na experiência louca é a coragem para encarar o demônio, e a fé de que se pode sair disso com sanidade e com a unidade pessoal ampliada e intacta. A pessoa que ri hebefrenicamente descobre sua graça para com o mundo — e também que o riso termina quando seu tempo acaba. A pessoa inundada pela raiva descobre um parceiro em vez de um inimigo. A pessoa deprimida pode contactar sua profunda tristeza, cheia de um sentimento vivo em vez do estupor entorpecido da depressão. A pessoa com medo do movimento frenético descobre que quando finalmente o experiencia, não é varrida pelo "fenômeno dos sapatos vermelhos que nunca paravam de dançar" do maníaco, mas que se torna produtivamente exausta. A pessoa que experiencia o balbuciar de um bebê não degenera no balbuciar infantil, mas pode explorar o amante brincalhão que existe dentro dela.

Ad infinitum... a sanidade e a unidade são atingidas mais facilmente dentro dos limites da vida segura mas corajosa. Quando a pessoa se expande até seus limites, ela está arriscando a sua sanidade. Quando essa luta é evitada, a pessoa pode estar à vontade, mas estagnada. Quando o indivíduo se envolve nessa luta e vence, o espírito livre é nutrido.

8

Awareness

Estar aware de nosso corpo, em termos das coisas que sabemos e fazemos, é sentir-se vivo. Essa awareness é uma parte essencial de nossa existência como pessoas ativas e sensuais.

Michael Polanyi

Uma objeção comum à gestalt-terapia é que ela é total e completamente autoconsciente. Afirma-se que as pessoas em terapia *já* são abertamente *aware* do que estão fazendo. E que elas precisam ser capazes de desistir dessa *awareness* para se comportarem de um jeito menos autoconsciente, com elegância e espontaneidade. À primeira vista essa objeção faz sentido. O terapeuta gestalt freqüente e recorrentemente pergunta do que você está *aware*, o que você está fazendo, o que você está sentindo, ou o que você deseja. Para responder a essas perguntas, a pessoa pode precisar abandonar o fluxo contínuo da comunicação, voltar sua atenção para si mesma, identificar o que estava realmente acontecendo consigo e, finalmente, ser capaz de relatar para outra pessoa os processos que em geral permanecem ocultos ou aos quais não é dada atenção.

Algumas pessoas consideram esse processo sem valor, na melhor das hipóteses, e, na pior, uma perturbação da atividade presente. Elas vêem a introspecção como uma distração do fluxo expressivo da narrativa ou atividade — algo como perguntar a uma centopéia qual das pernas ela mexe primeiro, e depois observá-la irremediavelmente enrolada enquanto tenta descobrir qual a resposta.

213

Entretanto, existem dois fatores que essas objeções deixam de levar em conta.

Primeiro, uma pessoa muitas vezes é abertamente autoconsciente porque seu auto-exame contínuo evita a possibilidade de que ela simplesmente *possa* fazer algo que não *deseja* estar *aware*. Como um radar, ela se protege contra o comportamento que não está sob o escrutínio de seu próprio controle consciente. Ela não deseja fazer nada de que não deseje tornar-se *aware* e não deseja ficar *aware* de nada que não deseje fazer. O obsessivo que está estranhamente *aware* dos mínimos detalhes de seu próprio comportamento, e da resposta que ele evoca nos outros — mas que não tem a menor idéia, por exemplo, sobre sua própria homossexualidade latente —, usa a atenção excessiva que dedica a essas ruminações sociais para evitar ficar *aware* de seus próprios medos pessoais. Este *evitar* a *awareness* temida o mantém autoconsciente — tenso, desequilibrado, facilmente envergonhado e ofendido —, mas seguro.

Ao recuperar a própria disponibilidade para ficar *aware*, talvez seja inevitável que o indivíduo se envolva em algum comportamento abertamente autoconsciente por certo tempo. Alguém que ficou acamado e proibido de andar por um longo período é mais deliberado e *aware* de cada passo que dá nos primeiros dias fora da cama do que será depois. Só após ele retornar ao funcionamento saudável é que pode esquecer seus movimentos e andar naturalmente, sem a necessidade de prestar muita atenção. O mesmo também acontece com o indivíduo que está tentando crescer psicologicamente. No início, a *awareness* com a qual ele não está acostumado — e a preocupação com a possibilidade de sentir-se apreensivo — causa uma deliberação e uma cautela que limitam a autenticidade. À medida que essas *awareness se tornem aceitáveis e assimiláveis, ele está mais livre para esquecê-las e usá-las meramente como apoio para um comportamento mais espontâneo e genuíno.*

Uma segunda refutação às objeções a respeito da *awareness* é que, embora um indivíduo possa *não* estar imediatamente *aware* do processo em momentos de maior envolvimento, isto acontece só porque ele está focalizado exteriormente, seu envolvimento com uma figura de interesse está aumentando e sua função é aceitável. Se ele deseja ficar *aware* de seu próprio desempenho — se isso fosse necessário ou desejável para poder sair-se melhor —, poderia fazê-lo facil-

214

mente. Os praticantes mais habilidosos em todas as atividades podem penetrar facilmente na *awareness* quando precisam fazê-lo ou quando são questionados. A seguir Pablo Casals[1] fala sobre a função interpretativa do artista. Observe como ele está em contato com o que acontece enquanto toca, do mesmo modo que um malabarista que sabe exatamente onde está cada um de seus cubos indianos em cada momento. Ele usa sua *awareness* para orientá-lo e informá-lo em sua interpretação e desempenho:

Uma das coisas que ensino a meus alunos é saber como e em que momento eles podem relaxar a mão e o braço. Mesmo no decorrer de uma passagem rápida é possível encontrar o momento certo para relaxar. (Isso pode acontecer num décimo de segundo.) Isso se torna uma necessidade fundamental na apresentação, e se a pessoa não levar isso em conta, haverá um momento em que ela não pode relaxar (é como ser incapaz de respirar) e a exaustão se estabelece. Esta fadiga da mão e do braço vem principalmente da tensão dos músculos produzida pela emoção e pelo "medo do palco". Contudo, a vontade do instrumentista precisa superar esse obstáculo, e com esta finalidade a prática *aware* do relaxamento se mostrará muito benéfica para o controle completo durante um concerto.

...Se prestar atenção você pode perceber que quando pensamos que estamos num completo estado de relaxamento, podemos em geral encontrar alguma parte do corpo que poderia relaxar ainda mais. E não acredite que é fácil fazer isso, a menos que tenhamos passado por longos exercícios, os quais são exatamente o que desejamos, manter a flexibilidade do braço e dos dedos... Só que esse impulso, vindo do centro do corpo, em vez de vir de cada extremidade, irá agrupar os diversos movimentos num todo unificado, produzindo resultados melhores e menos fadiga.

Como Casals, a *awareness* que nos preocupa na gestalt-terapia é também aquela que ajuda a recuperar a unidade da função total e integrada do indivíduo. O indivíduo precisa primeiro abranger as sensações e os sentimentos que os acompanham antes de poder alterar de algum modo seu comportamento. A recuperação da aceitabili-

---

1. Corredor, J. Ma. *Conversations with Casals*. Nova York: E. P. Dutton, 1958.

dade da *awareness* — independentemente do que ela possa revelar — é um passo crucial no caminho do desenvolvimento de um novo comportamento. O indivíduo aprende como se tornar mais *aware* ou por diversos exercícios ou pela orientação sensível do terapeuta que dirige a atenção do paciente para detalhes de seu próprio comportamento que são relevantes, porém ignorados.

Esse foco acontece na psicoterapia quando a amplitude da experiência humana é dividida entre experiências culminantes e experiências ingredientes.[2] A experiência culminante é uma forma composta; é um evento total e unificado que é de importância central para o indivíduo. Ao escrever estas palavras, por exemplo, o ato de escrever é a culminação de uma vida de experiências que levaram a este momento e formam parte do ato composto de escrever. Além disso, cada movimento do dedo, cada respiração, cada pensamento tangencial, cada variação da atenção, confiança, clareza, se juntam para formar a experiência composta "Estou escrevendo".

Entretanto, como elementos num todo composto, todas essas são experiências-ingredientes. Bem, essas experiências-ingredientes em geral passam despercebidas, mas poderíamos explorar e descobrir sua relação com o evento culminante, intensificando assim a experiência. O *gourmet* faz isso ao provar um molho. Inicialmente ele encontra o gosto em sua totalidade, como uma mistura integrada e suave. Depois começa a examinar o sabor mais detalhadamente para que possa identificar os ingredientes que entram na composição do molho. Ele pode reconhecer algumas ervas, um vinho conhecido, proporções de manteiga, gema de ovo, creme. Ele vai e volta num ritmo criativo entre a análise e a síntese, quebrando o sabor composto em seus componentes e depois reintegrando-o.

O mesmo ocorre ao se explorar a própria *awareness*. O indivíduo pode identificar os ingredientes das experiências cotidianas que formam a substância de sua vida. Polanyi[3] descreve o ato de entender:

> É um processo de *compreender*: um ato de reunir partes separadas num todo abrangente.

---

2. Este conceito tem alguns paralelos com a dicotomia da *awareness* focal e subsidiária de Polanyi. *The study of man*. Chicago: University of Chicago Press, 1959.

3. Polanyi, M. *The study of man*, op. cit.

É assim que chegamos a entender o mundo, a nós mesmos e a nossa experiência nesse mundo. A pessoa se move entre uma experiência sintetizada e a *awareness* das peças elementares que formam sua existência num ciclo dinâmico e continuamente auto-renovador.

Na melhor das hipóteses, a *awareness* é um meio contínuo para manter-se atualizado com o próprio eu. É um processo contínuo, prontamente disponível em todos os momentos, em vez de uma iluminação esporádica ou exclusiva que pode ser alcançada — como o *insight* — apenas em momentos especiais ou sob condições especiais. Ela está sempre presente, como uma corrente subterrânea, pronta a ser acionada quando necessário, uma experiência renovadora e revitalizante. Além disso, focalizar a própria *awareness* mantém a pessoa absorvida na situação presente, ampliando o impacto da experiência da terapia, bem como das experiências mais comuns da vida. A cada *awareness* sucessiva a pessoa chega mais perto de articular os temas da própria vida e mais perto também da expressão desses temas.

Um exemplo simples de seguir a *awareness* de um momento para o outro é dado por este trecho de uma sessão de terapia. A sessão começou com a *awareness* de Tom a respeito de seu maxilar tenso e passou por diversos passos intermediários até um afrouxar de seus maneirismos de fala e depois passou para a recuperação de algumas memórias da infância. Tom, um pastor, sentia que não era capaz de pronunciar as palavras como gostaria. Sua voz tinha um tom metálico, e ele proferia as palavras como se fosse um robô frágil. Observei um ângulo estranho em seu maxilar e perguntei o que ele sentia ali. Ele disse que sentia tensão. Assim, pedi que ele exagerasse os movimentos de sua boca e seu maxilar. Ele se sentiu muito inibido com isso e descreveu primeiro sua *awareness* do constrangimento e depois da teimosia. Ele lembrou que seus pais costumavam importuná-lo para que falasse claramente e ele falava desse modo para *não* fazê-lo. Nesse momento, tornou-se *aware* da tensão em sua garganta. Ele estava falando com tensão muscular, forçando sua voz para fora, em vez de usar o apoio que sua respiração poderia lhe dar. Assim, pedi a Tom para colocar mais ar em sua fala, mostrando-lhe como coordenar a fala com a respiração, usando um pouco mais de ar e tentando sentir o ar como uma fonte de apoio. Contudo, a coordenação dele era deficiente — tão deficiente a ponto de ser quase um gaguejar. Quando perguntei-lhe se alguma vez ele gaguejara, pareceu surpreso, tornou-se *aware* de suas dificuldades de coordenação, e depois lembrou-se daquilo que até então estava esquecido — que ele *tinha* gaguejado até os seis ou sete anos. Lembrou-se de uma cena de certo dia em que ele tinha três ou quatro anos; sua mãe estava telefonando de um lugar um tanto distante e perguntava o que ele queria. Ele tentou dizer "sorvete",* mas sua mãe entendeu errado pensando que ele dissera "eu grito", e achou que isso significava que ele ia começar a gritar com seu irmão, ficando, portanto, furiosa com ele. Lembrou-se também de outra cena. Sua mãe estava no banheiro e ele ouviu o que a princípio pensou ser o riso dela. Ficou assustado quando percebeu que não era riso; ela estava chorando histericamente. Tom lembrou-se mais uma vez do horrível sentimento de incongruência. Conforme ele contava a história, também ficou *aware* de seus próprios sentimentos de confusão, tanto ao ser mal-entendido por sua mãe quanto ao entendê-la mal. Depois de recuperar as antigas sensações, a sua fala tornou-se mais aberta e seu maxilar também ficou mais relaxado. Ele se sentiu aliviado e renovado.

Embora a *awareness* possa ser tão democrática quanto a luz do sol, iluminando tudo o que toca, gostaríamos de chamar a atenção para quatro aspectos principais da experiência humana em que a *awareness* pode ser focalizada: *awareness* das sensações e ações, *awareness* dos sentimentos, *awareness* dos desejos e *awareness* dos valores e das avaliações.

Sensações e ações[4]

Identificar as sensações básicas não é uma tarefa fácil. Se o abismo entre as sensações básicas e o comportamento mais complexo pudesse ser fechado, provavelmente haveria menos exemplos de

---

4. Grande parte do material nesta seção foi extraída de Polster, E. "Sensory functioning in psychotherapy". In: Fagen, J. e Shepherd, I. (eds.) *Gestalt therapy now.* Califórnia: Science and Behavior Books, 1970.

* Há aqui um jogo de palavras intraduzível: em inglês, sorvete é *ice cream*, e "eu grito" é *I scream*, que soam bastante semelhantes quando pronunciados.

ações incongruentes ou fora-de-contato. É comum que um indivíduo coma, por exemplo, não só porque está com fome, mas também porque é a hora da refeição, ou porque ele pode estar numa situação em que não possa comer mais tarde quando acha que vai *ficar* com fome, ou porque gosta de companhia em vez de comer sozinho, ou porque pode obter um tipo específico de comida agora e não poderá fazê-lo mais tarde ou em outro lugar. É bastante óbvio que as sensações do indivíduo e o que ele faz com relação a elas muitas vezes estejam apenas remota ou nebulosamente relacionados. Assim, não é de surpreender que a confusão resultante só se acrescente à crise de identidade da qual muitos se queixam — como alguém *pode* saber quem ele é sem ao menos conhecer minimamente aquilo que se passa internamente? E como ele pode saber o que se passa internamente quando uma parte tão grande de sua experiência o atrai para longe de respeitar o processo? Quando ele era criança lhe disseram que uma injeção não doía — mas ela doeu! Agora, em quem ele deve acreditar, em seu próprio braço dolorido ou no adulto sabe-tudo que esteve certo sobre tantas coisas antes? E, assim, o fato é que as pessoas que estão solitárias algumas vezes comem, pessoas que estão bravas fazem amor, e aquelas que estão sexualmente excitadas fazem discursos. O ponto central da auto-alienação está nessas perversões do relacionamento entre o sentimento e a ação.

A sensação existe num conjunto do qual participam também a ação e a expressão; ela funciona como um trampolim para a ação e também como o meio pelo qual percebemos a ação.

O conceito de experiência sináptica é um modo de ilustrar esse relacionamento. A experiência sináptica é uma experiência de união entre a *awareness* e a expressão. O termo, sinapse, é usado como uma metáfora dupla — parcialmente por causa do significado básico da palavra grega da qual este termo é derivado, e parcialmente em decorrência da analogia à descrição neurológica da ação sináptica. A palavra grega originalmente significava "conjunção" ou "união". De um modo correspondente, na fisiologia a sinapse é a conjunção funcional entre as fibras nervosas, onde, por uma transmissão eletroquímica da energia, é formado um arco que cria uma ponte entre as fibras neurais separadas e liga o sistema sensório-motor numa união funcional suave. A metáfora da experiência sináptica focaliza a atenção sobre as funções sensório-motoras unidas conforme são repre-

219

sentadas na experiência pessoal — como *awareness* (sensorial) e *expressão* (motor). Embora no momento a ênfase primária esteja na sensação do indivíduo, a expressão *emerge* dessa *awareness*, e juntas elas formam uma experiência una.

A pessoa pode sentir essa união se ficar *aware*, por exemplo, de sua respiração enquanto fala, ou da flexibilidade de seu corpo enquanto se move, ou de sua empolgação enquanto pinta. Sentimentos profundos de presença e de inteireza da personalidade, clareza da percepção e vibração da experiência interior são comuns nos momentos de união entre a *awareness* e a expressão.

Os artistas conhecem bem a experiência sináptica. O artista que se exprime por intermédio da arte ao vivo — o músico, o cantor, o instrumentista, o bailarino, o ator — todos permanecem agudamente *aware* de suas sensações e ações. A colocação da voz, a posição de braço, a expansividade de um gesto, o tipo de andar que acompanha a representação de determinado papel, todos dependem de uma sintonia sensível com suas próprias sensações. Então, eles usam essa sensibilidade como um veículo expressivo para alcançar a audiência. Mais uma vez, Casals[5] observa:

> Vai na direção errada quem não se questiona nem ouve a "voz" de sua natureza artística — desde que ele tenha essa natureza, é claro. O que *realmente* importa é o que sentimos, e é isso que temos de expressar.
>
> ...Querendo ou não, o artista é um intérprete e só pode realizar o trabalho por meio de seu próprio eu.

O artista criativo, o pintor, o escultor, o compositor, o teatrólogo, o poeta, são todos pessoas que dançam no limite de suas próprias sensações. Para eles, o produto artístico é uma projeção. O artista permanece ao mesmo tempo profundamente *aware* de suas próprias sensações e as articula de modo belo na expressão dessas partes percebidas e projetadas de si mesmo. Para aqueles entre nós que não somos artistas criativos, mas que reverberamos com os *insights* que eles nos proporcionam, esta fusão da expressão e da *awareness* pare-

---

5. Corredor, J. Ma. *Conversations with Casals*. Nova York: E. P. Dutton, 1958.

ce mágica. Essa união é que constitui a matriz de sua criatividade. Além disso, o drama é inevitável em todas as situações humanas em que isso acontece.

As diversas terapias têm modos diferentes de reunir a *awareness* e a expressão, mas a maioria compartilha a atenção aos processos internos do indivíduo — algumas vezes incluindo a sensação — e também a seu sistema de expressão. A maioria dos terapeutas concordaria que se um paciente fosse falar sobre seus sentimentos de amor quando sua mãe cantava para que ele dormisse, sua história teria maior impacto sobre ele e sobre seu ouvinte se ele estivesse *aware* de seus sentimentos presentes enquanto fala. Seu corpo poderia estar úmido, quente, flexível, formigando etc. O surgimento dessas sensações aumenta os poderes restauradores da história. Sua história se torna uma confirmação mais convincente de sua experiência passada de amor, pela união resultante da sensação e das palavras.

A exploração da sensação não é uma coisa nova na psicologia. O velho Wilhelm Wundt via a experiência sensorial como o suporte básico do qual cresceu toda a *awareness* mais elevada. O problema foi que sua pesquisa nunca teve o chamado toque humanista que atrairia o psicoterapeuta. Contudo, existem muitas visões humanistas recentes que anunciam um novo reconhecimento do poder que a sensação tem para induzir o crescimento. Schachtel,[6] por exemplo, acentua o que o bebê e o adulto compartilham da mesma experiência da sensação primitiva, primária e bruta. Ele diz:

> Se o adulto não faz uso de sua capacidade de distinguir... a sensação agradável do calor... (da) percepção de que este é o calor do ar ou o calor da água... mas em vez disso se entrega à pura sensação, então ele experiencia uma fusão de prazer e da qualidade sensorial que provavelmente se aproxima da experiência infantil... A ênfase não está em nenhum objeto, mas totalmente no sentimento ou na sensação.

Muitas pessoas acreditam que o tom da sensação da criança é o paradigma para a pureza da experiência sensorial. Mas mesmo que as

---

6. Schachtel, E. *Metamorphosis*. Nova York: Basic Books, 1959.

sensações se tornem agrupadas com o passar dos anos, as primeiras experiências precisam não *permanecer* meramente infantis. A recuperação das primeiras possibilidades existenciais é muito valiosa na busca da realização. A primeira inocência da sensação foi invalidada pelas forças sociais que dicotomizam a criança e o adulto em criaturas totalmente separadas. Mas o adulto *não* é apenas o substituto da criança; ele é o resultado de acréscimos que, esperamos, não precisam tornar irrelevante a experiência infantil. Um senso semelhante ao da criança pode orientar e vitalizar as pessoas mesmo em face das experiências posteriores do desenvolvimento. Como Perls, Hefferline e Goodman[7] dizem, com relação à recuperação de memórias passadas:

> [...] o contexto da cena recuperada é da maior importância. Os sentimentos infantis são importantes, não como um passado que deve ser desfeito, mas como alguns dos poderes mais belos na vida adulta e que precisam ser recuperados: espontaneidade, imaginação, direção da *awareness* e manipulação.

Os relatos das experiências vividas por Alan Watts[8] após tomar LSD ampliam ainda mais sua apreciação da importância das sensações. Ele disse que enquanto estava sob o efeito do LSD, passou muito tempo observando as mudanças em sua percepção de coisas tão comuns como "a luz do sol no chão, os veios da madeira, a textura do linho ou o som das vozes do outro lado da rua". Ele continua:

> Minha própria experiência nunca foi de distorção dessas percepções como quando olhamos para nós mesmos num espelho côncavo. Foi mais como se cada percepção se tornasse — usando uma metáfora — ressonante. A substância química parece proporcionar uma caixa acústica para a consciência... para todos os sentidos, de modo que a visão, o toque, o paladar, o olfato e a imaginação são intensificados, como a voz de alguém cantando no banheiro.

---

7. Perls, F. S. Hefferline, Ralph e Goodman, Paul. *Gestalt therapy*. Nova York: Julian Press Inc., 1951.
8. Watts, A. "A psychodelic experience: fact or fantasy". In: Solomon, D. (ed.). *LSD, the consciousness expanding drug*. Nova York: Putnam, 1964.

Esse tipo de *awareness* dinâmica também é possível na psicoterapia, mas exige uma atenção dedicada. A concentração é uma técnica terapêutica importante para a recuperação da sensação. Todos sabem que se sair bem em qualquer coisa exige concentração, mas as instruções para concentrar-se em geral são vagas, moralistas ou gerais. Entretanto, a concentração *pode* ser um modo específico que envolve olhar de perto um objeto de interesse específico; ela precisa ser focalizada e total. Quando a concentração é focalizada na sensação interna, podem ocorrer eventos surpreendentemente comparáveis aqueles que surgem mediante a hipnose, as drogas, a privação sensorial, as situações heróicas e outras circunstâncias que tiram o indivíduo de seu quadro de referência usual.

Embora não tenha um poder tão inevitável quanto o de algumas dessas outras condições, a concentração tem duas grandes vantagens na ampliação da experiência. Primeiro, pode-se retornar facilmente aos acontecimentos comuns e à comunicação comum, e, segundo, a experiência traz a sensação de ser algo que a própria pessoa ajudou a produzir, em vez de ter sido lançada num estado incomum que normalmente está além dos poderes pessoais. Portanto, pode-se entrar e sair dos modos costumeiros de interação: conversa, *role-playing*, fantasia, trabalho com sonhos, uso da percepção como um acessório flexível da terapia, um acessório mais relevante para a consciência cotidiana.

Na própria situação terapêutica, a *awareness* das sensações e das ações serve a três objetivos terapêuticos: 1) a acentuação da realização; 2) a facilitação do processo de elaboração; e 3) a recuperação de experiências antigas.

1) Pessoas diferentes encontram a realização de maneiras diferentes; existem pessoas orientadas para a ação e existem as orientadas para a *awareness*. Ambas podem ter vidas ricas, desde que uma orientação não exclua a outra. A pessoa orientada para a ação que não coloque um bloqueio para a *awareness* de sua experiência interior irá — por meio de suas ações — evocar essa experiência de si mesmo. O nadador, por exemplo, pode descobrir sensações internas poderosas; o executivo que tenha conseguido a liderança numa nova empresa pode tornar-se *aware* de fortes correntes dentro de si que são reveladas por essa experiência. O indivíduo que é orientado para a *awareness*

223

pode também descobrir que sua *awareness* o leva para a ação, desde que ele não a exclua arbitrariamente; o psicólogo pode escrever um livro, a pessoa agitada pode mudar para outra cidade, e a pessoa excitada sexualmente pode ter uma relação sexual. Os problemas psicológicos acontecem quando o ritmo entre *awareness* e expressão é defeituoso ou perturbado.

Para exemplificar — Kurt, uma pessoa orientada para a ação e empresário bem-sucedido, veio para a terapia porque não estava experienciando realização na vida. Ele era incomumente vital e ativo, precisava fazer com que cada segundo valesse e ficava impaciente com qualquer momento sem produtividade. Ele não podia tolerar uma acumulação de sensação e se adiantava a si mesmo, descarregava prematuramente a sensação e impedia que ela aumentasse, ou pela ação ou fazendo planos de ação. Conseqüentemente, estava tendo muita dificuldade em saber "quem sou eu". Durante as dez primeiras sessões, conversamos muito e fizemos algumas explorações iniciais das experiências internas de Kurt, incluindo experimentos de *awareness* e exercícios de respiração. Então, certo dia em que eu lhe havia pedido que fechasse os olhos e se concentrasse na experiência interior, Kurt começou a sentir uma quietude em si mesmo e a experienciar um sentimento de união com os pássaros que cantavam lá fora. Muitas outras sensações se seguiram, mas ele as manteve para si mesmo, como disse depois, porque descrevê-las iria significar interrompê-las — um respeito sábio mas atípico pelo sentimento e não com a produtividade. Em certo momento, vendo que seu abdome não estava integrado em sua respiração, pedi a Kurt que usasse seu abdome mais plenamente, o que ele fez de pronto. Ao fazer isso, ele começou a sentir uma nova facilidade ao respirar que era acompanhada por uma força fácil, bem diferente da força impaciente com que ele estava tão acostumado. Ele podia de fato sentir a diferença entre os dois tipos de força; disse que se sentia como um carro perfeitamente ajustado — uma bela mistura de ação e de *awareness*. Ao sair, comentou que estava recuperando um elo perdido em sua vida. Ele se sentia como se tivesse *experimentado* o tempo, em vez de tê-lo desperdiçado.

2) O segundo objetivo, a facilitação do processo de elaboração, pode ser ilustrado pela história de Lila, que recentemente tinha se

tornado uma executiva numa fábrica de brinquedos. A secretária dela estava no mesmo departamento havia anos, e era uma pessoa desorganizada e controladora. A nova executiva percebeu que essa secretária estava na raiz de muitos problemas anteriores do departamento e a confrontou com algumas exigências do departamento. A secretária experienciara isso como um enorme golpe e repentinamente parecera — nas palavras de Lila — "como uma criança desamparada". Nesse momento, Lila sentiu-se como se estivesse sentada face a face com outra parte de si mesma. Ela e seu irmão tinham crescido numa região empobrecida de Nova York, e sem dúvida haviam sido crianças desamparadas. Contudo, como ela sempre havia cuidado de seu irmão mais novo, via-o apenas como uma criança desamparada, *não* a si mesma. Conforme os fatos surgiram, ficou claro que, em sua vida, Lila alternava entre ajudar crianças desamparadas e sentir-se como uma delas.

Enquanto prosseguia, Lila percebeu que não queria mais ser uma criança desamparada e reconheceu que nessa confrontação com sua secretária ela aceitara a oportunidade de livrar-se da criança desamparada dentro de si e se transformar numa mulher por direito próprio. Ao falar sobre isso, surgiu uma nova expressão em seu rosto, uma combinação de absorção, de introspecção alerta e de entrega à surpresa. Quando perguntei-lhe o que sentia, ela disse, surpresa, que sentia uma pressão em sua respiração e em suas pernas. Ela deu atenção a essas sensações e, depois de alguns momentos de silêncio, pareceu novamente surpresa; disse que sentia uma tensão em sua vagina. Pedi-lhe que se concentrasse nessa sensação, e ela o fez. Novamente, depois de alguns momentos de concentração, o rosto de Lila se iluminou e ela disse que a tensão estava indo embora. Então ela pareceu levar um susto e repentinamente teve uma profunda sensação que não descreveu, mas em vez disso começou a chorar intensamente e a chamar o nome do homem a quem ama e com quem teve, pela primeira vez, um relacionamento de mutualidade e de força. Quando ela levantou a cabeça, parecia bela e inteira. Ao falarmos mais sobre isso, ela percebeu a importância de seu confronto com a secretária — a quem acabou demitindo depois — e a redescoberta de sua atitude com relação a crianças desamparadas. Mas ela sabia que a transformação mais profunda acontecera com a descoberta da sensação em sua vagina. O subseqüente despertar de seu senso palpável de

225

ser mulher em vez de uma criança desamparada deu substância e resolução primal a problemas que de outro modo poderiam ter sido apenas verbalizados.

3) Finalmente, o terceiro propósito ao qual a restauração da sensação serve é a recuperação de acontecimentos antigos. A situação inacabada move-se naturalmente para a completude quando as resistências são realocadas e quando a estimulação interna impele a pessoa para a conclusão de questões até então inacabadas. A psicanálise — embora diferindo da gestalt-terapia em muitos detalhes de conceitualização e técnica — transformou a volta ao antigo e esquecido numa expectativa comum na psicoterapia. Mas, apesar de muitas palavras sobre o passado terem sido ditas na terapia, elas muitas vezes não são acompanhadas por sensações profundas. O exemplo a seguir ilustra como as sensações, e não apenas meras palavras, podem levar ao redespertar de um acontecimento passado que ainda é influente.

Joan, cujo marido morrera havia aproximadamente dez anos, tinha falado muitas vezes sobre seu relacionamento com ele, mas nunca havia transmitido um senso da profundidade da experiência que tiveram juntos. Numa sessão, ocorreu uma série de percepções, incluindo um formigar de sua língua, uma sensação de queimadura ao redor de seus olhos, tensão nas costas e nos ombros e depois umidade nos olhos. Por fim, ela inspirou profundamente e percebeu que tinha vontade de chorar. Havia uma sensação de lágrimas em seus olhos, e uma sensação em sua garganta que ela não conseguia descrever. Depois de uma pausa muito longa, sentiu uma coceira e se concentrou nisso por algum tempo. A cada nova sensação, o silêncio e a concentração interiores eram longos, freqüentemente durando minutos. O silêncio — quando acompanhado pela concentração focalizada — tem o efeito de ampliar a intensidade da sensação. Logo Joan começou a sentir coceira em muitos lugares. Ela achou difícil permanecer com essas sensações sem começar a se coçar, mas o fez. Achou divertida a surpreendente expansão das sensações de coceira, mas também começou a sentir-se frustrada e triste novamente, como se fosse chorar. Mencionou uma experiência irritante que tinha acontecido na noite anterior na casa de seus pais, em que ela não conseguira mostrar sua irritação. Então, sentiu um nó na garganta e, depois de um período de concentração nesse nó, apareceu uma palpitação em

226

seu peito. Seu coração começou a bater bem rápido, o que a deixou muito ansiosa. Ela verbalizou os sons *pump, pump* e depois percebeu uma dor aguda no alto de suas costas. Fez uma longa pausa para se concentrar na dor nas costas, e depois disse com estresse considerável: "Agora me lembro daquela horrível noite em que meu primeiro marido teve um ataque do coração". Seguiu-se outra pausa longa, na qual Joan parecia estar sob grande tensão e muito absorta. Depois ela disse, num tom calmo, que estava *aware* da dor, da ansiedade e de toda a experiência daquela noite. Nesse instante ela cedeu a um choro profundamente sincero. Quando acabou, ela olhou para cima e disse: "Acho que ainda sinto falta dele". Agora seu modo vago tinha desaparecido, e ela podia transmitir a seriedade e a inteireza de seu relacionamento com o marido. A transformação clara da superficialidade convencional para a profundidade havia sido trazida pelo aumento da sensação. Pela auto-*awareness* e concentração, ela deixou que suas próprias sensações a guiassem, em vez de ser guiada por suas idéias ou explicações.

Sentimentos

Embora seja de fato verdade que o nível dos sentimentos da experiência pessoal está inextrincavelmente ligado à sensação, os sentimentos têm uma qualidade que vai além do alcance da sensação rudimentar. Quando uma pessoa diz que está com medo, está dizendo qual é o seu sentimento. Esse tom de sentimento inclui — e talvez até seja sustentado por — sensações específicas, como palpitações do coração, suor nas palmas das mãos, estômago embrulhado ou respiração superficial. Por outro lado, ela pode sentir medo sem ter esses acompanhamentos sensoriais; experienciando e conhecendo seu medo clara e intuitivamente, mas sem a *awareness* de nenhuma dessas sensações subsidiárias.

Os sentimentos incluem uma avaliação pessoal, uma tentativa de encaixar um acontecimento específico dentro do esquema mais amplo das próprias experiências; as sensações podem ser aceitas por si mesmas e não parecem exigir ou elicitar esse senso de encaixe. As palpitações cardíacas por si mesmas dizem muito pouco a respeito do ser total de uma pessoa porque elas não são específicas; o coração pode bater rapidamente sob condições tão diferentes quanto o medo pode diferir da antecipação ansiosa. Assim, a pessoa pode até experienciar detalhadamente uma sensação sem que esta seja acompanhada por sentimentos — uma ocorrência comum entre indivíduos histéricos que têm muitas sensações, a maioria das quais não parece combinar de modo algum com o tom do sentimento.

Além disso, algumas filosofias orientais, como a ioga, têm o objetivo de experienciar todas as sensações sem colocar *nenhuma* avaliação pessoal nelas. Elas consideram a dor física ou a tristeza como experiências por direito próprio, e essa liberdade diante do preconceito, aceitando seus sentimentos, passa a ser o fator central no estabelecimento e na manutenção de uma vida pacífica. Portanto, uma dor de dente pode dar à pessoa um senso tão rico quanto qualquer outra experiência, se a pessoa deixar de aplicar os costumeiros julgamentos emocionais sobre o que é bom ou não. É difícil fazer isso — por causa da pontada quase reflexa das avaliações pessoais —, mas é possível para pessoas dedicadas e experientes. A meta na gestalt-terapia, contudo, não é que as pessoas abandonem esses julgamentos de seus sentimentos, mas que em vez disso abram espaço para os sentimentos e os usem como um meio de integrar os vários detalhes de suas vidas.

Para poder realizar isso, chamamos a atenção para os sentimentos da mesma forma que já descrevemos ao trabalhar com as sensações. Descrever o tom do sentimento, reconhecer as incongruências ou os vazios na experiência, focar aquilo que foi descoberto e ficar com isso até que a expressão orgânica emerja, todas essas situações usam os sentimentos como aberturas no ciclo da *awareness* e da expressão. Uma vez que este ciclo tenha sido completado, o indivíduo está desimpedido e pronto para passar para novos ciclos de *awareness*-expressão. É a fluidez perpetuamente em renovação desse processo que constitui uma característica importante do bom funcionamento.

Chamar a atenção freqüentemente para os sentimentos presentes exige um virtuosismo no movimento de ida e vinda entre a *awareness*, as ações e a expressão do indivíduo. Por exemplo, se uma pessoa está contando uma história na qual está profundamente absorta, perguntar-lhe qual é seu sentimento naquele momento pode ser recebido como uma distração que deve ser enfrentada com resistência. De fato, é bem freqüente que esta seja uma distração; o terapeuta sensível

228

não se move de lá para cá entre a história da pessoa e sua *awareness* de um modo mecânico ou arbitrário. Ressaltar a substância e o drama da história para que ela seja mais do que um mero "falar sobre" consiste simplesmente em assegurar à história a importância que ela merece por si mesma. Contudo, às vezes, a *awareness* dirigida é necessária para preencher os buracos na experiência. As pistas para focar-se na auto-*awareness* vem do próprio indivíduo, e sugerem onde pode haver buracos na experiência. Por exemplo, um olhar de dor passa pelo rosto da pessoa e parece pronto para se desvanecer sem ser notado, sem deixar mais traços do que uma ondulação na água, mesmo que a dor esteja no cerne da história da pessoa. Perguntar o que ela sente nesse momento, ou até mesmo perguntar se sente alguma dor, ou talvez dizer: "Por um momento você pareceu sentir tanta dor", poderia ser um portal para uma nova experiência — enquanto deixar que isso passe despercebido pode fazer com que a história continue a ser apenas mais uma história. Algumas vezes o olhar de dor pode refletir um impacto já sentido e irá entrar na história sem a necessidade de um foco especial — mas às vezes ele irá desaparecer sem ser sentido nas neutralizações crônicas da experiência de vida dessa pessoa. Só a habilidade do terapeuta pode realizar essa discriminação.

A gestalt-terapia é especialmente vulnerável ao uso desatento das técnicas, precisamente por causa de sua intenção de reunir os diversos aspectos do funcionamento do indivíduo. O terapeuta deve resistir à tentação de tirar truques da sacola. Ele precisa apoiar-se no crescimento evolutivo de suas observações e sugestões enraizadas na situação como ela existe no momento. Se esse ritmo for alcançado, é criada uma nova experiência que tem um tempo orgânico para o paciente. Se não, o terapeuta pode tornar-se arrogante e presunçoso, fazendo o que deseja sem consideração pelo paciente. Poucos dentre nós somos totalmente elegantes ou totalmente arrogantes, mas nossa tarefa é exercer nosso respeito pela posição em que a outra pessoa está, a fim de alcançar o máximo de elegância.

Uma das principais ênfases na gestalt-terapia é a acentuação daquilo que existe, e este é também um dos meios básicos para lidar com o sentimento. Assim muitas vezes perguntamos "O que você está sentindo agora?", ou fazemos afirmações como "Fique com esse sentimento e veja onde ele o leva", ou "O que este sentimento faz com que você deseje fazer?", uma vez que acreditamos que ao fazer isso estamos seguindo a orientação dinâmica proporcionada pelo paciente. Se sua *awareness* puder emergir, ela sugere o sentimento presente e indica a direção na qual esse sentimento se move. Uma pessoa pode dizer tangencialmente e do nada: "Sinto-me triste". Quando o terapeuta lhe diz: "Experimente sentir plenamente essa tristeza, entre nela como se você *fosse* a tristeza", essa pessoa pode começar a sentir sua tristeza de um modo mais agudo do que antes e pode passar a contar uma perda que experienciou e ainda está lamentando, ou lembrar-se de um acontecimento que a deixou triste, ou sentir de algum modo as profundezas de uma reatividade que lhe dá dimensão em vez de insipidez.

Certa noite, num grupo, Ralph contou sobre seus sentimentos confusos com relação ao fim de seu casamento; ele estava no processo de obter o divórcio. Mas seus sentimentos estavam divididos entre tentar avaliar os limites de sua própria responsabilidade por sua esposa que não era totalmente capaz de cuidar de si mesma e de seus filhos, que poderiam ser magoados pela situação instável. Assim, a tristeza de Ralph não podia existir com a pureza necessária para uma expressão clara. Ele trabalhou com o grupo, tentando extrair de si mesmo a sua medida de responsabilidade e o que estava além de seu alcance de ação. Depois de ter feito isso, ficou silencioso por um bom tempo, e em seguida suavemente começou a lembrar em voz alta a esperança e a radiância que haviam preenchido a ele e a sua esposa quando eles se casaram. À medida que recuperava o senso das expectativas não mais disponíveis, surgiram lágrimas em seus olhos e ele chorou quietamente — lamentando as esperanças destruídas. Assim expressou sua tristeza de maneira mais humana, sem ser disfarçada pelas questões quanto à responsabilidade e sem alienar-se do restante do grupo.

A acentuação dos sentimentos impele as pessoas a expressá-los. Mas isso então requer o estabelecimento de uma cena relevante, na qual a expressão possa ter sua oportunidade mais ampla de mover-se para a conclusão. A mera expressão do sentimento pode ser tornar obsessiva e improdutiva se não for colocada no contexto correto. É como o halterofilista cuja destreza permanece presa nele, construindo músculos maiores e melhores, mas nunca levantando nada que valha a pena. As pessoas podem construir sistemas em que as afirmações de sentimentos estão presas nos músculos, repetindo-se sem solução.

230

Dentro do sistema obsessivo, a pessoa que está ressentida ou apaixonada, por exemplo, não *expressará* esses sentimentos, mas antes os exercerá repetitivamente. Assim, ela continua, indefinidamente, encontrando razões para eles, alimentando-os, acentuando-os e dando-lhes direção. A terapia precisa romper as fronteiras desse sistema obsessivo. Talvez os sentimentos existam com relação à coisa errada, ou sejam dirigidos contra a pessoa errada ou mal expressos. A tarefa terapêutica consiste em encontrar a cena correta e desenvolver a força de expressão que combina com a necessidade, como no próximo exemplo. Phyllis era patologicamente ressentida com seu chefe, um homem insignificante a quem ela respondia como se ele tivesse o poder de vida e morte sobre ela. Na verdade, ele era pouco importante na vida dela, e sua tendência a bloqueá-la e a colocar-se contra a influência dela no departamento poderiam ter sido apenas irritações pouco importantes. Mas, em vez disso, elas a inflamavam. Expressar seu ressentimento com relação a ele na terapia e na fantasia tinha pouco efeito. Certo dia percebi que Phyllis era uma pessoa que precisava de muita atenção especial e perguntei-lhe se estava acostumada a recebê-la. Ela se lembrou de que dois homens por quem havia se apaixonado realmente lhe davam um tratamento de "estrela". Entretanto, nos dois casos, ela terminou abruptamente rejeitada. Depois da segunda vez, ela percebeu que nunca tinha se permitido receber o tratamento especial que desejava. Assim, pedi-lhe que se expressasse para esses dois homens, em sua fantasia. Ao fazer isso ela conseguiu sair da mistura de raiva, perda, rancor e resolver aquilo que havia deixado anteriormente de lado e ao redor do qual havia organizado uma parte substancial de sua vida. Ao falar com esses homens em sua fantasia, Phyllis expressou seus sentimentos pendentes. Depois dessa experiência profundamente tocante, ela ficou mais calma e não sentiu mais o agudo ressentimento para com seu chefe. Ela finalmente conseguiu reduzi-lo a um nível de importância mais apropriado em sua vida. Phyllis tinha saído do sistema neurótico no qual tinha tornado seu chefe o centro de sua vida, e passou para um sistema mais organicamente adequado a seus sentimentos. Nesse contexto a conclusão foi possível.

Desejos

A *awareness* dos desejos, como a *awareness* de qualquer experiência, é uma função de orientação. Ela dirige, mobiliza, canaliza, foca. Um desejo é um radar para o futuro. As pessoas que não têm desejos — pessoas deprimidas, por exemplo — não têm futuro. Tudo parece sem valor e sem esperança; assim, nada tem importância suficiente nem para ser desejado. Se acontecer algo, e se a pessoa deprimida não estiver dessensibilizada demais, talvez ela possa reconhecer o acontecimento, mas sua própria experiência não se inclina para nada.

Um desejo é uma função de ligação, integrando a experiência presente com o futuro onde está a gratificação e também com o passado que ele culmina e resume. Os desejos crescem a partir do lugar onde a pessoa está; extraindo sentido das sensações e sentimentos que levaram a este momento de desejo. Só ao tocar o lugar onde se está e aquilo que se quer agora é que se pode forjar o elo central da cadeia de eventos e experiências que forma a própria vida.

Parece axiomático dizer que uma pessoa precisa conhecer o que quer antes de poder ser gratificada, mas na verdade isso nem sempre é verdadeiro. Muitas satisfações acontecem sem que nem percebamos que as desejávamos. Vejo-o sorrir e me alegro também, mas não experiencio o *desejo* de que você sorria — isso apenas aconteceu. Como diversas experiências assim simplesmente acontecem, não planejadas e espontâneas, muitas pessoas passam a *depender* desses acontecimentos como seu meio básico de gratificação. Entretanto, o problema é que embora essas experiências sejam enriquecedoras e inevitáveis na benevolência imprevisível da vida, são como bônus — dos quais infelizmente não podemos depender. Grande parte da gratificação exige que nós, como um girassol, olhemos na direção certa e nos movimentemos, literal ou figurativamente, nessa direção. Saber o que queremos, como o girassol *sabe* que deseja a luz do sol, faz com que nós movimentemos.

Ainda assim, muitas pessoas só raramente têm *awareness* do que querem. Ou elas têm *awareness* seletiva de seus desejos — ou apenas em momentos inoportunos. Na gestalt-terapia, perguntamos com freqüência: "O que você quer?", e esta pergunta muitas vezes provoca uma expressão em branco, quase como se a pergunta estivesse num idioma estrangeiro que o paciente ainda precisasse aprender. Ele precisa de prática em reconhecer seus desejos. Na falta de um desejo claro, o indivíduo ou se torna imobilizado, ou fica num impasse com um grande conjunto de sensações e sentimentos, ou se torna desorganizado e se envolve numa busca ávida por gratificação, que pode levar à atividade — mas não à gratificação.

Quando um desejo pode ser reconhecido e expresso, a pessoa que o deseja experiencia o senso de acertar o alvo e mover-se para um senso de completude e liberação. Perguntou-se a um homem num grupo o que ele queria e ele respondeu que não sabia. Assim, foi orientado a fazer uma afirmação para a mulher com quem tinha estado conversando — uma afirmação que começasse com as palavras "Eu quero que você...". Ele disse: "Eu quero que você saia comigo". O rosto dele repentinamente se iluminou, ele perdeu seu sentimento bloqueado e sentiu que havia recuperado seu fluxo mental. Outro homem, um professor universitário, estava sentindo-se sobrecarregado ao ter de lutar a cada dia com o que pareciam ser exigências demasiadas para escrever, ler, ensinar — até que seu tempo parecia pronto a explodir. Depois de uma longa lista de todas as exigências que experimentava em sua vida já supercomprometida, perguntei-lhe: "O que você quer?". Uma pausa... e um gesto com suas mãos, mostrando uma das mãos se encaixando — mas *muito frouxamente* e com espaço de sobra — na outra... e então: "Eu quero algum *sentimento* na minha vida!". Esses dois reconhecimentos são bem simples, mas para muitas pessoas não estão prontamente acessíveis. Entretanto, até que esses desejos possam ser ao menos reconhecidos, a ação focada é pouco provável.

Um dos modos comuns de permanecer fora de contato com os desejos é inflá-los, ampliá-los para desejos globais, para sempre indefiníveis e fora de alcance. Eu quero respeito, quero ser um sucesso, quero amor, quero ser um bom marido. Quando alguém pergunta o que outra pessoa quer, essa pessoa estará mais perto do alvo se puder responder que quer que ele pare de fazer perguntas, ou que quer aprender a patinar no gelo, ou falar francês, ou fazer amor melhor. Esses são desejos que atingiram um *status* de figura; eles estão claramente definidos, e os ingredientes necessários para sua consecução estão pelo menos disponíveis e identificados. Eles podem se transformar em blocos de construção para novos modos de experienciar a si mesmo. Conseqüentemente, a meta passa a ser transformar os desejos globais em termos específicos e compreensíveis. Ao lidar com desejos globais, por exemplo, as perguntas passam a ser: "O que você precisaria fazer para ser um bom marido?", ou: "Como as pessoas agiriam com relação a você se o respeitassem?".

Na terapia de casal, Vivian estava reclamando de que seu marido, Stan, não a tratava com respeito, e ele respondeu que não achava que ela o tratasse com suficiente empatia. Pedi-lhes que tentassem articular mais claramente seus desejos. No diálogo que se seguiu, ficou claro que o desejo de Vivian por respeito queria dizer que Stan precisaria verificar como *ela* estava se sentindo quando ele chegasse em casa, em vez de despejar imediatamente sobre ela os problemas de seu dia. O que Stan desejava era que Vivian ouvisse o que ele tinha a dizer sem fazer nenhuma sugestão de como ele deveria agir. Era exatamente isso que o fazia sentir que ela o estava menosprezando, e não empatizando com ele. Bem, essas eram coisas que eles poderiam *fazer*, enquanto pedir respeito ou empatia era vago demais — sobretudo quando cada um deles achava que eram pessoas respeitosas ou empáticas. Com o surgimento de um desejo claramente definido, sua própria energia poderia ser focada e efetiva. Saber especificamente o que eles queriam aumentou a probabilidade da satisfação.

Valores e avaliações

A *awareness* dos valores e avaliações em geral se centra ao redor de unidades de experiência mais amplas do que sensações, sentimentos e desejos. Ela também é uma atividade unificadora, incluindo e resumindo grande parte da vida anterior do indivíduo e sua reação a ela.

A *awareness* das avaliações e dos valores pode ser vista como central no exemplo anterior de Lila, a executiva que viu uma criança desamparada em sua secretária perturbadora e controladora. A avaliação que Lila fez de sua secretária como sendo digna de pena foi seguida por sua *awareness* de que seus próprios valores exigiam que as crianças desamparadas fossem cuidadas e apoiadas, e *não* demitidas sumariamente. Por fim, quando ela retomou a projeção de sua própria criança desamparada que havia deslocado sobre sua secretária, tornou-se inevitável que resolvesse seus valores conflitantes, de modo que suas ações pudessem basear-se na necessidade presente, em vez de fundamentar-se em avaliações atrofiadas baseadas nas exigências passadas.

A resolução veio mediante sensações físicas assertivas de sua própria feminilidade. O impacto da sensação presente, poderoso e imediato, desbloqueou as avaliações e julgamentos estereotipados que ela permitira que controlassem suas ações e tornou possível que Lila percebesse mais claramente as direções em que desejava ir. Ela conseguiu chegar a novos valores pela síntese de sua própria criança desamparada e de sua feminilidade: 1) que pessoas que parecem crianças desamparadas não precisam automaticamente de proteção; e 2) que nem todos que precisam de cuidados são crianças desamparadas. Assim, ela ficou livre para julgar que sua secretária, embora semelhante a uma criança desamparada, era ainda assim destrutiva e precisava ser demitida. Também ficou livre para aceitar que podia precisar do amor de outra pessoa sem ser uma criança desamparada; que ela não tinha de ser uma criança desamparada para poder se envolver plena e carinhosamente com outra pessoa que seja ao mesmo tempo forte e generosa, como ela mesma.

É bom lembrar que quando lidamos com a *awareness* de valores e avaliações, estamos acionando toda uma gama de julgamentos e contradições internas. Os valores que um indivíduo constrói para si mesmo com freqüência precisam ser reconstruídos quando contêm material anacrônico. Assim, para Lila, ter o valor de que as crianças desamparadas precisam ser cuidadas significava que ela e seu irmão não seriam desconsiderados, um ato de assertividade que ela precisara desesperadamente afirmar em certo momento. A convicção de que ela devia cuidar era um julgamento de grande valor de sobrevivência. Esse não era um valor excêntrico, ao qual ela havia chegado caprichosamente; era uma necessidade. Mas talvez não fosse mais necessário. E assim sua avaliação anterior precisa ter força suficiente como figura para ser reavaliada e determinar-se se ele ainda é de fato um valor necessário e útil. Se for, se ainda servir a uma necessidade atual, irá persistir; se não, se for uma sobra que serve a uma necessidade que não existe mais, pode ser eliminado, e ela estará livre para passar para outros valores mais sincrônicos.

O papel da projeção na avaliação que Lila fez sobre a criança desamparada na secretária também deve ser descrito. Ela podia aceitar e assimilar a posição precária de seu irmão, não havia necessidade de defender-se disso — mas ela não podia aceitar isso como verdadeiro para si mesma, de fato isso seria assustador demais. Além do mais, para que ela visse a si mesma como aquela que *cuida* do irmão menor desamparado — uma relação não-recíproca que funcionava apenas num sentido —, era essencial que ela não se considerasse uma criança desamparada como ele. Ela, pelo menos, era mais forte, mais esperta, mais velha, com mais recursos etc. Precisava permanecer em contato com a fraqueza e a vulnerabilidade, *mas* não podia tolerar que isso se aplicasse a ela; a fraqueza existia certamente, mas não era uma de suas características — ela estava lá fora, nas pessoas que de algum modo dependiam dela. Portanto, conseguiu projetar sobre sua secretária — que estava na posição de inferior e dependente — a criança desamparada que era intolerável demais para ser aceita como parte de si mesma.

Na emergência segura da situação de terapia, Lila pôde permitir que a ativação crescente fosse despertada primeiro pela *awareness* da criança desamparada e digna de pena em sua secretária, e depois em si mesma. Ela foi finalmente capaz de desfazer a projeção; retomar sua própria criança desamparada. O valor de que ela tinha de proteger as crianças desamparadas pode ser assimilado com discriminação; as crianças desamparadas que precisavam de cuidados tinham de ser distinguidas das crianças desamparadas que eram destrutivas e exigiam uma resposta diferente. E, por fim, Lila chegou a uma nova resolução que pôde integrar a suavidade de sua feminilidade com a necessidade de nutrir e ser nutrida a partir de uma posição de escolha e paridade entre iguais — mútua e não ameaçadora.

9

Experimento

Nada que sobreviva, que ainda esteja vivo, pode ser tratado impassivelmente.

Bernard Berenson

Embora a importância da ação no processo de aprendizagem tenha sido reconhecida há bastante tempo — desde John Dewey até Paul Goodman, John Holt e George Dennison, entre outros —, a maioria das pessoas se acomoda na atitude de "falar sobre" como seu modo costumeiro de abordar a solução de problemas. Elas conversam com os outros a respeito de um problema ou pensam sobre ele até que dêem sorte de chegar a uma posição em que acreditem que valha a pena agir. Então, supondo que o momento certo para a ação não tenha passado, elas podem experimentar.

Entretanto, com demasiada freqüência, essas decisões acabam sendo padrões de "falar sobre" que sufocam a inovação e a improvisação indutiva. A ação que se baseia exclusivamente na deliberação passada, sem a influência facilitadora da invenção presente, tem grande probabilidade de se tornar mecânica e sem vida. Tentativa e erro parece um desperdício, e o desenvolvimento livre de direções novas e incertas parece ser uma heresia total. Considere o exemplo comum do jovem estudante para quem estudar medicina era tão obrigatório que ele entrava em pânico ao pensar em qualquer outra alternativa, mesmo que seu estudo fosse uma angústia total. O destino tinha sido lançado tão irrevogavelmente que ele nem conseguia mais saber se a decisão tinha sido sua ou de seus pais. O tempo gasto, a descrença nos valores dos pais ou do passado, o temor de direções incertas o prendiam ao compromisso original. Preso ao passado, ele só podia ruminar a respeito de mudanças, mas sua ação estava congelada. Esse tipo de tomada de decisão degrada o erro e a individualidade, igualando-os como se fossem indesejáveis e provocassem distração. Numa sociedade com padrões de resultado rápidos e rígidos — como a nossa se tornou —, a aposta está tão alta e se espera tanto que os movimentos sejam corretos e decisivos que os erros são simplesmente caros demais, e poucas pessoas sentem que podem se dar ao luxo de explorar idéias ou possibilidades que possam não trazer lucro.

A gestalt-terapia tenta recuperar a conexão entre o falar sobre e a ação. Ao integrar a ação no processo de tomada de decisão, a pessoa se liberta da influência embrutecedora de suas ruminações. As decisões são mais bem tomadas quando a ação da pessoa começa a indicar uma direção reconhecível à qual ela possa dizer sim. Um jovem pode passar a ver a medicina como sua direção só depois de ter feito um curso de biologia e ter gostado, depois de visitar um médico amigo da família para descobrir como os micróbios se espalham, depois de ficar empolgado com um curso de primeiros socorros em sua aula de salvamento de emergência, e assim por diante. Se ele tomar uma decisão nessa etapa, ela será motivadora e terá base pessoal.

O experimento em gestalt-terapia é uma tentativa de agir contra o beco sem saída do falar sobre, ao trazer o sistema de ação do indivíduo para dentro do consultório. Por meio do experimento o indivíduo é mobilizado para confrontar as emergências de sua vida, operando seus sentimentos e ações abortados, numa situação de segurança relativa. Desse modo é criada uma emergência segura na qual a exploração aventureira pode ser sustentada. Além disso, podem ser explorados os dois lados do *continuum* da emergência, enfatizando primeiro o suporte e depois o correr riscos, dependendo do que pareça mais saliente no momento.

Um homem, por exemplo, torturado por seu chefe e imobilizado pelo poder desse homem, imaginou o chefe sentado a sua frente no ambiente da terapia e terminou gritando para essa imagem e dizendo que gostaria de matá-lo, matá-lo, matá-lo! Esse grito já estava dentro dele, mas o risco de represália dessa força poderosa à qual ele estava se opondo era simplesmente grande demais para brincar com isso. Mesmo quando esse risco foi minimizado — afinal de contas, só ele e eu estávamos presentes em sua fantasia —, ele ainda estava correndo o risco de ser inundado por sua própria fúria. É arriscado ser inundado por um sentimento, apesar da sustentação do ambiente. É devido à presença dessa sustentação que a pessoa se dispõe a correr o risco.

Considerando-se isso, trazer para o ambiente da terapia as situações inacabadas, que se iniciaram em outro lugar e que são relevantes em outro lugar, pode ser uma imitação da realidade, um mero jogo psicológico. O experimento não deve se transformar num paliativo ou num substituto para o envolvimento válido. Em vez disso, a experiência é mais comparável à forma da arte. O artista não recria meramente a cena que vê. Ele combina a realidade "lá de fora" com sua experiência interior, e a síntese é uma descoberta, até para ele próprio. O mesmo acontece no experimento terapêutico. O indivíduo não está tentando apenas reproduzir algo que já aconteceu ou que poderia acontecer. Em vez disso, ele se relaciona com a realidade exterior, expressando suas necessidades nesse momento do tempo. Ele não está ensaiando para um acontecimento futuro nem refazendo algo que já aconteceu, mas experimentando no presente qual a sensação de fluir com *awareness* para a ação experimental. Uma vez que tenha sentido o ritmo de seu momento existencial, ele bem pode se comportar de um modo diferente no mundo exterior do que teria feito antes. Mas, igualmente importante, seu comportamento exterior não será uma réplica do que aconteceu na terapia.

O experimento não é nem um ensaio nem um ato póstumo. Se o homem que gritou com seu chefe seguisse essa cena como se ela fosse um *script* para o futuro, ele seria visivelmente absurdo e auto-sabotador. Contudo, como uma preparação para um contato mais inventivo com seu chefe, o experimento poderia abri-lo para sua auto-sustentação e para sua engenhosidade que anteriormente estava imobilizada.

Nosso experimento criativo difere da forma da arte numa dimensão importante. Um comentário de Herbert Read[1] irá ajudar a esclarecer essa diferença:

---

1. Read, H. *Icon and idea*. Nova York: Schocken Books, 1965.

239

Portanto, não podemos *conhecer* um eu; podemos *apenas* trair nosso eu, e fazemos isso, como a frase indica, de um modo fragmentado e inconsciente. Traímos nós mesmos em nossos gestos, nas entonações de nossa fala, em nossa escrita, e de modo geral, em todas aquelas formas ou configurações (*gestalten*) que automaticamente registram a trilha da corrente da *awareness*. Toda arte é, nesse sentido, uma autotraição inconsciente, mas não é necessariamente uma conscientização do eu traído.

Considerando a visão que Read tem da expressão artística, nós diferimos, pois realmente tentamos trazer para a *awareness* aquele eu que foi "traído". Este é, na verdade, um de nossos principais objetivos. É esta mesma disponibilidade da *awareness* que sustenta o indivíduo, orientando-o para suas necessidades e impelindo-o para ações que expressem e realizem seu senso natural de eu.

Em certo sentido, então, estamos envolvidos numa reversão do padrão artístico. O artista escava em sua reatividade pessoal e produz o trabalho de arte terminado, que é sua afirmação de onde ele está naquele momento em sua existência. O trabalho de arte terminado é a forma tangível que ele torna disponível aos outros, esperando emocioná-los, orientá-los, surpreendê-los, deliciá-los — de algum modo apresentar-lhes sua perspectiva a respeito de sua experiência humana comum, de uma maneira que não seja tão efêmera como a existência é normalmente. Na terapia, não podemos pendurar ou enquadrar nossas produções; não existe um "produto terminado". A pessoa que cria o faz exclusivamente para seus próprios propósitos e provavelmente relutaria em tornar públicas suas criações. O artista almeja ter uma obra terminada com a qual se comunique com os outros, enquanto a forma de arte do paciente leva a ações que criam nele mesmo um diálogo expandido com sua própria natureza e também com os outros.

O que acontece no experimento criativo é semelhante à expressão artística porque ele também tem características de ativação incomum, descoberta e emergência. Mesmo que o processo de elaboração seja realizado em particular, e só o resultado completo seja aberto à observação pública, o artista coloca sua vida psicológica à mostra mediante seu trabalho. O mesmo acontece com o paciente em terapia que pode tremer, sofrer, sorrir, chorar e experimentar muito mais dentro do estreito círculo do ambiente terapêutico. Como o artista, ele

240

está atravessando áreas de experiência não mapeadas que têm uma realidade própria e dentro das quais não tem garantias de uma conclusão bem-sucedida. Mais uma vez, ele confronta as forças que anteriormente o dirigiram para um território perigoso, e a viagem de volta se torna tão acidentada quanto ele havia temido reflexivamente. O terapeuta é seu mentor e seu companheiro, ajudando a manter em equilíbrio a segurança e os aspectos emergentes da experiência, dando sugestões, orientação e apoio. Ao seguir e incentivar o desenvolvimento natural dos temas incompletos do indivíduo por meio suas próprias direções até a conclusão, o terapeuta e o paciente se tornam colaboradores na criação de um drama que é escrito conforme este se desenrola.

O experimento pode assumir diversas formas. Nós as dividimos nos cinco modos seguintes: 1) representação; 2) comportamento dirigido; 3) fantasia; 4) sonhos; e 5) lição de casa.

Representação

Uma das primeiras críticas dirigidas contra a gestalt-terapia foi que ela era uma terapia de atuação. É uma terapia de atuação, mas não no sentido pejorativo implicado na definição psicanalítica de atuação. A atuação passou a ter uma reputação ruim porque tradicionalmente passou a significar uma pessoa que age de um modo não integrado e irrelevante, levada por idéias introduzidas ou estimuladas na terapia. Um terapeuta pode realmente ficar muito perturbado quando pensa que algo que surgiu na terapia irá provocar um comportamento em outro lugar, que possa ser constrangedor ou prejudicial. O paciente que faça sexo com sua mãe após o terapeuta ter comentado que Freud considerava a proibição do incesto como a ferida mais mutiladora da humanidade terá um efeito muito perturbador sobre seu terapeuta. Mais ainda, as implicações de uma terapia de não-atuação são que o paciente se acomodará em elaborar seus problemas, ao mesmo tempo permanecendo inativo fora da terapia, e que ele também saberá quando atingiu uma maturidade e *então* terá o bom senso para comportar-se adequadamente.

Essa atitude é um engodo. Ela exige uma *unawareness* constante do conhecimento presente sobre o processo de aprendizagem, especialmente de que para ser bem-sucedida a aprendizagem *necessita* de ação. A atuação pode ter sido a única via de expressão aberta ao paciente analítico, pois o divã analítico lhe negava os movimentos naturais para a ação, ativados dentro do processo terapêutico. Em vez de ignorar esse fator crucial na aprendizagem, a gestalt-terapia sustenta o ato, procurando pelo momento oportuno da ação e seu encaixe na vida da pessoa.

Anteriormente nos referimos aos quatro níveis de expressão descritos pelos semânticos: bloqueada, inibida, exibicionista e espontânea. As expressões bloqueada e inibida, você deve se lembrar, são aquelas que não se tornam públicas, ou porque os impulsos do indivíduo não são reconhecidos ou porque a expressão é contida mesmo que o impulso tenha sido reconhecido. As expressões exibicionistas são as que não são bem assimiladas no sistema de ação do indivíduo. As expressões espontâneas são as que emergem de modo natural e pleno, bem integradas e graciosas.

A pessoa que está atuando encontra-se na fase exibicionista de expressão, *nos mostra* o que pretende ser, e não o que realmente é. Essa é uma fase crucial. Primeiro, porque muitas vezes é necessário atravessá-la para chegar ao espontâneo. Em segundo lugar, ela é crucial porque a pessoa pode facilmente ficar num impasse e tomá-la por espontânea, em vez de reconhecer sua característica de tentativa. As pessoas que insistem na pura espontaneidade para a sua ação expressiva bem podem recusar-se ao envolvimento na fase exibicionista. Isso pode significar que elas bloquearão qualquer coisa que as faça sentir-se desajeitadas ou falsas, apesar do fato de que o novo comportamento pode ser bastante válido, mesmo que ainda não esteja integrado. A tolerância perante a fase exibicionista muitas vezes é necessária antes que uma pessoa possa fazer mudanças mais profundas em sua natureza. Um indivíduo pedante estará disposto a arriscar-se a parecer tolo ou pouco sábio? Se não, ele continua sendo o que é — pedante —, mas se puder se aventurar em comportamentos não costumeiros, pode temperar seu pedantismo com um apurado bom senso.

A fase exibicionista tem pelo menos o seguinte a recomendá-la, em comparação com os estágios bloqueados ou inibidos: a pessoa está mantendo viva sua necessidade de fazer coisas novas e quando é fiel a essa necessidade, ela é intuitivamente auto-sustentadora, mesmo

242

que possa ser desajeitada, vulgar, estranha e não se possa contar com ela. O homem que pede em casamento todas as mulheres de quem gosta um pouco não é tão atraente quanto aquele que sabe o que deseja e quando o deseja. Entretanto, se o volúvel dom Juan não se apega à sua ambição e em seu exibicionismo, pode finalmente descobrir a proporção, o momento oportuno e o que é necessário para desenvolver um relacionamento. Infelizmente, é muito fácil ficar num impasse; assim, a tarefa do terapeuta passa a ser reconhecer a diferença entre o comportamento exibicionista e o espontâneo. Com muita freqüência, jogos, bravatas e estereotipia são erroneamente afirmados como um novo crescimento integrado.

A representação, para o gestalt-terapeuta, é a dramatização de algum aspecto da existência do paciente, que ocorre dentro da cena da terapia. Ela pode começar com uma afirmação que o paciente faça, ou com um gesto. Por exemplo, se ele faz um pequeno gesto, podemos pedir-lhe que amplie seu movimento até uma dimensão mais plena. Suponha que ao fazer isso ele descobre que o movimento lhe dá a sensação de um leão sentado sobre suas ancas. Perguntamos qual é essa sensação. Ele diz que ela faz com que ele deseje rosnar. Vá em frente e rosne. Ele faz isso, e começa a se mover pela sala, pisando nas pessoas. Ao terminar, assustou algumas pessoas, divertiu e encantou outras e descobriu sua própria ativação contida. Essa ativação lhe mostra um novo lado de si mesmo — o lado do poder, o lado animal, o lado que se move vigorosamente para o contato —, e ele começa a perceber algo daquilo que está sentindo falta na vida. No momento oportuno, e repetindo-se nos momentos adequados, tais caracterizações acionam o sistema de ação do indivíduo, abrindo novas direções.

A representação pode assumir muitas formas. Estamos escolhendo apenas quatro exemplos, embora a representação possa ser usada para acrescentar pungência e drama a muitas experiências humanas.

1) *Representação de uma situação inacabada do passado distante* — Essa é a experiência de Sue, uma mulher determinada a não ficar com medo. Caracteristicamente, ela ficava frustrada, confusa e teimosa, mas só raramente com medo. Sua voz era como pedra, e seu pescoço e ombros eram muito tensos. Sua garganta era muito constrita, e assim pedi-lhe que colocasse o dedo na garganta para elicitar seu

reflexo de vômito. Eu esperava que isso ajudasse a soltar a garganta de Sue e trouxesse uma melhor ressonância a sua voz. Além disso, essa miniemergência também poderia lhe dar um senso do medo que ela bloqueava de forma compulsiva. Ela colocou o dedo precipitadamente em sua boca, e acabou tossindo e um pouco nauseada — mas nada de medo. Ela também não fez o movimento de vomitar. Pedi que o fizesse novamente. O mesmo aconteceu: precipitação, tosse, nenhum vômito, nem medo, nem emoção. Conversamos um pouco sobre sua precipitação na vida. Depois pedi-lhe que tentasse novamente. Dessa vez, Sue conseguiu eliciar o reflexo de vômito, embora tossisse novamente e interrompesse o pleno espasmo de vômito. Ela comentou que uma parte dela permanecia inatingível e impassível. Lembrou-se de que tinha experienciado pela primeira vez esse sentimento, que agora lhe era familiar, quando seu irmão — cinco anos mais velho — a atacava. Ela nunca conseguia impedi-lo de a prender e a sufocar sadicamente. Quanto mais ela dizia "por favor" ou "pare", mais ele lutava. Ela aprendeu que se ficasse impassível, ele provavelmente desistiria. Assim, aquilo que começou como uma impassividade desesperada, planejada para lidar com seu irmão, havia continuado muito além daquela situação.

Nesse momento, nossa representação começa. Em vez de falar sobre o relacionamento que ela tinha com seu irmão, instruí Sue a permanecer impassível independentemente do que eu fizesse. Ela concordou. Andei até ela, coloquei minhas mãos em sua garganta e comecei a sufocá-la. Ela permaneceu surpreendentemente flácida. Por fim, ela tentou me impedir, tentando vigorosamente afastar minhas mãos de sua garganta. Quando não cedi de imediato, ela retornou rapidamente para a flacidez. Então, eu parei. Ela observou que eu poderia tê-la ferido, pois ela não havia me transmitido o efeito que eu estava cansando. Eu podia sentir alguma agressão borbulhando nela. Então, sugeri que quando eu me aproximasse de novo dela, dessa vez ela deveria defender-se o mais vigorosamente que pudesse. Enquanto eu dirigia-me a ela com a intenção de sufocá-la novamente, Sue ficou de pé antes que eu pudesse alcançá-la. Ela tentou pegar a minha garganta e começou a me agarrar, e logo estávamos lutando no chão. Depois de um momento, contra sua resistência plena e muito poderosa, forcei-a a deitar-se de costas e entrei no processo de imobilizar seus ombros no chão, contra sua forte oposição. Ela começou a ficar vermelha, e finalmente a palavra "PARE!" explodiu. Parei. Então, nós conversamos. Ela estava profundamente afetada, não só pela ação física, mas também pelo retorno dos antigos sentimentos e pelo novo final que lhe revelara que eu não era o seu irmão, e ela podia ter um efeito naquilo que podia ser um mundo não tão intransigente.

O som abrasivo de sua voz, seu pescoço e ombros tensos, a ausência de medo, sua teimosia e impassividade todos eram pistas — incompletas em si mesmas — que se manifestaram como parte do desenvolvimento da representação. Passo a passo, o drama passou a revelar sua própria natureza e a situação inacabada de seu passado. Talvez essa representação tenha sido arriscada e não profissional. Foi as duas coisas. Entretanto, o risco estava dentro de limites aceitáveis porque eu já tinha trabalhado extensamente com Sue e julgava que ela não seria inundada pelo contato físico poderoso e também confiava suficientemente em mim; assim — mesmo durante o experimento —, ela saberia que não ficaria separada de mim. A segunda crítica — de que isso foi não profissional — vem de uma visão ultrapassada de profissionalismo. A responsabilidade profissional do terapeuta é envolver-se e fazer o que for necessário para ajudar a recuperar o que a pessoa perdeu em seu caminho. Do mesmo modo em que as primeiras experiências de Sue não foram versões diluídas de ataque, o envolvimento entre ela e seu terapeuta também não podia ser um contato diluído.

2) *Representação de uma situação inacabada do presente* — O passado distante não é o único depósito de situações inacabadas. A maioria de nós é confrontada diariamente por situações inacabadas. Grande parte delas é assimilável, mas parte do que permanece inacabado simplesmente não é eliminado e fica grudado no estômago. Essas questões prendem muita energia, até que possam ser concluídas. As conseqüências são letargia, hostilidade, autodepreciação e toda uma gama de experiências pessoais nas quais a terapia se foca.

Victor, um homem que participava de um grupo, queixava-se resignadamente de como a interferência de sua esposa em sua vida era intolerável. Ela dava um jeito de colocar-se entre ele e qualquer pessoa com quem ele pudesse estar conversando. Assim, pedi-lhe que continuasse a falar com o grupo e disse a uma das mulheres do grupo que ficasse fisicamente entre ele e a pessoa com quem ele estivesse falando. Ela fez isso com muita energia, representando seu papel como se fosse uma estrela do basquete defendendo uma grande vantagem no placar. A cena era viva e engraçada, o que contrastava agudamente com o relato monótono e estéril de Victor. Em pouco tempo ele também foi arrastado para a ação, mobilizado a fazer com que suas comunicações chegassem aos outros atravessando essa mulher que interferia. Ele falou mais alto, tornou-se mais assertivo na linguagem e nos gestos, mandou que ela calasse a boca e saísse do caminho, desviou-se dela e acotovelou-a para passar à sua frente, e de um modo geral não se deixou dissuadir de passar por ela. Durante essa cena ele percebeu com clareza que havia desistido de sua passividade prévia e era capaz de reconhecer como tinha se rendido humildemente a sua esposa, supondo que ela era mais fascinante do que ele e desistindo de qualquer tentativa de interessar os outros por si mesmo. Também percebeu que a agressividade poderia ser usada de modo leve e não precisava resultar numa competição pesada.

A representação pode ser divertida. Isso não diminui a importância de se discriminar entre a diversão que é meramente evasiva e a diversão que facilita um fato sem qualquer perda do discernimento das pessoas envolvidas. Praticamente não há nenhum grupo com que tenhamos trabalhado que não tenha tido momentos de hilaridade. Na verdade, num caso em que claramente faltava humor, nós o focalizamos até que ele surgisse. Quando isso aconteceu, comprovou-se que o humor era um elemento decisivo para que os membros do grupo conseguissem levar uns aos outros *a sério!* Até o aparecimento do humor, a cena não tinha vida. Depois do seu surgimento, a confiança e o interesse entre as pessoas aumentaram. O trabalho no grupo alcançou dimensões mais profundas. Brincando e fazendo piada, pode-se explorar aquilo que — sem a graça do riso — seria doloroso demais ou fora de perspectiva. A piada, a palhaçada, o exagero e a caricatura, todos são retratos. Eles são esboços sobre uma característica central de um indivíduo que talvez ele mal perceba. Além disso, o humor é um reconhecimento criativo dos aspectos redentores daquilo que de outro modo poderia ser experienciado numa única dimensão ou como meramente negativo.

A característica de jogo inerente à representação é também uma fonte de vitalidade. Entretanto, muitas pessoas têm dificuldade com a representação. O mais freqüente é que seu senso de relevância seja fechado e que tenham dificuldade em mudar seu estado de espírito, de suas expectativas sérias e intelectuais para o que consideram um simples jogo. Algumas vezes, o momento oportuno tem uma margem de erro muito pequena; ou esses indivíduos se recusam a fazer até mesmo um pequeno esforço para que o momento seja oportuno. Eles só irão participar se as condições forem perfeitamente certas. Por outro lado, as crianças, intuitivamente ávidas, respondem com um interesse deliciado a suas experiências, incluindo-as em seus jogos. Assim, elas brincam de médico, de escola, de casinha, de caubóis e índios... O jogo não é um "fingimento", porém a criação de uma nova realidade com uma força própria e que é mais suscetível a seu envolvimento pessoal. O mesmo acontece com a representação das experiências do adulto. A mobilidade da mente e do corpo é recuperada quando a pessoa não é mais governada pela realidade *real*, mas pode inventar e encontrar novas condições. As surpresas acontecem porque são inerentes ao jogo, em vez de serem determinadas pelas características de outra pessoa, pela natureza da sociedade, ou pelas implicações práticas. Essas criações, como Freud observou sobre a criação do sonho, são como microcosmos que possuem vida real, mas que não estão limitadas por suas complexidades.

O grande drama tem o poder de iluminar nossas vidas. Quando eu assisti a *The iceman cometh*, de O'Neill, um novo senso de amor incondicional foi ativado em mim, e durante meses isso influenciou meus relacionamentos com as pessoas. O efeito diminuiu, é certo, mas ele volta mesmo agora, quinze anos depois. O drama na terapia tem um poder comparável.

3) *Representação de uma característica* — As palavras são apenas expressões taquigráficas daquilo que uma pessoa está tentando dizer. Muitas delas — especialmente as palavras-chave — requerem elaboração e amplificação para que possam ser entendidas em seu sentido único e pleno. O mesmo vale para os conceitos que uma pessoa possa ter a respeito de si mesma ou dos outros. Assim, suponha que alguém diga que ele desejaria ser uma pessoa gentil, mas isso é impossível porque em sua vida os vencedores foram manipuladores e astutos. É necessário descobrir quais as definições pessoais que ele construiu para gentileza, astúcia ou manipulação — definições que vêm de sua própria experiência com essas características. Ele poderia dar exem-

plos de como ele foi gentil ou de como viu os outros se comportando de modo gentil. Poderia dar como exemplo certa vez em que deixou de criticar um colega de trabalho — uma imagem de gentileza.

Contudo, quando ele representa sua imagem de gentileza, ela provavelmente será bem diferente do modo em que ele a havia verbalizado. O mesmo também acontece com a astúcia ou a manipulação. A astúcia de um homem é o alerta animal de outro, e a vigilância paranóide de um terceiro. A palavra adquire vida própria quando a tomamos como absoluta, sem investigar seu significado pessoal. Transformar a palavra numa coisa, dessa maneira, a afasta de sua função prática, como um modo mais ou menos eficiente de se referir a um processo que permanece vivo e cujos referentes estão mudando continuamente. A representação é um modo de manter vivas as palavras que uma pessoa usa para caracterizar a si mesma ou a outra pessoa. Manter essa linguagem conectada à ação permite sentimentos de mudança e crescimento; e assim tem menor probabilidade de experienciar a si mesma como portadora de um rótulo indelevelmente afixado às suas costas.

Cyrus, um membro de um grupo, estava lamentando o fato de seus pais serem pessoas astutas, perspicazes e oportunistas. Estas características o repeliam, o que não seria tão ruim, se não fosse por ele se proteger tão zelosamente contra o aparecimento dessas características em si mesmo, o que fazia dele um homem letargicamente gentil — amável, mas flácido. Pedi a Cyrus que nos fizesse uma palestra sobre as vantagens de ser perspicaz e esperto, esperando que ele se conectasse com essas características. À medida que ele prosseguia, começou a falar bombasticamente, com grande prazer, sobre como operar ações imobiliárias com um olho no lucro. Cyrus de fato sabia o que era necessário e entrou nisso, ficando acima de nós a partir de uma posição elevada, de pé num sofá. Sua energia e empolgação aumentaram, e ele reconheceu que estava gostando do que fazia! E não só isso — ele estava intelectualmente mais prolífico do que o costumeiro, tinha um melhor fluxo de idéias, usava uma linguagem mais viva e tinha um modo de falar mais poderoso. Todo esse ímpeto havia sido refreado dentro dele por causa de sua definição de astúcia e porque ele evitava ser pego agindo desse modo. Ele havia sido pego — mas por seus próprios rótulos.

248

Eu poderia ter agido de um modo diferente e pedido que ele fosse de pessoa em pessoa na sala, sendo gentil a seu próprio modo. Isso lhe teria dado uma oportunidade de experienciar sua própria gentileza mais claramente e desenvolvê-la numa gentileza mais viva, mais pessoal, do que seu modo costumeiro. Afinal de contas, a astúcia não era seu único estereótipo verbal — ele tinha algumas idéias vulgares a respeito do que era ser gentil. Quero dizer que não se resume em astúcia e gentileza o que ele precisava investigar; ele precisava livrar-se da sua prisão a rótulos para poder descobrir que era ele mesmo. O processo básico é recuperar um senso de unidade na ação e reconhecer a própria individualidade, em vez de perpetuar o estereótipo idólatra.

Uma das fontes mais ricas de informação sobre uma pessoa são as metáforas usadas para descrevê-la, seja por ela mesma ou pelos outros. A metáfora, entretanto, é como as palavras. Seu significado individual precisa ser confirmado, e a representação é um modo fértil de fazê-lo. Um exemplo se refere a Maeta, uma jovem que descrevia a si mesma como "estando toda amarrada em nós". Assim, pedi-lhe que se amarrasse em nós e representasse sua própria metáfora pessoal. Ela o fez, torcendo seus braços, pernas e corpo, de um modo enrolado, literalmente amarrando-se. Perguntei-lhe como se sentia toda amarrada deste modo, e Maeta respondeu que se sentia imobilizada, muito apertada e tensa. O que ela sentia vontade de fazer? Ela tinha vontade de se desamarrar, e a instruí a fazê-lo gradualmente, soltando um membro por vez e experienciando separadamente cada uma dessas liberações. Ao fazer isso, ela ficou surpresa ao perceber que tinha medo de se desamarrar! Por mais doloroso e paralisante que fosse ficar amarrada em nós, isso pelo menos era um tipo de identidade, e se ela ficasse totalmente desamarrada, não saberia quem ou o que poderia ser tornar!

4) *Representação de uma polaridade* – A representação de uma polaridade também dramatiza características pessoais, mas neste caso existem *duas* características opostas, como ser diabólico ou angelical, grande ou pequeno — ou duas direções opostas, como ficar ou ir embora, falar ou permanecer em silêncio. Essas cisões dentro do indivíduo podem prendê-lo na ambivalência ou confusão ou podem impeli-lo à resolução apenas para se livrar da incerteza. Assim, ele se

ajusta ao que parece ser uma clara vitória de um de seus lados, com a parte derrotada ou suprimida ficando oculta e sabotando a característica aparentemente vitoriosa, pela culpa, do arrastar de pés, do fazer-se de idiota, da energia deprimida, da falta de alegria, e de outras manobras autoderrotistas. O esforço devotado a manter a característica silenciosa ou servil é um esforço fracassado — ela *irá* aparecer repentinamente, de maneiras inconvenientes, para afirmar qualquer validade que possa ter, como todas as forças resistentes que foram obrigadas a se ocultar. A luta é como a farsa que muitas vezes acontece quando um pai apressado tenta fazer com que Júnior vá rapidamente para a cama, ao pular partes de sua rotina da hora de dormir: contar histórias, cantar, cobri-lo, e assim por diante. Júnior continua chamando o pai: ele sabe que não recebeu o que precisa — e não vai dormir. O resultado é que são despendidos mais tempo e energia ao tentar abreviar o ritual da hora de dormir do que teria sido necessário se o procedimento costumeiro tivesse sido seguido.

O mesmo acontece com a polaridade. Ignorar partes de si mesmo resulta numa situação de defesa, como no caso do vigarista e do menininho, que enxerga por meio da falsidade de seus arranjos e continuava a fazer perguntas perturbadoras. "Vá embora, garoto, você me *incomoda*" não funcionou para W. C. Fields e também não funciona muito bem nas tentativas cotidianas de enganar a si mesmo. O diabo não reconhecido irá aparecer de repente, de qualquer modo, para grande constrangimento ou desconforto do anjo — ou irá exigir tanta vigilância contra seu aparecimento indesejado que o indivíduo se sente inseguro e constantemente em guarda, mesmo em seus momentos angélicos. Ainda pior, o retraimento da energia diabólica deixa a vida menos divertida, ou pode tornar a pessoa angélica menos esperta do que ela precisa ser para viver bem.

A necessidade básica quando se trabalha com polaridades é recuperar o contato entre as forças opostas. Uma vez que o contato entre essas partes seja estabelecido, cada parte da luta pode ser experienciada como um participante válido. Elas podem então tornar-se aliadas na busca comum por uma boa vida, em vez de oponentes difíceis mantendo a separação. Quase invariavelmente, quando o contato é restabelecido, o indivíduo descobre que essas partes temidas tinham muitos aspectos redentores, e sua vida se expande quando isso é recuperado.

250

Contudo, *não* estamos procurando tão-só fazer acordos em que a mesa seja virada e a pessoa angelical desista desse seu lado e se transforme apenas num diabo. Esse é o espectro de dr. Jekyll e mr. Hyde, e ajustar-se a esse tipo de existência não é união; é uma dissociação pessoal. Uma troca temporária pode ter um efeito benéfico no processo total. Algumas vezes é inevitável que para *re*-experimentar o próprio lado oculto, esta parte submersa de si mesmo deva receber todo o poder para romper as barreiras habituais à sua expressão. Portanto, existem momentos em que uma pessoa doce pode se tornar temporária e arbitrariamente cruel enquanto representa esse lado de si mesma. No decorrer do tempo, a união com sua doçura terá de ser restabelecida para que ela possa assumir a sua inteireza. É necessário ter fé de que essa união irá acontecer — a maioria das pessoas não pode permitir facilmente que aconteçam mudanças tão radicais. Mas a fé na auto-regulação organísmica, implícita na gestalt-terapia, é que se cada parte da pessoa puder ser ouvida, ela não buscará estabelecer uma ditadura, mas se moverá para a inclusão numa comunidade de características que formam o indivíduo. Uma ditadura se estabelece para conseguir algo em face de uma grande pressão, como tornar-se organizado perante uma grande exigência dos pais. O lado desorganizado precisa ser oculto. Quando o indivíduo pode *dar atenção* a algum aspecto de sua natureza em vez de ocultá-lo, ele não precisará recorrer a medidas repressivas para sufocar as mensagens indesejadas. A unidade da pessoa está baseada na inclusão, na composição, não na mera especialização. Há muito a ser dito a respeito da eficiência da ditadura pessoal: ela é conveniente, unilateral, decisiva. Essa é uma eficiência incômoda, e embora muitas pessoas pareçam capazes de ser bem-sucedidas e conseguir o que desejam por meio dela, as perdas que muitas outras sofrem são grandes demais para serem suportadas — basta enxergar a epidemia de ambivalência, o preconceito venenoso e o desejo por soluções simples.

Um dos métodos comuns para provocar uma nova composição de forças é representar o diálogo entre as partes polares. Uma mulher, Carla, se comparava a uma pintura em que o fundo fosse azul com pequenos pontos vermelhos espalhados nele. Para ela, o azul representava seu estado de espírito básico na vida: deprimido, sem forma, servindo principalmente como pano de fundo, sem disposição para ser escondido mas sem forma própria. Os pontos vermelhos eram seus momentos de felicidade, claramente articulados, mas pequenos, isolados e sem chegar a cobrir terreno suficiente. Pedi a Carla que iniciasse um diálogo entre o fundo azul e os pontos vermelhos de sua pintura. O fundo azul observou que poderia ser mais fácil ser feliz se ele tivesse algum tipo de forma, como os pontos vermelhos; ele queria ser também claramente articulado. Carla percebeu que ser mais específica iria significar que ela teria de ser tão clara com relação a sua tristeza como era com relação a sua felicidade. Em geral resistia a isso, ajustando-se à depressão indiferenciada, em vez da tristeza claramente focada — ela chamava isso de não estar disposta a reclamar —, o que também a impedia de fazer qualquer mudança específica nas partes não realizadas de sua vida. Os pontos vermelhos então ouviram enquanto o fundo azul contava da tristeza do relaciona mento limitado com um namorado e de seus sentimentos de impotência no trabalho. Ao identificar esses aspectos insatisfatórios de sua vida, Carla deu o primeiro passo para realizar mudanças.

A seguir, apresenta-se um breve diálogo entre os lados grande e pequeno de uma mulher que muitas vezes sentia que tinha de apresentar uma fachada brilhante e competente para encobrir sua incerteza e a necessidade de segurança.

Pequeno: (chorando) Eu me sinto tão pequena. Eu me sinto desamparada e fraca... Preciso de alguém que cuide de mim. Não *quero* ser grande e ter que cuidar de outra pessoa. Eles sempre querem que eu cuide de alguém, e eu sou pequena demais!

Grande: Vamos, não seja assim. Você não tem que ser assim. Eu sou grande e posso fazer coisas. Sou capaz de tocar as coisas.

Pequeno: Eu não *quero* ser grande... Eu sou pequena... Eu tenho só três anos e meio e... Estou cuidando de meu irmão menor e... ele cai na varanda! Sou pequena demais para cuidar dele. Eu me sinto tão mal!

Terapeuta: Parece ser uma tarefa grande demais para uma menininha.

Pequeno: *Foi*... Eu não devia estar fazendo isso... era demais para se esperar de mim. Sempre me pediram para agir como uma menina crescida e fazer coisas, e eu sou pequena!

(pausa)

Agora me sinto maior... tenho onze anos e me pedem para ir a Cape Cod e tomar conta de meus primos. E eu me preocupo com quem irá cuidar de minha irmãzinha... há um rio em frente da nossa casa e tenho medo que ela caia nele e ninguém a veja.

Terapeuta: Então, é *você* ou *ninguém*.

Grande: Isso é bobagem!

Terapeuta: O que é bobagem?

Pequeno: Alguém irá tomar conta dela... não *precisa* ser eu! (chorando) Eu quero ser pequena e ter alguém que me *pegue no colo*. (Encolhe-se e se enrola no sofá... estende a mão.)

Terapeuta: O que você quer agora?

Paciente: Oh, não sei... eu me sinto como um bebê! É tolo!

Terapeuta: O que você quer é tolo?

(longa pausa)

Paciente: Você poderia... você poderia me dar colo?

Assim, me sentei ao lado dela no sofá, peguei-a no colo e a abracei. Ela continuou a chorar, e pouco a pouco a tensão e a dureza se dissiparam. Depois de uns cinco minutos pedi-lhe que simplesmente experimentasse a sensação de ser abraçada. Depois de outros cinco minutos, perguntei do que ela estava consciente.

Paciente: Eu me sinto mais relaxada agora do que jamais me senti antes.

Terapeuta: Você se sente *grande* ou *pequena* agora?

Paciente: Eu não me sinto pequena.... não me sinto como um bebê. Mas também não me sinto grande. Quero dizer, não sinto que tenho que agir como grande e fingir que não quero ser abraçada... eu... *Essa é* a bobagem! Posso ser grande e ainda desejar ser abraçada!

As polaridades podem assumir muitas formas, como as máscaras no teatro grego em que cada personagem representava a si mesmo e ainda mais do que si mesmo. Assim, as polaridades podem representar o campo de batalha entre o intelecto e a emoção, entre a competência e a incompetência, entre o brilhantismo e a estupidez, entre a confiabilidade e a irresponsabilidade, e entre a maturidade e a imaturidade. Pela representação dessas características, o indivíduo pode dar plena voz ao que elas exigem e à contribuição que elas trazem para sua vida.

Comportamento dirigido

Algumas mudanças no comportamento não exigem uma elaboração anterior profunda, mas podem, mesmo assim, alterar o modo como o indivíduo experiencia a si mesmo e o modo como ele experiencia e é experienciado pelos outros. É um alerta comum que em terapia não dizemos às pessoas como se comportar. Na gestalt-terapia fazemos isso algumas vezes — seletivamente, e com propósitos exploratórios. Mediante instruções e orientação simples, o paciente pode fazer algo que revele ou enfatize um comportamento que pode estar bloqueado da consciência e, por meio disso, descubra uma nova inclinação no comportamento anterior, nos relacionamentos familiares e na experiência prévia.

Por exemplo, se uma pessoa fala como se estivesse choramingando, mas *ela* não está em contato com essa característica de sua voz, seria possível pedir-lhe que choramingue de modo deliberado e exagerado. Pode-se pedir que a pessoa com maxilar tenso fale como um idiota ou como um quebra-nozes ou como se tivesse uma contração espasmódica nos músculos do queixo. A pessoa que fala suave pode experimentar falar como se as outras pessoas na sala estivessem muito distantes; a pessoa que parece estar fazendo discursos poderia receber a tarefa de fazê-lo; a pessoa que qualifica tudo o que diz poderia experimentar falar sem nenhum comentário qualificador. Embora o comportamento dirigido tenha um pouco do sabor da representação, ele difere desta por ser mais prático, mais limitado a comportamentos específicos e ter instruções mais diretas — não tão abertas como a representação. Embora seja verdade que seus efeitos muitas vezes possam ter conseqüências dramáticas, a intenção não é criar uma cena dramática, porém colocar um novo comportamento em ação durante um encontro real.

O comportamento dirigido *não* pretende fazer com que uma pessoa faça coisas que não deseje — ou simplesmente faça as coisas cegamente, sem senti-las. Entretanto, ele *pretende* dar à pessoa uma oportunidade para uma prática relevante de comportamentos que ela possa estar evitando. Mediante suas próprias descobertas ao experimentar esses comportamentos, ele irá revelar aspectos de si mesmo que por sua vez irão gerar mais autodescoberta.

Uma pessoa num grupo recebeu o papel de interferir, por causa de sua relutância explícita em falar quando poderia estar interferindo com o desenrolar dos acontecimentos. Por certo tempo, seu comportamento realmente representou uma interrupção, mas conforme ela continuou comportando-se assim, o que havia começado como um comportamento de interferência passou a ser uma liderança real. Naturalmente, as instruções não haviam tido a intenção de produzir uma interferência geral, mas de permitir que as energias dela fossem liberadas mesmo quando ela sentisse que estava interrompendo. Se uma pessoa tiver de esperar até que nada esteja acontecendo para evitar interferir, ela terá uma longa espera pela frente.

Outro jovem num grupo falava de modo acanhado, articulando suas observações cuidadosamente e tomando muito cuidado para não "impor" suas opiniões sobre ninguém. Pedi-lhe que continuasse cada comentário ou afirmação que fizesse com a frase: "e eu realmente quero dizer isto!". No início, ele resmungou a frase, dizendo-a meio sem sentir, mas depois começou a apreciar o que estava fazendo; seus olhos brilhavam e ele sorria, e a frase ficou mais forte e clara a cada vez que ele a dizia. As outras pessoas no grupo responderam-lhe, perguntando sua opinião e apreciando com ele a vigorosa afirmação de sua crença. Antes ele estava numa posição na periferia do grupo, mas depois disso passou a ser central para a ação daquela noite.

Outro exemplo do uso do comportamento dirigido é quando se tem o objetivo de mobilizar a auto-sustentação. Adlai, um médico, sentia-se rotulado e rejeitado sempre que suas afirmações não eram imediatamente aceitas por seus colegas. Quando suas palavras eram recebidas com ceticismo, ele se endurecia e se isolava de contatos posteriores. Adlai era um homem bastante vago, que tinha tendência a dizer coisas estranhas como se fossem a verdade divina. Durante várias semanas, trabalhamos em seus poderes para sustentar suas próprias afirmações, porque era como se ele esperasse que toda a sustentação viesse de seus colegas e fizesse pouco para sustentar a si mesmo. Em uma de nossas sessões, ele falou sobre um paciente que estava morrendo de envenenamento por uremia; ele acreditava que esse homem deveria ser ajudado a morrer, pois tinha muito pouca chance de sobreviver. Adlai sentia que era covarde, pois se não fosse teria sido capaz de administrar uma dose mortal de drogas, o que ele claramente não conseguiria fazer. Para tentar sustentar sua opinião a respeito da justificativa para matar esse indivíduo, Adlai falou detalhadamente sobre a vida e a família desse homem. Quanto mais ele falava, mais ficava consciente de que seu paciente fazia um grande esforço para permanecer vivo apesar da dor e, além disso, a família desejava que ele permanecesse vivo. Assim, ele havia agido de modo correto ao não apressar a morte do homem, alterando seus julgamentos prévios sobre o mal da dor para o seu oposto. Anteriormente, ele teria ficado num impasse com o sentimento de covardia. Mas quando foi capaz de revelar os apoios para seu comportamento, seu ato se transformou numa experiência calorosa e responsiva, em vez de uma tarefa de lavagem cerebral contra um assassinato possivelmente justificável.

Um jovem, Rick, tão atraente quanto Adônis, que tivera uma vida de aventuras, estava impotente havia anos. Ele fora um soldado voluntário no Vietnã e tinha se oferecido para as missões mais perigosas; era um mergulhador de águas profundas, tinha explorado regiões selvagens e tribos primitivas no Brasil; tinha sido jogador profissional de rúgbi; e cortado árvores para relaxar. Ficou claro, enquanto contava suas experiências, que Rick apostava muito em manter o sangue-frio diante do perigo. Sua coragem e elegância pessoais diante do perigo eram admiráveis — mas infelizmente ele não podia fazer amor com um pênis flácido. Um dia, Rick estava falando sobre sua formatura próxima em Direito e o que ele poderia fazer depois disso. Estava considerando duas alternativas. Uma era entrar na política e se tornar um investigador criminal — um bom modo, em sua opinião, de iniciar a aventura política de colocar sua própria área metropolitana a seus pés. Embora isso pudesse soar como um esquema grandioso se fosse dito por algumas pessoas, vindo dele era uma possibilidade romântica, mas não totalmente improvável. Outra alternativa lhe era oferecida por um amigo rico e importante que queria abrir um lugar para Rick em atividades de negócios internacionais e eventualmente até mesmo como seu próprio auxiliar se a perspectiva de um posto no gabinete presidencial se concretizasse. Rick descreveu bem detalhadamente essas duas escolhas, mas sem entonação vocal, sem cor no rosto, sem movimento ou senso de admiração que essas perspectivas teriam despertado na maioria das pessoas. Ele não era um homem arrogante, e eu tinha a sensação de que ele poderia enrubescer a qualquer momento — mas, é claro, isso não aconteceu. Um "rubor" em seu pênis lhe valeria muitas histórias, porque teria assinalado a recuperação da disposição para experienciar a sensação e a conseqüente recuperação da potência sexual, que ele realmente conseguiu depois.

Como o comportamento dirigido é um método excelente a ser usado na tentativa de recuperar a sensação, eu disse a Rick para contar-me essas histórias de novo, mas dessa vez com paixão e empolgação, como um ator o faria. Expliquei-lhe que, embora o que eu estava propondo fosse parecer artificial no início, *eu* tinha sentido falta da empolgação na primeira vez em que ele havia falado e suspeitava que *sua* própria perda fosse mais dolorosa que a minha. Assim, ele começou a contar novamente suas histórias, enquanto eu dava algumas batidinhas em seu peito para ativar sua reatividade. Quando terminamos, a agressão em seu sistema havia se tornado aparente; seu queixo se projetava para fora, seus punhos estavam fechados, sua respiração era mais rápida e havia cor em seu rosto. Ele começou a parecer suave e ainda mais jovem que seus 28 anos. Sua solidez o deixou e ele parecia ágil e fisicamente poderoso, com energia para gastar. Essa seqüência de comportamento dirigido o havia colocado em contato com o poder de sua energia presa. Eu pensei, o pênis vem depois.

Fantasia

A fantasia é uma força expansiva na vida de uma pessoa — ela alcança e se estende além das pessoas, do ambiente ou do acontecimento imediato que de outro modo poderiam restringi-la. Algumas vezes essas extensões podem ser pueris ou obsessivas, como em muitos dos devaneios. Mas algumas vezes essas extensões podem reunir tanta força e agudeza que acabam por atingir uma presença mais intensa do que algumas situações da vida real.

O personagem Walter Mitty, criado por Thurber, retrata as fantasias grandiosas e fúteis de um marido dominado pela esposa. Mas a energia criativa de Thurber transforma isso num retrato que é maior em termos de vivacidade, ação e completude do que qualquer devaneio comum. Geralmente, a pessoa que devaneia reluta em detalhar e operacionalizar seus devaneios até mesmo na fantasia, e assim ela acaba duplamente bloqueada — com medo dos acontecimentos ou de seus próprios sentimentos e — ainda pior — com medo de suas sombras! Assim, a pessoa que rumina suas fantasias repete temas esboçados, despidos da agressão, da sexualidade, das manipulações inteligentes etc., de tudo que forma o material que faz com que suas vísceras pulsem. Quando essas fantasias podem emergir na experiência de terapia, a renovação de energia pode ser vasta, algumas vezes beirando o inassimilável, e muitas vezes marcando um novo curso no senso de eu do indivíduo.

O uso da fantasia serve a quatro propósitos principais: 1) contato com um acontecimento, sentimento ou característica pessoal que encontra resistência; 2) contato com uma pessoa não disponível ou com uma situação inacabada; 3) exploração do desconhecido; e 4) exploração de aspectos novos ou não habituais de si mesmo.

1) *Contato com um acontecimento, sentimento ou característica pessoal* – Em um exemplo usado anteriormente, descrevemos a experiência de um homem que reagia exageradamente à ameaça e ao qual se pediu que desse rédea solta a suas imagens visuais enquanto ele estava deitado no sofá com os olhos fechados. Ele visualizou uma cena em que crianças estavam brincando no pátio de uma escola. Conforme sua fantasia continuou, um grande crocodilo apareceu no céu, superpondo-se à cena. Ele começou a gritar aterrorizado, como se o crocodilo estivesse bem ali. Então ele empalideceu e tremeu, como se estivesse em choque. Fui até o sofá, abracei-o e consolei-o até que sua sensação de segurança retornasse. Gradualmente ele começou a falar sobre seu pai e as fúrias que ele tinha, as quais eram dirigidas contra ele ou sua mãe. Quando acabou, sentiu-se aliviado, um sentimento que não experienciava havia anos. Algum tempo depois dessa sessão, se sentiu disposto a procurar seu pai e conseguiu falar com ele, sentindo uma igualdade que anteriormente lhe escapava, não só com seu pai, mas com a maioria das pessoas que encontrava.

258

É admirável que uma pessoa possa fantasiar algo e, mesmo sem ação explícita, desenvolver um tipo de liberação que normalmente se esperaria que ocorresse apenas depois de tal ação. Duas razões plausíveis podem explicar isso. Primeiro, embora a fantasia seja essencialmente não-ação, ela pode ser acompanhada por ação ou é capaz de produzir ação que pode formar um núcleo dinâmico para a experiência. Na fantasia anterior, embora meu paciente realmente não estivesse brincando no pátio de uma escola, ele gritou assustado quando o crocodilo apareceu — o que é uma ação por direito próprio. Ele foi consolado por mim — uma ação de acompanhamento — e prosseguiu relatando experiências relevantes com seu pai — outra ação expressiva. Além disso, continuou no clima e terminou realmente falando com seu pai, de modo que a fantasia teve o efeito de estimular uma ação de vida real com seu pai.

A segunda razão para a eficácia da fantasia é que o retorno e a assimilação dos sentimentos é um desenvolvimento importante, *independentemente* de acontecer a resolução real de uma cena de vida. Experienciar o terror — *e seguir em frente com ele* — significa que a pessoa pode ser menos ameaçada pelos sentimentos que imagina que possam seguir-se ao comportamento real; o terror fica menos venenoso.

Pela mesma razão, se uma pessoa chora durante uma fantasia, ela pode ter menor probabilidade de vir a evitar aquelas experiências que possam levar ao choro. Se a fantasia leva a uma experiência relaxada da própria sexualidade, ou do afeto que se sente por outra pessoa, ou da raiva por ter sido maltratada, essas emoções, depois de terem sido liberadas e assimiladas, mesmo que em resposta a uma fantasia, passam a ter maior probabilidade de estarem disponíveis como parte do repertório emocional da pessoa, nas situações cotidianas.

Naturalmente, a influência recuperadora da experiência da fantasia depende das circunstâncias. É possível que quando a pessoa volte ao acontecimento temido — mesmo na fantasia — ele possa ser tão plenamente devastador quanto se esperava, e que o indivíduo possa ficar tão assustado por essa experiência que venha a ficar impedido de qualquer exploração posterior. Conseqüentemente, é muito importante que a atenção sensível ao ritmo seja um fator na introdução dessas experiências, e o momento oportuno esteja enraizado na auto-regulação do indivíduo como uma influência básica no desenvolvimento da fantasia.

Neste exemplo, a experiência do paciente beirou a interrupção de seu processo em vez de facilitá-lo. Não é improvável que se eu não o tivesse trazido de volta ao contato comigo e a um senso do significado desse incidente, ele pudesse ter tido apenas uma outra experiência assustadora, confirmando novamente sua cautela na vida.

2) *Contato com uma pessoa não disponível ou com uma situação inacabada* — Além da força gerada pela intensificação da experiência pela fantasia, esta é muitas vezes o único caminho de volta a uma situação genérica. Um pai pode estar morto, uma antigo amor ter mudado de cidade, ou um amigo de infância pode não ser mais suficientemente importante para se fazer um contato real. Mesmo quando uma situação está disponível em termos de tempo ou espaço, ela ainda pode ser ou muito assustadora ou muito complicada para ser abordada diretamente. A fantasia se torna valiosa então porque ela recria o que está perto da realidade, mas ainda assim é relativamente seguro, e ao mesmo tempo vai além da fofoca, da estratégia ou da especulação ruminativa.

Em um grupo, acabamos por acaso numa combinação rara de fantasia e realidade. Um homem tinha se envolvido numa briga na primeira noite de nosso *workshop* e não apareceu na manhã seguinte. Isso foi perturbador para várias pessoas no grupo que ainda tinham algumas situações inacabadas com ele. Um homem em especial estava profundamente preocupado, e assim pedi-lhe que ele fechasse seus olhos e visualizasse o homem ausente e lhe dissesse aquilo que gostaria de dizer. Ele entrou numa longa conversa com a fantasia visual mantendo seus olhos fechados. No meio dessa conversa, o homem ausente entrou na sala e sentou-se silenciosamente. O homem que falava abriu seus olhos, viu que o homem a quem estava falando estava de fato ali e descobriu que não se sentia mais perturbado com ele. Eles conseguiram começar a conversar a partir de uma nova perspectiva, como se o problema original tivesse sido elaborado.

No entanto, em geral as pessoas com quem temos situações inacabadas simplesmente não estão disponíveis. Elas morreram, se mudaram, se separaram de nós, não pertencem mais a nossa vida, ou o momento de retomar as coisas com elas já passou. Por exemplo, uma mulher sentia que tinha sido maltratada pela família do marido na época do casamento. Muitos anos depois ela ainda se sentia ressentida por causa do que considerava ter sido um tratamento insultante. Assim, na fantasia, ela imaginou uma grande reunião em que estava presente toda a família, aproximadamente cinqüenta pessoas. Visualizou-os sentados e — no estilo dos antigos filmes mudos russos — eles batiam em seus peitos, giravam seus olhos, e com gestos dramáticos diziam repetidamente: *"Sinto* muito, *sinto* muito!". Ela ficou com o ridículo da fantasia e com o que era necessário para expurgar a antiga queixa, e finalmente foi capaz de ir além de seu ressentimento.

Outra jovem, que havia vivido três meses de pesadelo, durante os quais passou por extensa cirurgia plástica em decorrência de um acidente automobilístico que matara sua amiga mais íntima, havia ficado estranhamente comovida ao ver o obituário do cirurgião plástico que a operara. Ela começou comentando sentir que ele havia sido enganado pela vida, pois havia morrido aos 58 anos, quando poderia estar se preparando para diminuir o ritmo de trabalho e passar mais tempo com sua família. Perguntei-lhe se sentia que *ela* o havia enganado ou, talvez, que ele a havia enganado. Na verdade, ela realmente desejara algo dele que não havia recebido — sua falta de resposta diante da dor e do medo dela a havia deixado com um temor quase reflexo de ser dependente de outras pessoas, por qualquer razão, e com um sentimento de que ela dava muita importância às pequenas irritações da vida. Ela se proibiu de falar sobre sua tristeza realmente profunda. Pedi-lhe que visualizasse o médico e falasse com ele em sua fantasia, dizendo o que atualmente gostaria de dizer-lhe. Ela disse o seguinte:

Dr. _____? Você se lembra de mim? Parece-me que faz muito tempo... talvez cinco ou seis anos. Meu rosto estava totalmente arrebentado e você o arrumou de novo...? Quero que você saiba que o modo... o modo como você se aproximou de mim realmente me causou muito medo e isso ficou comigo, *muito* depois de meu rosto estar bem de novo. E eu acho que queria que você soubesse disso porque *eu* me sentiria melhor se lhe falasse sobre isso, e acho que de algum modo talvez você possa ouvir o que estou dizendo e usar isso com outras pessoas com quem você trabalhe, com outros pacientes. Tudo o que peço é... que você *ouça*... quando falo ou quando lhe faço uma pergunta sobre o que você vai fazer comigo, e sobre o que vai acontecer. Então, se você puder responder a essas perguntas, saberei que você está *presente*, que não é apenas uma coisa mecânica, me consertando mecanicamente. Que... que *você está* aqui como uma pessoa, e *eu estou* aqui como uma pessoa, obviamente precisando de alguma ajuda, mas que ainda sou uma *pessoa*. E você também. Você sabe, se tivesse percebido isso, teria sido mais fácil me relacionar com você. E eu teria me sentido muito melhor. (Muito suavemente) E teria sido assim. (E finalmente, murmurando) Eu sinto que talvez eu tenha acabado. Espero.

Aqui está um último exemplo do poder da fantasia para completar a experiência com algo ou alguém que não mais está presente, mas com quem continua a existir um intenso vínculo, vital e motivador. Um homem, depois de uma série de visualizações do tipo "colcha de retalhos", uma cena aqui, uma imagem ali, finalmente viu o rosto de uma garota que ele havia conhecido em outro país quando era muito jovem. Ele a amara, mas era jovem demais para saber que era isso que sentia. Ele nunca falou com ela sobre isso, e havia partido porque estava voltando para casa e deixando o Exército. Mas agora, enquanto ele a visualizava, pedi-lhe que falasse com ela. Ele falou sobre seus sentimentos e, ao fazê-lo, percebeu em si mesmo uma suavidade que raramente experienciava no presente. Quando ele abriu os olhos, observou que se sentia como se estivesse acordando de um sonho.

3) *Explorar o desconhecido* — A fantasia não se limita a abordar as situações inacabadas. A função de explorar o desconhecido, em busca de orientação em face das complexidades da vida, para preparar-se para as ações futuras e aguçar a própria sensibilidade de modo geral, talvez seja até mais básico para a fantasia. Herbert Read[2] falou sobre essa característica nas artes:

A vitalidade (da imagem artística) percebida desse modo é seletiva; ela é uma concentração da atenção em um aspecto do mundo fenomenal, aspecto

---

2. Read, H. *Icon and idea*. Nova York: Schocken Books, 1965.

esse que no momento tem uma importância biológica predominante. Longe de ser uma atividade de brinquedo, um gasto de energia excedente, como os primeiros teóricos supuseram, a arte, como o alvorecer da cultura humana, foi uma chave para a sobrevivência — um aguçamento das faculdades essenciais à luta para a existência... ela é ainda a atividade por meio da qual nossa sensação permanece alerta, nossa imaginação permanece vívida, nosso poder de raciocínio permanece aguçado. A mente afunda na apatia, a menos que suas raízes famintas estejam continuamente buscando a escura sustentação do desconhecido, que sua folhagem sensível se estique continuamente na direção da luz inimaginável. O crescimento da mente é sua área de consciência em expansão. Essa área é tornada boa, percebida, e apresentada em imagens duradouras, por uma atividade formativa que é essencialmente estética.

Essa visão considera a fantasia como mais do que um modo de se acertar com o passado, compensando erros causados pela expressão bloqueada ou por circunstâncias sobrecarregadas. Ela considera que a fantasia tem um poder gerador para desenvolver um repertório de alerta e preparação. A espontaneidade pode ser um ídolo da atual cultura humanística, mas ela é extremamente supervalorizada como condição *sine qua non* de uma boa vida. Muitos dos acontecimentos que mais contam na vida de um indivíduo exigem uma profundidade de foco que é melhor quando não é deixada meramente ao sabor da sorte. A ação espontânea que se desenvolve da exploração sensível das possibilidades e alternativas está enraizada no conhecimento, e não no capricho.

Read[3] cita Leo Frobenius descrevendo como os pigmeus africanos respeitavam o valor das preparações na fantasia. Os africanos pediram a Frobenius que os acompanhasse em suas explorações para matar um antílope porque o suprimento de comida estava baixo. Eles disseram que não podiam fazer isso imediatamente — era necessária uma preparação —, mas que poderiam fazê-lo no dia seguinte. Frobenius estava curioso sobre qual seria essa preparação, e assim, em suas próprias palavras:

---

3. Read, H. *Icon and idea*. Nova York: Schocken Books, 1965.

Saí do acampamento antes do alvorecer e rastejei em meio aos arbustos até o lugar aberto que eles haviam buscado na noite anterior. Os pigmeus apareceram na luz fraca, e havia uma mulher com eles. Os homens se agacharam no chão, abriram um pequeno espaço quadrado livre de ervas e o alisaram com suas mãos. Um deles desenhou com o indicador algo no espaço limpo, enquanto seus companheiros murmuravam algum tipo de fórmula ou encantamento. Depois houve um silêncio de espera. O sol surgiu no horizonte. Um dos homens, com uma flecha em seu arco, tomou seu lugar ao lado do quadrado. Alguns minutos depois os raios do sol caíram sobre o desenho a seus pés. No mesmo segundo, a mulher esticou seus braços para o sol, gritando palavras que eu não entendia, ele atirou sua flecha e a mulher gritou novamente. Então os três homens foram embora através dos arbustos enquanto a mulher ficava em pé durante alguns minutos e depois foi lentamente na direção de nosso acampamento. Enquanto ela desaparecia, dei um passo à frente e, olhando para o liso quadrado de areia, vi o desenho de um antílope, com o comprimento de quatro mãos. A flecha do pigmeu projetava-se do pescoço do antílope.

Não é necessário nenhum outro testemunho eloqüente para demonstrar o reconhecimento primitivo de que a espontaneidade está enraizada na preparação pessoal e a fantasia entra nas atividades preparatórias.

Uma versão mais moderna do valor da fantasia como uma experiência preparatória é o costume de Jim Brown, o famoso jogador de futebol. Ele disse que sua semana de preparação para o jogo do domingo incluía a visualização dos detalhes do jogo tal como ele imaginava que podiam ocorrer. Isso o aprontava para obter um foco claro no jogo, trazia um senso de familiaridade com as exigências que o confrontariam e o mantinha num alto nível de alerta e de estimulação.

Embora as preparações de fantasia se inclinem para o futuro, elas não são previsões do futuro. Portanto, não é suficiente apenas imitar a fantasia — a pessoa tem de se inclinar a descobrir suas próprias fontes de criatividade dentro da fantasia e focalizar essas fontes nas exigências básicas da tarefa à sua frente. A tolice de confiar apenas na espontaneidade é que isso subestima a dedicação necessária para o contato autenticamente respeitoso com as exigências da vida.

Seth sentia-se pessimista com relação às chances de que um colega que ele admirava conseguisse a promoção que o manteria em sua empresa. Se esse homem pedisse demissão por não obter a promoção, Seth seria colocado numa posição insustentável. Assim era importante que seu chefe reconhecesse a necessidade da promoção do outro homem. Seth tinha marcado um encontro para reunir esses dois homens — mas ele sentia que não sabia como falar com eles. Representamos a conversa: primeiro fiz o papel do chefe e Seth representou a si mesmo. Depois trocamos de posição e eu fiz o papel de Seth enquanto ele representava seu chefe. Nos dois casos, a conversa ficou muito animada e esclareceu diversas questões, uma das quais era que a reunião prevista não se transformaria necessariamente numa briga. Além disso, indo além das possibilidades táticas específicas, o diálogo de fantasia ajudou-o a limpar o que se passava dentro dele para que ele não ficasse preso em ser vingativo ou em apresentar os ultimatos desnecessários. Quando a conversa finalmente aconteceu, ela correu de modo surpreendentemente fácil, e Seth foi capaz de alimentar uma harmonia que acabou levando à promoção de seu amigo. E de modo bastante interessante, ele disse que a conversa real foi muito pouco parecida com a conversa de fantasia. Ela foi uma nova conversa, completamente espontânea, mas a espontaneidade estava baseada numa mente livre e numa concentração profundamente respeitosa.

4) *Explorar novos aspectos do indivíduo* — Ainda um outro propósito da fantasia pode ser experimentar qualidades caracterológicas de um indivíduo, quer elas se relacionem ou não com outros aspectos de sua vida de um modo imediato ou específico. Tome, por exemplo, o homem que vê a si mesmo como uma pessoa invariavelmente suave, que não consegue evocar suficiente força agressiva para conseguir o que deseja. Suponha que se peça a ele, como pedi a um paciente chamado Ned, que ele imagine o que aconteceria se sua agressão emergisse sem controle. Ned — muito ativado por nosso intercâmbio anterior durante o qual eu o havia cutucado — respondeu que tinha medo de que pudesse me derrubar. Pedi-lhe que fechasse seus olhos e se imaginasse como uma bola de boliche e imaginasse a mim como um pino de boliche. Ele se imaginou rolando na minha direção com muita força, maior do que qualquer que tivesse visto, mais como um furacão do que como uma bola de boliche, e me atingiu direto no meio, quebrando-me enquanto eu voava pelo espaço. Sentiu-se em-

polgado; sua próxima imagem foi de me atingir no queixo com seu punho e mais uma vez voei pelo espaço, não mais visível. Nesse instante Ned se assustou e me quis de volta. Eu o instruí a me chamar de volta. Depois de alguma relutância, ele me chamou em voz alta e ali estava eu, em sua fantasia, intacto e olhando-o de modo benevolente. Seu estado de espírito se suavizou e ele apenas sorriu para mim em sua fantasia, me abraçou e então começou a chorar ternamente, apreciando a ternura que via em mim, ainda que tivesse usado toda a força de sua agressão contra mim. Quando Ned abriu seus olhos, ele me viu e disse alô como se eu fosse um amigo que ele perdera havia muito tempo e então tivesse voltado.

Valerie tinha vindo para sua sessão de terapia sobrecarregada pelas inúmeras conseqüências decorrentes de um passo decisivo que ela havia dado em sua vida. Havia o conflito quanto a quem contar, quanto ela queria discutir com algumas pessoas e não com outras, como algumas pessoas podiam reagir à decisão dela e quais estilos de interação poderia ter de elaborar com elas. Conforme ela continuava descrevendo essas eventualidades, começou a responder-lhes de um modo familiar — que era colocar-se naquilo que chamávamos de seu "piloto automático" —, fechando-se até que operava num nível funcional mínimo: postura tensa, respiração presa e visão pouco focada, quase nublada. Pedi-lhe que fechasse os olhos e recuperasse sua respiração, visualizando uma cena de praia na qual sua respiração poderia acontecer como as ondas: de forma constante, sem pressão, ritmicamente. Logo ficou claro como os ombros tensos de Valerie limitavam sua respiração, e assim pedi-lhe que abrisse espaço para sua respiração, esticando os braços ao longo do encosto do sofá em que ela estava sentada. Quando ela fez isso, seu rosto ficou radiante e sua respiração de fato ficou mais profunda e rítmica. Ela descreveu como a fantasia das ondas se movendo havia se expandido quando mexeu os braços e que agora ela visualizava uma grande arrebentação, com ondas fortes quebrando sobre uma praia coberta de pedregulhos, cobrindo alguns deles, carregando outros, e apenas passando levemente sobre outros. Ela mostrou com seus braços o movimento da expansão das ondas e como isso combinava com sua respiração livre, expandindo-se quando ela inspirava e se juntando na expiração. Ela abriu os olhos depois de alguns momentos e comentou com grande calma que agora sentia que tinha espaço e força para lidar com as conseqüências de sua recente decisão e ela não precisava mais fechar-se para lidar com as questões que a perturbavam.

Sonhos

O trabalho com sonhos ocupa um lugar especial dentro da diversidade de experimentos que estamos descrevendo. Falando de modo estrito, o sonho é a *base* para o experimento cujo objetivo é trazer o sonho à vida na experiência da terapia. Perls inventou diversas técnicas para proporcionar imediaticidade ao relato do sonho e à sua elaboração.

Primeiro, ele instruía o sonhador a recontar o sonho como se ele estivesse acontecendo no presente. A narração não consistiria de afirmações como "eu entrei nessa grande sala em que um grupo de pessoas tinha se reunido", mas sim "estou entrando numa grande sala e há um grupo de pessoas reunido nela...". Este simples artifício de linguagem coloca o sonhador em seu sonho com muito mais força do que simplesmente falar sobre o sonho.

Ainda mais importante, o sonhador é auxiliado a representar partes de seu sonho como aspectos de sua própria existência — uma elaboração do sonho como presente, em vez de como história passada, e como ação, em vez de uma base para interpretação. O sonho se transforma em ponto de partida para uma experiência completamente nova.

Talvez o aspecto mais conhecido do trabalho com sonhos feito por Perls seja sua visão do sonho como projeção. Isto é, todos os componentes do sonho, grandes ou pequenos, humanos ou não-humanos, são representações do sonhador. Ele diz:[4]

> Acredito que toda parte do sonho é uma parte de você mesmo — não só a pessoa, mas cada item, cada disposição, cada coisa que surge. Meu exemplo favorito é o seguinte:

---

4. Perls, F. S. *Gestalt therapy verbatim*. Moab, Utah: Real People Press, 1969.

Um paciente sonha que está saindo do escritório e está indo para o Central Park. E ele passa pela trilha de cavalos e entra no parque. Então peço: "Faça o papel da trilha de cavalos". Ele responde indignado: "O quê? E deixar todo mundo jogar merda em cima de mim?". Vejam, ele realmente se identificou.

Eu faço o paciente desempenhar todos esses papéis, porque só representando é que você consegue a total identificação, e a identificação é a ação contrária à *alienação*.

Alienação significa: "Isso não sou eu, é outra coisa, alguma coisa estranha, algo que não me pertence". E freqüentemente você encontra um pouco de resistência para desempenhar essa parte alienada. Você não quer reaver, recuperar essas partes suas que tirou da sua personalidade. Essa é a maneira pela qual você se empobreceu... Se conseguirmos trazê-los à vida, teremos mais material para assimilar. E minha técnica evolui cada vez mais no sentido de *nunca, nunca interpretar*. Apenas espelhar (*backfeeding*), provendo uma oportunidade para a outra pessoa descobrir a si mesma.

Essa visão do sonho como projeção dominou o trabalho posterior de Perls, e muitas de suas demonstrações e discussões teóricas foram dedicadas a mostrar como o sonhador projeta a si mesmo em seu sonho.

Contudo, o sonho como projeção é apenas uma perspectiva. Por mais valiosa que seja essa visão, queremos ampliar o trabalho com sonhos para incluir também sua adequação para explorar as possibilidades de contato disponíveis ao sonhador e seu poder gerador para manifestar a interação entre o sonhador e o terapeuta, ou o sonhador e os membros do grupo, ou o sonhador e aspectos de sua própria existência que não são meramente partes projetadas do eu. A vida, assim como os sonhos, é afinal de contas mais do que uma projeção. Se sonho com uma trilha de cavalos, posso sem dúvida me identificar com isso, projetando uma parte de mim mesmo sobre ela. Mas também posso me relacionar com ela em seus próprios termos, em harmonia com a natureza própria a uma trilha de cavalos. Na verdade, é a interação entre ser capaz de se identificar com aqueles aspectos do *eu* que ecoam na trilha de cavalos e um respeito saudável pelo que a trilha de cavalos é *em si mesma que proporciona a qualidade dinâmica do trabalho com sonhos. Se um homem gosta de trilhas de cavalos, ele pode não fazer objeções a ter características em comum com elas.* Mas *quando permanece envolto em sua própria indisponibilidade projetada para receber a merda, ele permanece fora de contato com algumas qualidades possivelmente pertinentes das trilhas de cavalos: direção, movimento de lazer, beleza, e assim por diante — e, mais importante, com as implicações que essas qualidades possam ter para sua própria vida.* Perls, embora enfatizasse os aspectos projetivos do sonho, era um maravilhoso conhecedor do bom contato e, em certo momento, considerou isso como um aspecto igualmente importante de seu trabalho terapêutico.

Embora algumas pessoas fiquem sobressaltadas ao pensar em si mesmas como todas as partes de seus sonhos, muitas outras respondem facilmente à fascinação intrínseca dessa perspectiva e à sua imagem poética. Em *Gestalt therapy verbatim*,[5] os sonhadores são todos *hippies* e se movem suavemente para dentro do drama. Linda, por exemplo, vê rapidamente as conexões entre si mesma e as partes de seu sonho que ela representa. Essas partes incluem um lago que já havia sido fértil e cheio de vida, e agora estava seco e não era mais produtivo. Ela vai procurar pelo tesouro no fundo do lago e tudo o que encontra é uma placa de licença obsoleta, inútil e jogada fora. Ela descobre, conforme desempenha esses papéis, que eles tratam de sua própria existência. Esse lago que parece estar secando, como a fertilidade de Linda, está realmente se afundando na terra e irrigando a área circundante para que esta possa florescer e produzir nova vida. A placa de licença, antiga e descartada, é sua própria necessidade superada de obter permissão para realizar a criatividade que ela sente no núcleo de seu próprio ser. Meg, no mesmo livro, tem facilidade para ver-se como a cascavel em seu sonho. Como a cascavel ela é ao mesmo tempo sinuosamente apegada, mas ambivalente com relação à intimidade com as pessoas, a quem ela morde, se chegarem perto *demais*.

Para algumas pessoas, sobretudo as que acham alguns aspectos de sua paisagem de sonho assustadores, a visão projetiva do sonho é

---

5. Perls, F. S. *Gestalt therapy verbatim*. Moab, Utah: Real People Press, 1969.

um alívio. Uma pessoa pode sonhar, por exemplo, que está sendo sugada pela espiral de um rodamoinho — uma vítima impotente das poderosas e implacáveis forças na vida. Quaisquer que sejam seus motivos para não assumir o seu próprio poder, é tranqüilizador descobrir que ele não precisa ser *apenas* a vítima impotente do sonho, mas que é também o poderoso rodamoinho. Parece mais possível lidar com as forças abrasivas no sonho, como na vida, quando as forças opostas estão dentro da própria pessoa, em vez de entre a pessoa e o mundo maligno. Afirmar o domínio sobre a própria vida é uma postura tranqüilizadora, mesmo em face das contradições internas.

Além disso, conforme o sonhador reconhece seu parentesco com os numerosos aspectos de seu sonho, ele está também ampliando seu próprio senso de diversidade, ampliando sua experiência do eu e centrando-se em seu mundo, em vez de fracioná-lo arbitrariamente em o mundo lá fora e eu — nunca os dois devem se encontrar. Esse novo eu ampliado gera a energia para um alinhamento dinâmico de uma ampla gama de novo material intrapessoal. Em vez da auto-imagem estagnada e sem vida, em que as características contraditórias parecem precisar ser negadas, ele se torna livre para buscar novas integrações em sua própria multiplicidade.

Embora seja possível trabalhar com o sonho apenas como uma projeção, esta é uma preferência de estilo em vez de um dogma teórico. O gestalt-terapeuta tem uma gama de alternativas dentre as quais pode escolher aquilo que lhe pareça o modo mais eficaz de trabalhar o material do sonho. A escolha pode depender do paciente específico, que pode trabalhar melhor de uma ou de outra perspectiva. Ou pode depender do próprio terapeuta, que conhece sua habilidade especial e trabalha de maneiras que sejam compatíveis com seu estilo pessoal.

Contudo, de uma perspectiva teórica completa, o sonho é sem dúvida mais do que uma projeção de diversos aspectos do sonhador; ele é um estágio no qual o contato pode ser ativado de modo a retratar a existência presente do sonhador. Alguns desses contatos são assustadores, alguns são perturbadores, alguns são deliciosos, alguns são confusos, alguns são tocantes, alguns são práticos — eles se estendem em todas as formas que o contato pode assumir. Assim, podemos ver que se uma sonhadora sonha que está pulando do alto de uma plataforma de salto para dentro de uma piscina enganosa que se esvazia

270

conforme ela mergulha, existem muitas direções que o trabalho com o sonho explora. Nesse sonho, conforme a sonhadora o representava, ela falou com a piscina enganadora, fez o papel da água que desaparecia, mergulhou da plataforma, se transformou na piscina, novamente cheia e brilhante, e finalmente se transformou numa nadadora solitária que deslizava na noite para nadar sozinha na piscina. Mediante esses muitos disfarces, ela veio também a conhecer mais sobre sua própria sexualidade, efêmera, pouco confiável e particular, mas também plena e crescente.

Um bom modo de exemplificar como a projeção e a capacidade de contato se fundem é apresentar uma das próprias elaborações de sonho feita por Perls e mostrar como ele mesmo trabalhou com o contato e também com a projeção. Segue-se o sonho de Jean.[6] O sonho começa no metrô de Nova York, onde a sonhadora descobre uma rampa lamacenta e escorregadia que penetra na terra. A mãe de Jean — que está morta — está com ela, e assim Jean faz um tobogã de cartolina e desliza pela rampa com a mãe atrás dela.

Perls começa a elaboração do sonho com alguns comentários que orientam e encorajam Jean com relação ao propósito de trabalhar com o sonho: "Então, Jean, você pode contar o sonho novamente? Viva-o como se ele fosse sua própria vida, e veja se você pode entender mais sobre a sua vida". Quando Jean expressa seu medo da descida, Perls a dirige para falar com a rampa, colocando-a em *contato com o ambiente do sonho*, em vez de tratá-lo apenas como projeção. Então ele usa as possibilidades projetivas do sonho pedindo que ela represente a rampa, e ela logo aceita a projeção como sua própria: experimenta sua própria qualidade escorregadia. É claro, existe alguma negação por meio do riso, mas no todo ela não parece muito perturbada quanto a ser uma pessoa escorregadia. À medida que Jean se move em meio a seu sonho e descobre a cartolina, Perls faz com que ela represente a cartolina e expresse um de seus valores — ela pode ser útil mesmo que possa parecer apenas uma sobra. Mas ela começa a examinar seu valor e se torna consciente de que simplesmente deseja que "sentem em cima de mim e quero ser triturada". Ao pedir que ela

---

6. Perls, F. S. *Gestalt therapy verbatim*. Moab, Utah: Real People Press, 1969.

repita isso e o diga para o grupo, Perls amplia sua consciência do eu e a coloca em *contato com as outras pessoas presentes*. Conforme fala, ela faz um gesto de socar, e Perls lhe pergunta quem ela está atingindo — acionando sua cadeia de raiva suprimida e retrofletida. Quando Jean responde que está socando a si mesma, Perls se move além da retroflexão — perguntando-lhe quem ela está atingindo *além de* si mesma — e a coloca em *contato com o alvo externo de sua raiva* — sua mãe — tornando-a consciente de sua necessidade frustrada de controlar seu próprio movimento ao longo da vida: "Mãe, eu estou triturando (ai!) você! E vou levar *você* para um passeio, em vez de você me dizer aonde devo ir, e *me* levar aonde *você* quer. (Grita) *Eu vou levar você para um passeio comigo!*". Perls responde com sua própria percepção da afirmação dela, usando o *contato entre ele e Jean* como um aspecto crucial da interação: "Tive a impressão de que foi *demais* para ser convincente". Aqui, ao alimentar suas próprias percepções, ele articula o medo não expresso, mas ainda influente, que Jean tem de sua mãe. Ele pede a Jean para *falar com sua mãe* e ela diz: "Mãe, eu *ainda* tenho medo de você, mas de qualquer forma vou levá-la para um passeio". Isso é *contato*, alicerçado na *awareness* dela — não há projeção aqui. Ela está *aware* de seu medo, mas deseja ir em frente, um exemplo claro de como a *awareness* focada leva à ação.

Conforme eles continuam, Perls indica a Jean que ela está evitando mover-se sobre suas próprias pernas, que ela está recorrendo ao apoio da cartolina e da gravidade, se deixando ser levada. Ele lhe pergunta qual é sua objeção a ter pernas, e Jean reconhece que embora fosse sua mãe quem não lhe permitia ficar sobre suas duas pernas, ela assumiu essa ação e continuava a fazer isso consigo mesma, mesmo depois da morte da mãe. Perls pede a Jean que fale com sua mãe, não como uma criança, mas como uma mulher de 31 anos.

> *Jean:* Posso me sustentar sobre as minhas próprias pernas. Posso fazer qualquer coisa que queira fazer, e posso *saber* o que quero fazer. Eu *não preciso* de você. Na verdade, mesmo que eu *precisasse* de você, você não está mais aqui. Então por que você fica por aí?
>
> *Perls:* Você pode dizer adeus a ela? Você pode enterrá-la?

J: Bem, agora posso, porque estou no fundo da rampa, e quando eu chego, eu me levanto. Eu me levanto e dou uma volta, e o lugar é lindo.

P: Você pode dizer à sua mãe: "Até logo, mãe, descanse em paz"?

J: Acho que eu disse... Tchau, mãe — tchau.

Perls está levando-a a completar a situação inacabada com sua mãe, e é esse contato que a abre para o choro, porque é no contato que a estimulação real pode acontecer.

P: Fale, Jean. Você está indo bem quando fala com sua mãe.

J: Tchau, mamãe. Você não podia evitar o que fez. Você não sabia fazer melhor. Não foi culpa sua ter primeiro três meninos, e depois me ter. Você queria outro menino, e não me queria e se sentiu tão mal quando descobriu que eu era menina. Você só tentou fazer tudo por mim — isso é tudo. Você não precisava me sufocar. Eu desculpo você, mamãe. Descanse, mamãe... Agora eu posso ir. É claro, eu posso ir —

P: Você ainda está contendo a respiração, Jean.

É importante preocupar-se com o corpo do sonhador porque segurar a respiração neutralizaria a sensação dele e interferiria com sua mobilidade pessoal.

J: (Pausa) "Você tem certeza, Jean?" Mamãe, deixe eu ir embora —

P: O que ela diria?

J: "Eu *não posso* deixar você ir embora."

P: Agora *diga* isto à sua mãe.

Aqui Perls a está ajudando a desfazer sua projeção e a está conduzindo a identificar-se com o processo de apego, em vez de designá-lo apenas a sua mãe.

J: Eu não posso deixar você ir embora?

P: É. Você a mantém. Você está se apegando a ela.

J: Mamãe, eu não posso deixar você ir embora. Preciso de você, mamãe. Não. Eu *não* preciso de você.

P: Mas você ainda sente falta dela, não é?

J: Um pouco. Há alguém aí. Bem, e se não houvesse alguém aí? E se fosse tudo vazio? E escuro? Está tudo vazio e escuro — é lindo. Vou deixar você ir. Vou deixar você ir, mamãe. (Suavemente) Por favor, vá —

Nessa elaboração, Jean deu os primeiros passos para desfazer suas projeções sobre sua mãe. Ela vislumbrou parte de sua própria relutância em deixar que sua mãe se fosse e descobriu que o contato culminante com sua mãe — dizer adeus — deixava um buraco em sua própria vida que, pelo menos no momento, ela podia experienciar como espantoso, porém belo.

A alternância que Perls faz entre uma ênfase e outra no sonho traz profundidade e dimensão para a experiência. Ele lida agora com o sonho como projeção, depois com a consciência que a sonhadora tem de seus próprios sentimentos presentes, com seu próprio senso corporal, e mais intensamente, com o contato da sonhadora com sua própria mãe. Subjacente a todos esses desenvolvimentos existe o senso não articulado do contato de Jean com Perls, que sustentou e deu energia para o fluxo emergente da elaboração do sonho.

Essas mudanças na ênfase sublinham um dos principais desenvolvimentos do método gestáltico — a flexibilidade com que o terapeuta pode escolher o foco que parece correto para si, para o paciente e para aquele momento específico no tempo. A gama de possibilidades abertas ao gestalt-terapeuta depende sempre de uma resposta sensível à interação presente — não é o uso estereotipado da *awareness* ou do trabalho corporal ou de jogos de linguagem. Algumas pessoas com uma ampla gama de comportamentos e de perspectivas podem ser capazes de mover-se e entrar facilmente no experimento, enquanto outras ficam imobilizadas por sentir que a experiência é planejada ou por seu constrangimento ao representar uma acentuação de sua própria existência. Não queremos pressionar as pessoas a se adaptar a um molde preestabelecido, porém determinar o melhor modo de trabalhar com cada indivíduo único. Uma pessoa que não possa desenvolver uma fantasia visual pode ser capaz de desenvolver um relacionamento de contato com o terapeuta. Outra pessoa, que não trabalhe bem com sonhos, pode ser capaz energeticamente de falar com uma pessoa que ela visualize na sala. Existe amplitude suficiente na técnica e na perspectiva para abranger a diversidade de estilos pessoais ou preferências. Ao utilizar essa amplitude, o gestalt-terapeuta pode se mover fluentemente entre os diversos aspectos da experiência de terapia.

Até agora discutimos o sonho como um meio autocontido de explorar a própria natureza; só o sonho e aquilo que o próprio sonhador faz com ele foram o foco na elaboração de sonhos. Mas o sonho pode também ser usado como um ponto de partida para descobertas sobre os relacionamentos presentes com outros membros do grupo ou com o terapeuta ou com o reconhecimento de uma posição existencial que pode ser explorada usando o sonho apenas como um ponto de partida.

Veja, por exemplo, um homem que sonha com um grande sapo que está sempre observando-o, pronto para pular. Essa possibilidade deixa o sonhador irritado e o distrai dos outros acontecimentos do sonho, que ele mal pode lembrar. O terapeuta pode optar por sublinhar o desconforto do sonhador ao ser examinado, pedindo-lhe que descreva sua experiência do grupo enquanto lhes conta seu sonho. O sonhador responde que eles parecem muito alertas e atentos. O terapeuta pergunta o que ele gostaria de dizer ao grupo, e o sonhador lhes diz: "Gostaria que vocês não prestassem tanta atenção em mim". O terapeuta deseja saber qual é a objeção que o sonhador faz a uma atenção tão focada. O sonhador tem medo de que eles possam ver algo que ele não deseja que seja visto. Então, pode-se pedir ao sonhador que imagine o que cada pessoa vê enquanto o observa — ou pode-se pedir a ele que confirme com eles o que realmente estão vendo. De qualquer modo pode-se iniciar um processo interativo, enfatizando a sensação que o sonhador tem ao ser observado e seus medos de que saltem sobre ele. A natureza dos envolvimentos que se seguem é imprevisível. O sonhador pode escolher um indivíduo com olhos especialmente arregalados e fazer contato com ele de qualquer modo que deseje até alcançar alguma resolução da ameaça que sentia. Ele pode inverter os papéis, examinando um a um os membros do grupo, explorando seu próprio *voyeurismo* projetado ou confrontando sua própria falta de disposição para ver algo ameaçador na outra pessoa. Ou o sonhador pode descobrir que ele tem alguma situação inacabada com o grupo, com relação a um momento em que achou que o grupo saltou sobre ele. Qualquer que seja a direção que a experiência do sonho tome, ela irá manter uma relevância natural para seu relacionamento com as outras pessoas e para sua *awareness* de si mesmo e sua posição diante do seu mundo. A elaboração da resolução pode deixá-lo menos vulnerável à ameaça de ser observado ou de que pulem sobre ele, e mais livre para observar e ser observado com menos distorção ou confusão. A elaboração do sonho em um sentido pode, portanto, nunca voltar realmente ao próprio sonho, mas em vez disso responder a sua mensagem existencial sobre a vida da pessoa do mesmo modo em que se poderia responder a seus comentários, ou a seus movimentos, ou a suas histórias — como outra de suas expressões que ilumina sua experiência.

Joseph Zinker[7] desenvolveu uma extensão do trabalho com sonhos que também vai além do próprio sonho. Ele usa o trabalho com sonhos como teatro, em que as pessoas do grupo desempenham os diversos papéis do sonho. Isso oferece aos membros do grupo uma amplitude de oportunidades para representar uma faceta do sonho que pode se relacionar não só com o sonhador, mas também com suas próprias vidas. O sonhador pode escalar as pessoas para representar papéis do sonho, ou elas podem se oferecer; ele pode dirigi-las sobre como deseja que desenvolvam o sonho, ou pode lhes dar liberdade e sintonizar o modo em que os outros podem experienciar as características que ele estava retratando em seu sonho. Zinker aponta como essa abordagem é valiosa para incorporar a participação do grupo em oposição ao papel de observadores, ao qual eles são geralmente relegados.

Aqui está um exemplo, descrito por Zinker, de uma representação real de um sonho. O sonho inclui a afirmação "Eu vejo minha mãe se aproximando e sinto uma sensação estranhamente desconfortável em meu peito". Duas pessoas do grupo se ofereceram para desempenhar papéis desse sonho. Um homem escolheu representar o garoto deficiente físico, um filho que ele retrata como sofrendo de enfisema. Uma mulher de meia-idade se ofereceu para desempenhar o papel de uma mãe dominadora. Os dois mostraram evidências

---

7. Zinker, Joseph. "Dreamwork as theatre". *Voices*, vol. 1, n. 2, verão, 1971.

de estar pessoalmente envolvidos com esse tipo de caracterização. O trecho seguinte foi extraído de sua interação:

Garoto: Durante toda a minha vida precisei que você cuidasse de mim, mas agora estou começando a sentir sua sufocação... Quero dizer, minha sufocação. Sinto que você está me sufocando até a morte.

Mãe: Quando você era pequeno, você era muito doente e eu tentei protegê-lo de desconfortos desnecessários...

Garoto: (interrompendo) Sim, e quando eu tinha sete anos, eu tinha medo de ir para a escola sozinho, e vomitava quando chegava lá.

Terapeuta: John, qual a sensação que tem em seu estômago agora?

Garoto: Tudo bem, mas eu ainda sinto que ela está me sufocando.

Terapeuta: (para a mãe) Myra, coloque suas mãos no pescoço dele e aperte um pouco... deixe que ele entre em contato com a sufocação.

Mãe: (segue a instrução) Eu só quero cuidar de você.

Garoto: (afastando as mãos dela e tossindo) Então saia de cima de mim! Me deixe viver! (Ele parece como se de repente tivesse respirado plenamente pela primeira vez nessa noite.)

Membro do grupo: Ela não ouve você.

Garoto: (gritando muito alto) Saia de cima de mim, me deixe respirar, me deixe viver minha própria vida! (ofegando profundamente)

Outro membro do grupo: Eu quero representar o *alter ego* de Myra. (para o garoto) Se eu deixar você, deixar você ir, você vai me odiar por toda a vida?

Mãe: (completando a afirmação) Se eu ao menos pudesse sentir que você vai me amar quando eu o deixar, isso não seria tão difícil.

Garoto: Eu preciso que você me ajude a ir e sempre vou amar você, mas de um modo diferente... como um homem, um homem forte, não um deficiente.

(Os dois se abraçam espontaneamente e Myra chora porque percebe que ela terá de conversar com seu filho que havia deixado a universidade e voltado para casa havia seis meses.)

Embora apenas poucas pessoas participassem diretamente neste trecho do trabalho com sonhos, ficam claras as possibilidades para o envolvimento de todo o grupo. Os sonhos têm muitos personagens, especialmente quando são incluídos os objetos inanimados — tão válidos como afirmações sobre o sonhador quanto os seres animados. Em um de meus grupos, Bud, um jovem estudante universitário, que estava a ponto de abandonar a escola, relatou um sonho em que ele estava tentando chegar a um edifício alto. Conforme Bud se aproximava do edifício, uma figura sinistra usando uma capa tentava dissuadi-lo de entrar, mas ele não cedia a esse engodo, e passava pelo homem da capa, subia as escadas e entrava no edifício onde tomava um elevador para o último andar para tentar contar a alguém sobre o que havia encontrado na entrada. Mas não havia ninguém a quem ele pudesse se queixar. Pedi-lhe que escalasse os membros do grupo nos papéis de seu sonho e que os instruísse nos elementos básicos de seus papéis, mas que permitisse que eles improvisassem ao continuar. Um homem representou o sonhador, focando-se apenas em seu desejo de entrar no edifício; isso era tudo o que ele sabia e queria saber. Ele resistiu firmemente às tentações e aos argumentos do homem da capa, que era representado por outro membro do grupo como um personagem vivo, esperto e convincente. Outro membro do grupo representou as escadas com uma medida precisa onde poderia acontecer o movimento para cima ou para baixo — as escadas não se importam. E assim por diante: o elevador, paciente e resignado, movendo-se em padrões preordenados, e o último andar, superior e seguro em sua posição, mas totalmente sem resposta para o desalento de Bud. À medida que o grupo desenvolvia o sonho, pedi a Bud que falasse com cada um dos personagens do sonho, e ao fazer isso ele reconheceu uma parte de si em cada um deles. Havia sua determinação teimosa em passar pela faculdade, para chegar ao topo de sua profissão, onde ele sentia que poderia de fato ser poderoso o suficiente para fazer o tipo de trabalho que desejava profundamente fazer, mas que ele suspeitava que talvez não fosse tão relevante assim para seus reais objetivos. Havia também seu desejo de ir embora, enganoso e maligno. Havia também seu desalento com a natureza mecânica e conformista de seu papel como estudante universitário, movendo-se de acordo com as medidas e instruções de outras pessoas, não com as suas próprias. Entretanto, na conclusão de seus diálogos com as partes do sonho, Bud percebeu que não desejava largar a faculdade e poderia firmar-se em sua decisão de continuar com integridade.

Embora esse drama específico seja interessante por si mesmo, ele também acentua a flexibilidade e a validade teórica de ir além das facetas puramente projetivas do sonho e chegar à confrontação deste com o mundo ativo. Aqui, onde as pessoas e as coisas se comportam de maneiras imprevisíveis e muitas vezes tomam uma direção própria e surpreendente, o sonhador vai além de suas próprias fantasias sobre a natureza das pessoas e do mundo externo.

Lição de casa

Algumas horas por semana dificilmente bastam para que haja um crescimento. Alguns *workshops* de fim de semana por ano, embora certamente possam provocar uma mobilização poderosa, quase nunca são suficientes para que haja crescimento. Algo tem de continuar além da experiência terapêutica guiada para garantir um nível intenso de impacto.

O fato é que apenas pelas experiências reais da própria vida é que muitas das novas possibilidades reveladas na terapia podem assumir uma sensação de realidade. Um novo casamento, um novo emprego, um novo bebê, um novo relacionamento sexual, todos podem merecer muitas sessões de terapia. Entretanto, quando são feitas as escolhas erradas, a pessoa pode sofrer conseqüências dolorosas. Contudo, parece uma solução drástica evitar as possibilidades perturbadoras ao também evitar as grandes possibilidades de crescimento. Essa abordagem cautelosa não está imune ao acaso, substituindo a ação arriscada pelo anseio estéril e obsessivo por crescimento.

A meta é educar o paciente para um senso de sua própria prontidão. Além disso, mesmo se um curso de ação mostrar-se equivocado, um erro — identificado, entendido e percebido claramente — muitas vezes tem maior probabilidade de levar ao crescimento do que a espera pelo momento certo e pela escolha certa que se tenta prever mediante a perspectiva terapêutica, em vez de pela ação cotidiana.

Embora o perigo na tomada de decisões importantes tenha resultado numa separação entre a experiência da terapia e a vida cotidiana, existe toda uma gama de possibilidades menos graves para a ação. Portanto, embora aquilo que chamamos lição de casa nem sempre possa envolver as confrontações cruciais inerentes às maiores decisões, mesmo assim, ao usarmos a lição de casa, o envolvimento terapêutico pode ser ampliado além do que o paciente pode ser capaz de pagar — em tempo ou dinheiro. Em vez de ter uma ou duas sessões por semana, o indivíduo poderia ter tantas quantas desejasse, explorando suas próprias ações e *awareness* sob a influência orientadora do terapeuta, ainda que não de fato na sua presença. Imagine o impacto que a terapia poderia ter se a pessoa praticasse o que foi aprendido durante a sessão por tanto tempo quanto é habitual no caso de lições de piano ou lições de golfe ou ioga!

Um exemplo trivial pode ilustrar como isso pode ser feito. Um homem muito preguiçoso — que poderia ser chamado de passivoagressivo ou mesmo de psicótico *borderline* — propôs que sua lição de casa fosse dar cinco telefonemas de trabalho a cada dia. Isso parecia bem dentro de sua possibilidade e muito mais do que ele estava fazendo até então. Quando ele começou a fazer isso, descobriu de imediato algumas de suas resistências. Em primeiro lugar, descobriu que não tinha uma concepção clara do que estava oferecendo às pessoas para quem ligava. Então, trabalhamos para esclarecer aquilo que era apenas muito geral e vago em seu pensamento. Em segundo lugar, ele temia terminar as conversas e, embora sempre pudesse demorar-se — por muito tempo — com as pessoas face a face, era ainda mais difícil dizer adeus ao telefone. Toda a questão de afastar-se e do isolamento que ele sentia das outras pessoas foi elaborada na terapia, temperada por experiências reais e identificáveis. Ele passou a se dispor a fazer esses telefonemas e desenvolveu um senso mais pleno de si mesmo como participante e formador de sua própria vida profissional.

Uma objeção óbvia a esse tipo de lição de casa é que ela pode ser um paralelo às exigências opressivas de um ambiente no qual o indivíduo já foi atingido. Pode-se argumentar que o terapeuta estaria apenas sendo mais uma força para um novo sistema de "ajuste" — mais uma vez rompendo a fé nas necessidades orgânicas individuais. Contudo, essa possibilidade é minimizada quando a lição de casa é estabelecida com uma pessoa cuja *escolha* é mantida como centro, e quando essa escolha está enraizada em preocupações vivas, palpáveis

280

e realmente presentes. Chega um momento no desenvolvimento do paciente em que as experiências preparatórias e a teoria abstrata não são mais suficientes, como acontece quando uma pessoa está aprendendo a mergulhar da plataforma elevada. Existem algumas coisas que a pessoa simplesmente precisa ir em frente e fazer. A fantasia de que o crescimento ideal evolui sem esforço e sem cuidados é uma adorável. Se assim o fosse. Talvez seja para algumas poucas pessoas de sorte. Por exemplo, se uma pessoa precisa se divorciar, nenhuma quantidade de terapia irá substituir o passo real. Shakespeare se refere a pensamentos que "ficam à deriva na correnteza e perdem o nome de ação". A poesia de Perls chama isso de "masturbação mental".

A lição de casa, como as outras formas de experimento, precisa ser feita sob medida para a área de conflito específica do paciente. É um comportamento que é para o futuro do paciente — alicerçado dentro da experiência da terapia, mas se projetando para uma área que necessita de novos comportamentos. As tarefas específicas são ilimitadas. Pode-se pedir a uma pessoa que se vanglorie para alguém, mesmo que só por um momento, a cada dia. Pede-se a um homem que saia com moças mais jovens do que ele. Pede-se a outro homem que conte as experiências de seu dia para sua esposa. Uma mulher que tenha fantasias obsessivas na hora de dormir pode receber a tarefa de escrever suas fantasias. Outro homem pode receber a solicitação de escrever tudo o que venha a sua mente sobre sua dissertação, meia hora por dia, por mais inútil que o material possa vir a ser. Um homem que tenha um pai rico pode ter a tarefa de descobrir quanto dinheiro exatamente seu pai transferiu para ele. Outro pode ser orientado para decorar luxuosamente seu apartamento. Outra pessoa tem a tarefa de mastigar sua comida até que ela fique líquida. Uma outra recebe a lição de escrever frases que comecem com "eu desejo" e "eu quero". As possibilidades continuam indefinidamente, sempre se relacionando com a direção emergente da pessoa e sempre colocando-a em situações em que ela precise confrontar aspectos de si mesma que estejam bloqueando seu movimento ou sua consciência.

A seguir há um exemplo de uma tarefa de casa que teve um papel importante na expansão de uma pessoa. Ele sofria de ansiedade em relação a seu corpo, especialmente no ânus, escroto, pênis e estômago. Dores e outros incômodos o mantinham sempre desequilibrado e ele ia com freqüência a médicos, tentando obter alívio para seus

281

sintomas. Ele fazia um curso de pós-graduação, estava profundamente preocupado com o fato de conseguir ou não seu Ph.D. e era extremamente tímido com as pessoas em geral, e ainda mais dolorosamente com as mulheres. Depois, ele conseguiu seu doutorado e estabeleceu um relacionamento sexual profundamente satisfatório. Desenvolveu confiança e fé em seu futuro, quando antes só experienciava pessimismo. Suas perturbações corporais diminuíram e passaram a ocorrer mais raramente. Por certo, sua lição de casa foi apenas uma pequena parte de sua terapia, e é impossível avaliar o grau em que ela contribuiu para seu crescimento, mas foi tão importante quanto qualquer outra unidade isolada de nosso extenso trabalho. Em suas sessões, ele viu a separação entre o que ele chamava de "meu corpo" e "eu". Pedi-lhe que escrevesse um diálogo entre essas duas partes. Observe que no diálogo ele dá identidade a cada parte de si mesmo. Então, conforme o diálogo continua, seu "eu" passa a ter parte do vigor de seu "corpo", e ele se movimenta na direção da integração entre as duas partes de si mesmo, de modo que elas possam vir a viver juntas. O diálogo feito como lição de casa foi o seguinte:

Eu: Então, quando isso começa?

Corpo: Quando o que começa?

Eu: Você sabe... a doença, os sintomas físicos, a questão.

Corpo: Logo... logo... no ano passado isso começou por volta de novembro ...já está na hora... quando você realmente ficar envolvido com o estudo para essa prova... então eu vou começar — você vai sofrer bastante!

Eu: Mas por que... você faz isto? Eu sou bom... eu o trato bem. Eu sou como uma mãe judia para você... eu me preocupo... vou a todos esses médicos, a quem desprezo, ao menor sinal de doença. Por que você me faz sofrer assim?! Está ficando pior a cada ano... eu não posso agüentar mais do que agüentei no ano passado!

Corpo: Eu faço isso porque... talvez você tenha que sofrer. Eu nunca lhe direi realmente por que... você tem que sofrer, isso faz parte... mas também... e mais importante... é que você é um *estúpido incapaz* e não vai conseguir esse maldito doutorado! Por que agora depois de todo esse tempo... você acha que pode realizar algo... ser bem-sucedido?! Seu estúpido idiota!

Você não sabe nada! Nada! Você sempre está no meio de uma nuvem tentando entender as coisas... tentando me entender!

Eu: Sim, eu tive problemas... eu estraguei muitas coisas, mas desta vez eu *realmente* quero terminar... conseguir meu doutorado. Eu *gosto* de sociologia! E *quero* lecionar... além disso... esse é meu último passo... todas as fichas estão colocadas aqui! Estou me sentindo bem agora... o que você acha disto... vou tentar e me deixar perturbar menos este ano... colocar menos pressão sobre mim mesmo. O que acha disto? Você pode me dar um tempo...? Estou um pouco otimista agora... porque de certo modo esqueci o poder de sua fúria... e a impotência para lidar com ela.

Corpo: Não posso dizer... bem, veremos...

Eu: Tudo bem! Foda-se! Vou enfrentar você! Vou ignorar você... eu vou passar por isso... eu vou conseguir este maldito doutorado! Vou sofrer se for preciso!

Corpo: Seu estúpido idiota! Você sabe muito bem como eu posso ser versátil... vou obrigar você a correr para aquele encantador hospital todo santo dia... você vai ver!

Eu: Tudo bem... sei que você pode fazer isso... e em última análise, sempre cedo porque fico apavorado. Olhe... vamos nos unir... nós fazemos isso tão bem em outras coisas. Vamos juntos em esportes e nos movimentos, e eu me sinto um com você em meus movimentos físicos! Nós fluímos! É agradável. Não podemos congelar essa questão das doenças? Seguirmos juntos? O que é necessário para isto? Você tem razão! Eu não posso fazer isso sozinho! Você me segura pelos testículos (e até me afeta lá)... então, vamos! Vamos limpar isso. É possível... ou não?

Corpo: Não sei. Para dizer a verdade, também não entendo tudo o que acontece, sou incitado... provocado a fazer isso com você. Vamos ver... isso é difícil. Minha compulsão é impedi-lo de conseguir qualquer sucesso que lhe traga satisfação.

Eu: Eu sinto isso... que não devo ser capaz de conseguir nada. Mas... *tenho* tido sucesso... no campo, nos esportes, na escola, em algumas áreas interpessoais. Então, por que não nisto? *Eu posso fazer isso!* Se você me deixar!

Corpo: Essas outras coisas eram menos importantes... coisas a curto prazo... não compromissos reais!

Eu: Tudo bem... estou me comprometendo... ou não estou me comprometendo! O que há de tão permanente num doutorado e em lecionar em comparação com o nada e os limites da vida?

Corpo: Olhe... tudo bem... vamos tentar... vamos nos transformar em um. Você está tentando. Entretanto, ainda tenho alguma inércia, algum resíduo de *nonsense* que precisa sair... parte disso tem que sair... alguma ansiedade... algumas perturbações físicas... mas *não* deixe que isso perturbe você, isto é, não reaja à sua reação... não lute com ela! Sofra um pouco... tudo bem com isto. Eles dizem que faz parte da vida... e toda essa merda! Na verdade, pode ser bom para você... estou tentando dizer algo quando jogo toda essa merda em cima de você. Sinta, cara! Sinta! Não me pergunte por quê... simplesmente faça... ou então fique anestesiado. Se você deseja vir a se casar... (hã)... a amar... você vai ter que sentir *as duas coisas*... mas esta é outra história.

O principal valor de fazer essa lição de casa, em vez de elaborá-la apenas na sessão de terapia, é que esse homem fez isso sozinho. Ele permitiu que sua expressão fluísse livremente por si mesma. Além disso, o conteúdo específico era importante para ele também, porque o confronto entre essas duas facções interpessoais foi além da mera obsessão até uma negociação para uma interação genuína e um reconhecimento de que a integração fazia sentido e que até já havia sido alcançada em algumas áreas, e era essencial para o funcionamento total de uma pessoa.

A lição de casa é um desenvolvimento quase inevitável da terapia porque as mobilizações que acontecem nas sessões sempre têm implicações para o mundo além delas. De outro modo, a terapia pode permanecer sendo apenas um entretenimento, empolgante — até mesmo intrigante — mas à parte, como um livro ou uma peça. Quando isso acontece, a terapia pode realmente mostrar-se como um obstáculo ao crescimento, em vez de seu agente.

O conceito de lição de casa é consistente com o de autoterapia. Dois dos primeiros relatos com relação à autoterapia foram os de Horney[8] e Perls, Hefferline, e Goodman.[9] No último livro, foi sugerida uma série de experimentos, e muitas pessoas que se envolveram nesses experimentos relataram reações que mostravam uma profunda auto-exploração. Recentemente, foram produzidos programas comer-

---

8. Horney, Karen. *Self analysis*. Nova York: W. W. Norton & Co., 1942.

9. Perls, F. S., Hefferline, Ralph e Goodman, Paul. *Gestalt therapy*. Nova York: Julian Press Inc., 1951.

ciais que dão instruções para auto-exploração em casa; têm sido formados grandes grupos de encontro, com um mínimo de coordenação; e existem promessas de um aumento do uso da TV, de filmes, gravações e fitas que irão ajudar as pessoas a fazer suas próprias explorações terapêuticas. Tudo isso é uma extensão natural do experimento e da lição de casa. Isso orienta as pessoas para experimentar comportamentos e sentimentos por si mesmas. Pelas inovações técnicas já desenvolvidas e que prometem ser inventadas, a ampliação do impacto terapêutico pode ser multiplicada além de qualquer nível que já tenhamos conseguido atingir. Existe a perspectiva de um movimento autenticamente popular, no qual o *ethos* psicoterapêutico se torne relevante para uma grande parcela da população, e não apenas para o grupo crescente, mas limitado, de exploradores afetados até agora.

Ao resumir o experimento, é importante lembrar que existe uma gama praticamente ilimitada e seu valor depende da habilidade e da sensibilidade com que é empregado. Ele proporciona um conjunto diversificado de técnicas que ajudam a tornar a terapia uma experiência viva e presente, em vez de um momento em que alguém pode falar excessivamente *sobre* sua vida. O experimento deve fluir livremente das próprias expressões e da *awareness* do paciente. Toda expressão e toda *awareness* tem uma direção que — quando interrompida — produz tensão e impede o indivíduo de chegar à conclusão. Quando nos interessamos nessa direção, começamos uma busca por libertar esse movimento para que ele ultrapasse as barreiras e chegue a seu descanso natural. O momento de descanso emerge do momento bloqueado.

285

10

Além do um a um

Meu povo é cinza,
cinza-pombo, cinza-madrugada, cinza-tempestade.
Eu os chamo de belos,
e fico imaginando onde eles estão indo.

Carl Sandburg

Recentemente, um folheto de um dos centros de crescimentos mais famosos do país incluiu esta descrição dos grupos gestalt:

Um coordenador gestalt geralmente trabalha com um voluntário por vez, enquanto os outros membros do grupo observam ou participam como auxiliares na interação principal entre coordenador e membro voluntário. Um membro que esteja "trabalhando" é incentivado a explorar seus sonhos, fantasias, expectativas, gestos, voz e outros traços pessoais, representando-os perante o grupo.

Hot seat

Esta imagem da gestalt-terapia é muito difícil de abalar. É verdade que o conceito de *"hot seat"* — berlinda — uma expressão popular da Gestalt — se traduz no fato de que uma pessoa é voluntária para trabalhar individualmente com o coordenador. É também verdade que Perls — cujas demonstrações foram as apresentações mais famosas e dramáticas da gestalt-terapia — trabalhava quase exclusivamente com a técnica do *hot seat*. Quando o mestre trabalha, é difícil discriminar entre o que é o *estilo* dele e o que é a teoria que sustenta seu estilo. Ainda mais, é verdade que a intensidade que caracteriza a gestalt se movimenta para transformar um indivíduo em *figura*, contra o *fundo* do grupo. Entretanto, não é fundamental que a gestalt-terapia se apóie exclusivamente numa metodologia um a um.

Contudo, antes de descrever as possibilidades da gestalt para a interação de grupo, vale a pena observar que *existem* algumas grandes vantagens no trabalho um a um *dentro do grupo* quando comparado com uma sessão individual.

Primeira, a pessoa que está no *hot seat*, no centro da ação, experiencia um senso ampliado de comunidade porque a própria presença das outras pessoas aprofunda a implicação do que a pessoa que é figura está fazendo, mesmo que a ação possa acontecer apenas entre ela e o coordenador. Aglomerações de pessoas são naturalmente empolgantes; lembre-se da vibração de um circo, de um estádio de futebol ou de um comício político.

Além dessa empolgação natural, existe também uma oportunidade para que a pessoa no *hot seat* se revele não só para um profissional experiente, mas também — num certo sentido — para as pessoas de modo geral, onde a aceitação ou a rejeição social representam mais do que um risco hipotético. Mowrer[1] observou que nós somos nossos segredos. Embora isso possa parecer um exagero, *existe* um poder inerente na recuperação e na afirmação pública do que foi oculto e que representa uma expansão da fronteira percebida do eu.

Além disso, a experiência de terapia em comunidade usa o poder condensado do drama de todos os homens, representando não só as preocupações individuais, mas as universais, ampliando o sentido comum de humanidade entre as pessoas. As testemunhas de uma interação dramática um a um podem aprender a partir daí algo que possa ser aplicável em suas vidas, abrindo novas perspectivas, e um poder básico de todo o drama que transcende o entretenimento.

Finalmente, quando um grupo está presente, existem muitos objetivos para os quais ele pode ser usado, mesmo que a interação

---

1. Mowrer, O. H. *The new group therapy*. Princeton: D. Van Nostrand Co., 1964.

ocorra principalmente numa direção — originária do indivíduo que é figura e dirigida para o grupo. Suponha, por exemplo, que a interação um a um revele uma pessoa compulsivamente discreta que se comprimiu numa imagem de pequeneza. Suponha também que ela precisa tentar vangloriar-se para que possa ampliar a fronteira do eu constritiva que ela construiu. Ela pode fazer isso num grupo, vangloriando-se para eles, contando novamente um episódio específico, bancando a valentona etc. Ao fazer isso numa comunidade de pessoas, a ação dela assume substância e dimensão além do que seria possível ao vangloriar-se em particular para o terapeuta.

Hot seat móvel

Ir além do *hot seat* e incluir a *participação* espontânea do restante do grupo amplia as dimensões de interação — *dentro da amplitude* da metodologia gestáltica:

O grupo se transforma numa aventura por causa do conflito na interação. Existe um esforço focado para maximizar a capacidade de contato e identificar todas as possíveis fontes de deflexão do contato. O terapeuta precisa dar atenção aos modos específicos em que são estabelecidas barreiras ao contato. Ele (e também o grupo) precisa ver que algumas (pessoas) olham para o outro lado quando estão falando, fazem perguntas quando querem fazer afirmações, usam longas introduções para observações simples, contam compulsivamente os dois lados de todas as histórias, sentam-se em posição de estátua, usam maneirismos e expressões que refletem desinteresse, jogam em busca de simpatia, usam palavras submissas quando seus tons de voz são hostis, e assim por diante, infindavelmente. Essas resistências são abordadas diretamente, na crença de que o bom contato irá seguir-se naturalmente à sua resolução.[2]

Mantendo a capacidade de contato como uma diretriz orientadora, o gestal-terapeuta espera que as interações do grupo propor-

---

2. Polster, E. "Encounter in community". In: Burton, A. (ed.). *Encounter*. São Francisco: Jossey-Bass Inc., 1969.

cionem uma sólida fonte de descoberta sobre as maneiras características em que as pessoas se envolvem umas com as outras. Além disso, a exploração desses hábitos e a resolução das contradições internas que impedem o bom contato no grupo levarão a confrontações imediatas e palpáveis.

Jay, um homem bastante sincero, certo dia pegou o touro pelos chifres e começou enfim a revelar seu segredo mais profundo, de que ele se travestia de mulher. Al começou a interrogar Jay bombasticamente, fazendo perguntas que apesar do estilo desajeitado de Al eram úteis para evocar toda a história. Entretanto, o grupo estava temeroso de que a revelação de Jay, tenra como um botão de flor, pudesse se perder porque Al estava se fazendo de terapeuta. Finalmente Ted não agüentou mais esta situação e gritou furiosamente que ele estava interessado em *Jay*, e *não* no interrogatório estilo touro-em-loja-de-porcelana que Al estava fazendo. Outras pessoas acenaram concordando, e Al, abalado, retrucou que mesmo que o restante das pessoas fossem ficar silenciosas como zumbis, *ele* não iria deixar que Jay hesitasse! Al havia sido confrontado com sua dominação e com sua intolerância a tão-só deixar que as coisas se desenvolvessem. Alguns dos outros entraram em contato com sua passividade. Jay aprendeu que havia sido ouvido e a simpatia e o reconhecimento estavam claramente presentes. Com essa aceitação, ele ficou livre para descrever como se sentia ao se passar por mulher: o relaxamento, a ausência de exigência e o senso de proximidade com sua mãe afetuosa.

A consciência, acrescentada à capacidade de contato como outra diretriz na interação do grupo, expande a exploração da experiência do aqui-e-agora. As pessoas aprendem a sintonizar seu processo interior, a articulá-lo e a se comportar segundo seus termos. A raiva contra Al havia enchido a sala. Entretanto, até que Ted a expressasse, os outros permaneceram mudos, sem agir a partir de sua *awareness*. Paradoxalmente, embora a expressão de raiva de Ted também tivesse liberado a deles, uma pessoa do grupo disse que *tinha* gostado do que Al fizera. O próprio Jay surpreendeu os outros ao dizer que as perguntas de Al o haviam ajudado!

Quase que invariavelmente existe sustentação em algum lugar de um grupo para qualquer comportamento que uma pessoa possa experimentar. O grupo tem uma sabedoria própria que vai além da sabedoria do coordenador isolado. É como se o grupo se transformasse

290

num coro grego, falando em todas as diversas vozes e refletindo em sua multiplicidade todas as possibilidades humanas disponíveis naquela situação e naquele momento. A natureza composta do indivíduo, que descrevemos anteriormente, não pode deixar de ser enriquecida por essa evidência de modos alternativos de pensar, sentir e agir. A *awareness* do grupo se transforma nos dados brutos da experiência. Ele é a recíproca da capacidade de contato, uma capacidade de contato que se baseia na informação da qual a ação pode emergir. Pela simples acentuação da *awareness*, a ativação é ampliada, e a absorção conseqüente inspira as pessoas a dar umas às outras o que têm de melhor.

A oportunidade para estabelecer experimentos se junta à capacidade de contato e à *awareness*, completando a tríade genérica dos princípios da gestalt, aplicáveis ao trabalho com grupo. Por exemplo, poderia ter sido pedido a Jay que encenasse sua personificação de uma mulher naquele momento. Ou ele poderia ter sido instruído a "dar uma rodada" pelo grupo, dizendo a cada pessoa algo de que ele gostava com relação a travestir-se de mulher. Ou o coordenador poderia ter criado um experimento de grupo, como pedir a todos que fechassem os olhos e fantasiassem como se sentiriam se fossem do sexo oposto. Entretanto, o mais provável é que quando uma pessoa específica começa sua própria experiência pessoal, *ela* receba um foco individual considerável e o experimento seja criado de modo a ampliar esse aspecto do acontecimento. Mesmo sem um experimento, as interações naturais tenderão a se desenrolar numa seqüência que focalize um ou outro indivíduo à medida que suas necessidades passem a ser uma figura.

Esse movimento do grupo ao se preocupar com uma pessoa específica é um fenômeno organicamente sadio do *grupo*. É bem diferente da terapia individual num grupo, porque esse movimento flui naturalmente a partir da interação do grupo, em vez de provir do voluntariado do *hot seat*. O foco individual vem então não da exclusão dos outros, mas sim por causa dos sistemas específicos de tensão e de sua ascensão de figura no grupo. Esse tipo especial de interação um a um poderia ser chamado de "*hot seat* móvel". Embora o trabalho seja feito com um indivíduo, sob essas condições todos os membros de um grupo têm todo o direito e a possibilidade de entrar na ação sempre que o desejarem. Na verdade, sua entrada é freqüentemente incentivada e eles entram, algumas vezes correndo o risco de interromper um processo vital. Esse risco regula naturalmente a participação livre — em vez de por ordem —, porque cada pessoa deve medir a harmonia de suas ações com o que está acontecendo no drama que se desenrola. Esse risco não está limitado apenas a interações terapêuticas num grupo. A arte de unir as próprias necessidades com um sistema de tensão já em movimento é um dos desafios recorrentes que as pessoas encaram. Para começar, a pessoa nasce numa família que já existe e obtém a admissão num sistema social também já existente conforme ela progride ao longo dos anos. Algumas pessoas optam por se integrar a esses sistemas, influenciando-os muito pouco, ou tentando dominá-los ou cuidando de si mesmas em face das exigências pouco amigáveis, ou abandonando totalmente as próprias necessidades supostamente a serviço do bem do sistema maior e mais bem estabelecido.

O mesmo acontece no grupo gestáltico. Fritz Perls uma vez me perguntou por que eu estava tão silencioso num grupo que ele estava coordenando. Respondi que não desejava interromper as outras pessoas. Ele me designou o papel de interruptor, que então encenei inteiramente, dando total liberdade a meu sistema de associação livre, falando independentemente do que estivesse acontecendo. Perls ficou aborrecido comigo e alguém lembrou-o de que ele havia me dito para interromper. Ele disse: "Sim, mas eu não disse a ele que gostaria disso!". Corajosamente, continuei minha atividade, e o que havia começado como interrupção se transformou numa experiência de liderança não premeditada — uma das lições mais importantes de minha vida.

Num recente grupo de treinamento em gestalt, as pessoas estavam perturbadas com o que tinha acontecido em seu encontro anterior de prática de grupo no qual eu tinha estado ausente. Algumas pessoas sentiram-se isoladas do restante do grupo, mal-entendidas, usadas, e deixadas dolorosamente abertas com questões inacabadas no final da sessão precedente. Duas semanas depois elas ainda estavam furiosas. Dotty falou com grande energia e imediatamente atraiu a atenção do coordenador praticante que estava trabalhando sob minha supervisão. Ele se voltou para trabalhar com ela individualmente, sentindo-se afetado pela necessidade dela e respondendo a isso. Indiquei que era prematuro trabalhar individualmente com ela, havia sentimento demais em *todo o grupo* que ainda não tinha sido expresso, e estaria fermentando enquanto ele trabalhasse com Dotty. Assim ele se voltou para os outros, e eles também começaram a expressar seu incômodo e seu senso de mágoa. Logo se desenvolveu uma briga de gritos. Duas das mulheres, especialmente, estavam atacando-se verbalmente. Ficou aparente que para resolver seu atrito elas precisariam entrar numa interação mais aguda — em vez de meramente rancorosa. Uma delas, Brenda, achava que Dotty estava capitalizando uma atração infantil que a tornava o centro das atenções. Quando foi pedido a Brenda que falasse com a criança dentro dela, descobriu que sua natureza era muito semelhante ao que ela estava reclamando em Dotty. Ela foi incentivada a permitir-se um modo de agir brincalhão e infantil — e seu ressentimento desapareceu completamente! Dotty transformou-se em sua companheira de brinquedos, e a própria Brenda recuperou uma possibilidade pessoal que ela costumava bloquear completamente. Então, outras duas pessoas, ainda fervendo, confrontaram uma à outra com suas necessidades de serem reconhecidas e apoiadas. Exploraram como podiam fazer isso uma para a outra. E assim por diante, por toda a noite. Na hora em que o grupo terminou, as pessoas se sentiam novamente à vontade umas com as outras e eram capazes de estar juntas sem aversão mútua. Contudo, o foco no processo do *grupo* foi crucial porque permitiu que todos contribuíssem para a resolução do conflito e para uma renovação de seu senso de objetivo comum.

Grupos naturais

Como a abordagem gestáltica se inclina facilmente ao foco no grupo, o gestaltista pode ver seu impacto e relevância se expandindo muito além da experiência um a um como ela acontece na terapia ou no pequeno grupo de encontro. Assim, ele pode buscar ir aonde quer que as pessoas se reúnam, voluntária ou acidentalmente, e lidar ali com as características de contato, *awareness* ou com a oportunidade experimental de pôr à prova novos modos de ser uns com os outros. Ir ao encontro das necessidades das pessoas individuais que podem se reunir em grandes grupos é importante em ambientes muito diversificados. Por exemplo, esse elemento é importante em organizações de trabalho — tanto para trazer um sentido comum de interesse quanto para processar problemas de relacionamento e/ou resolução de tarefas. Ele é igualmente valioso em vizinhanças para nutrir resultados semelhantes. O mesmo em estabelecimentos para a terceira idade, em igrejas, em dormitórios de universidades, em salas de aula ou entre o pessoal clínico ou...

Um exemplo de *ir* até as pessoas em vez de convidá-las a se encontrarem apenas no território do próprio terapeuta é uma exploração dos usos do método da gestalt-terapia num ambiente natural, uma cafeteria pública.[3] Aqui, os agrupamentos das pessoas e suas atividades gerais aconteciam quer o terapeuta estivesse lá ou não. Nessa cafeteria, os clientes geralmente vinham para as conversas e os jogos. Entretanto, também desejavam algumas atividades que pudessem unir o grupo todo. Em geral leituras de poesias, *performances* musicais e até mesmo palestras ocasionais serviam a esse objetivo. Assim, planejamos uma série de reuniões bissemanais chamadas "Encontros" que se harmonizavam com o estilo geral, embora, é claro, a interação entre os clientes fosse maior, como veremos. Nossas sessões aconteceram durante o funcionamento normal noturno da cafeteria, quando cerca de 50 a 150 pessoas vinham e iam embora conforme desejassem. A cafeteria estava sob reiterada ameaça policial, em parte por causa do tráfico de drogas, em parte por causa de supostamente estar perturbando a vizinhança, e em parte por causa do preconceito com relação a negros e brancos reunidos.

Havia três objetivos nesses esforços exploratórios. Um era aprender como ativar a participação grupal num grupo grande. O segundo era recuperar e trabalhar de modo inovador "centrado no assunto" dentro da chamada técnica de encontro. A terceira meta era afetar as atitudes e comportamentos autolimitadores.

O primeiro propósito, a ativação da participação grupal, era assombrado pela tendência habitual de ser "espectador" na maioria das situações de grupos grandes. As exigências fora do comum para se

---

3. Parte do material referente à cafeteria constou originalmente em Polster, E., "Encounter in community". In: Burton, A. (ed.). *Encounter*. São Francisco: Jossey-Bass, 1969.

falar com uma multidão de estranhos são notoriamente torturantes, e só os melhores oradores em público parecem manter as sensações de imediaticidade ou de efeito pessoal. As grande platéias, embora prometam uma vivacidade ampliada, freqüentemente são despersonalizadas e não administráveis. Como poderia o estilo de grupo de encontro, desenvolvido em pequenos grupos, ser aplicado a grandes grupos ou a conferências? O grupo de encontro muitas vezes incentiva a interação pessoal ao se dividir em unidades menores, não maiores do que possa permitir a cada pessoa a oportunidade de manifestar-se a seu próprio modo. Mas o grupo pequeno é um mundo pequeno demais para se viver, e os acontecimentos têm um modo de ocorrer quando um grande número de pessoas está reunido. Na ação mais rápida da cafeteria não havia tempo para os planejamentos complexos em geral utilizados com grupos grandes. Seria necessário experimentar o espírito que contagiante se expande além dos trabalhos em miniatura realizados em pequenos grupos.

Nossa primeira reunião foi chamada Hippies e Policiais[4] e mostra como emergiu um corpo de participação. Duas pessoas foram escolhidas para representar um hippie e um policial conversando. Elas começaram dizendo palavras muito estereotipadas. O policial exortou o hippie a conseguir um emprego, a deixar de usar penteados loucos e a higienizar-se. Ele o descreveu como desregrado, perigoso e desagradável. Por outro lado, o hippie via o policial como um bruto — frio, sem compreensão, insensível e inatingível. No início, independentemente do que eu lhes dissesse, suas respostas permaneciam estereotipadas e cruéis. Em certo momento, ao ser confrontado com a estranheza de alguns de seus comentários, o policial foi tocado e começou a examinar seus sentimentos. Ele disse então que realmente tinha um trabalho a fazer e que não podia se dar ao luxo de ter muitos sentimentos quanto ao que fazia. Simplesmente queria terminar sua tarefa. Ele não queria ter de pensar sobre ela. Além disso, tinha medo de vir a ser ferido se não continuasse a ser durão. O hippie não deu nenhum reconhecimento específico da mudança de tom do policial, e

---

4. A palavra *hippie* agora está obsoleta, e nunca foi uma palavra afetuosa, mas, na época dessas reuniões, a maioria dos jovens que vinham a essa cafeteria era identificada assim, e foi escolhido esse título.

continuou a falar como antes. Quando isso lhe foi apontado, ele reconheceu que não havia ouvido e agora podia ser possível comunicar-se com o policial. Entretanto, não queria isso. *Queria* que o policial continuasse inacessível para que ele pudesse soltar sua raiva e vangloriar-se de sua superioridade. Queria continuar com raiva e se pudesse evitar enxergar a diferença, ele continuaria assim. Um comentário involuntário sobre a natureza do conflito, mesmo em grandes movimentos sociais, é que quando uma grande força de situações inacabadas é evocada ela precisa ter uma oportunidade para emergir. A necessidade de completar a expressão bloqueada permanece mesmo depois de as condições terem mudado. Portanto, existe uma tendência a ignorar as mudanças até que a própria necessidade tenha sido satisfeita. Os militantes negros, por exemplo, têm questões inacabadas, e precisam liberar sua fúria quer haja ou não progresso. Essas disritmias no tempo entre as partes de um conflito estão na raiz de problemas. Um lado pode estar resolvido quando o outro ainda não. As resoluções precisam ser adiadas até que a parte com questões inacabadas possa completar sua necessidade acumulada de expressão. A outra parte, se respeitar autenticamente a força da questão inacabada, irá dar à parte ofendida algum reconhecimento da legitimidade de sua necessidade.

Na sessão da cafeteria estavam presentes aproximadamente 125 pessoas. Ao contrário de uma platéia comum, esta participou ativamente. As pessoas questionaram o direito de o policial dizer aquilo que dizia. Elas apontaram os erros de raciocínio. Então pediu-se ao policial e ao hippie que trocassem de papel, para grande alívio do homem que estava representando o policial. Agora ele relaxou repentinamente na atmosfera amigável. A troca de papéis ativou na platéia o desejo de também desempenhar papéis, e diversos pares de pessoas fizeram isso. Logo se desenvolveu um espírito comunitário. Então, no clímax, a última pessoa a desempenhar o papel de policial deixou o palco e foi para o fundo da sala para prender o proprietário, confrontando-o com certas violações insignificantes que o deixavam sujeito à prisão. O policial então começou a levar o proprietário para a porta. O proprietário não estava totalmente disposto e colocou alguma resistência. As pessoas na platéia, contudo, começaram a gritar: "Não deixe que ele o leve", saindo de suas mesas para se reunir numa tentativa de resgate. Seguiu-se uma confusão selvagem. As pessoas

296

estavam balançando seus braços, levantando suas cadeiras de modo ameaçador, gritando. Qualquer pessoa que entrasse na cafeteria naquele momento teria pensado que estava acontecendo um tumulto. Quando a força de sua agressão exauriu-se e a operação de resgate foi bem-sucedida, as pessoas voltaram para suas mesas. O que começara como um simples *role-playing* de duas pessoas, havia terminado como uma situação dramática de *role-playing* com a platéia. Quando todos estavam sentados novamente, havia uma aura de assombro silencioso com o que havia acontecido. Um grande grupo tinha atravessado a linha entre a poesia e a realidade. Embora nem sempre se possa determinar a diferença entre a poesia e a realidade, os indivíduos no grupo, apesar de totalmente envolvidos, aparentemente tinham *awareness* de sua perspectiva e em nenhum momento permitiram que a situação dramática se transformasse numa desculpa para a violência real. O grupo então discutiu o significado da experiência, e o senso dominante era o fato óbvio de que se havia expresso a raiva contida contra a polícia — ou seja, atuando na situação de *role-playing* desempenham aquilo que eram impotentes para fazer na vida real. Disseram que essa impotência resultava num sentimento de alienação e a oportunidade de atuar na cena os havia reunido num sentimento de comunidade.

O segundo de nossos propósitos era desenvolver o foco num tema. Nos exemplos anteriores, o tema foi instrumental para orientar as pessoas quanto ao que iam fazer, mas ainda assim permitiu que suas próprias necessidades fossem o foco. O risco de temas é que eles podem levar ao intelectualismo estéril, mas obviamente as pessoas podem também ser pessoais, e até apaixonadas, ao lidar com temas. Quase todas as sessões da cafeteria começaram com um tema. Alguns dos outros temas foram hippies e pessoas convencionais, hippies e professores, sexo entre pessoas de raças diferentes, ouvir, construir uma comunidade, viagens psicodélicas, como evitar a convocação para o Exército, como promover a mudança, o significado da guerra etc. Na noite em que o tema era hippies e pessoas convencionais, convidamos algumas pessoas convencionais. Além disso, outras apenas apareceram, por terem ouvido sobre as nossas sessões e estarem curiosas a respeito. O que tornava essas pessoas convencionais é que elas viviam vidas bem organizadas, vestiam-se convencionalmente, viviam relacionamentos familiares tradicionais e trabalhavam em empregos fixos. Havia aproximadamente o mesmo número de pessoas convencionais e de hippies.

A sessão começou de modo tenso, mas não demorou muito para que um dos hippies, Jack, confrontasse uma das pessoas convencionais, acusando-a atrevidamente de covardia silenciosa. Jack se transformou no centro de uma tempestade. As pessoas sentiram que ele estava enfiando estereótipos em suas gargantas. As pessoas convencionais não gostaram disso, mas estavam acostumadas à polidez e à permissividade e ficaram chocadas com esse ataque repentino e inflexível. Contudo, ele tinha posto a bola para rolar e desenvolveu-se uma marcante polarização entre os hippies e as pessoas convencionais. Cada lado estava infeliz ao ser classificado e não gostava de ser chamado de hippie ou de convencional. A idéia de que todas as pessoas são indivíduos foi expressa por várias pessoas. Entretanto, apesar dessas atitudes elevadas, cada lado era consideravelmente estereotipado com relação ao outro, e ficava muito defensivo com relação a sua própria posição. Algumas das pessoas convencionais finalmente ficaram tão bravas que saíram de seus lugares e andaram na direção de Jack e de alguns dos outros hippies, discursando a respeito de serem indivíduos. Alguns disseram que Jack e seus companheiros eram presunçosos. Outros ficaram especialmente irados quando Jack os acusou de vir à cafeteria para ter algum alívio de suas terríveis vidas suburbanas. Outras afirmações eram igualmente confrontadoras. No início, houve pouco esforço para descobrir a respeito das vidas das outras pessoas. Todos pareciam *saber*. Depois de certo tempo surgiu algum apoio para as pessoas convencionais em meio do grupo hippie, e alguns disseram que realmente se importavam com elas e estavam felizes por elas terem vindo. Eles *queriam* fazer contato. Uma garota hippie disse que ela e seus amigos tinham medo das pessoas convencionais porque eram mais velhas e porque tinham realmente medo de seus próprios pais. Eles gostariam de se entender com seus pais, mas sabiam que não podiam. Seu próprio pai nunca iria a um lugar como a cafeteria e sempre se recusava a ter qualquer coisa a ver com seu modo de vida. Os hippies desejavam expandir sua comunidade e suas oportunidades de conversar com as pessoas que "tinham chegado lá" na sociedade. Uma garota observou que as pessoas convencionais presentes não eram nada mais que hippies velhos.

Todos os nossos temas provocaram uma interação muito viva. Muitas vezes essas interações eram verbalmente agressivas, mas a agressividade e as confrontações quase invariavelmente tornavam a sessão empolgante. Por outro lado, as discussões intelectuais quase invariavelmente deixavam a atmosfera pesada e resultavam em impaciência e em agitação. As afirmações que afetavam intensamente outro indivíduo eram aquelas que tinham maior probabilidade de resultar em boa comunicação e num senso de comunidade unificada. Contudo, sempre que acontecia um contato intenso, desenvolvia-se um sistema de apoio que ajudava alguns indivíduos e também servia para unir alguns daqueles que anteriormente haviam sido adversários.

O terceiro propósito subjacente a essas sessões era o esforço para trabalhar com as características autolimitadoras das pessoas no grupo. Uma das sessões encontrou resistência por parte de algumas pessoas da cafeteria em comunicar-se com aquelas que estavam fora de seus próprios pequenos grupos. Havia uma impenetrabilidade comum entre elas quanto a se relacionar com assuntos que não entendessem ou dos quais se sentissem alienadas.

Certa noite o tema era a experiência religiosa. Um grupo não havia tido nenhuma e estava até mesmo ruidosamente pouco disposto a se envolver. Uma provocação perceptível, mas do tipo "bata e corra". Não demorou muito para que as pessoas na sala ficassem irritadas com eles. Uma mulher finalmente ficou de pé, tremendo de raiva. Ela queria ser ouvida por eles. Eles diziam que ela era beligerante e não suportavam a beligerância. Mas os outros sentiam que apenas uma energia excessiva poderia chegar a eles, como "cutucar a onça com vara curta", apenas para chamar sua atenção.

As pessoas saíram em apoio a esse grupo exclusivo, alguns dizendo que eles tinham de fazer aquilo que era certo para eles, e que as outras pessoas deviam continuar com seus assuntos. Um homem, pastor, disse que eles tinham algo muito especial entre si — uma expressiva aceitação mútua e um espírito tão profundo que ele sentia que isso era por si mesmo uma expressão religiosa. Contudo, outro pastor disse que não achava de modo algum que isso fosse muito religioso. Disse que eles não eram mais do que uma gangue, rejeitando qualquer senso real de diferença.

Depois de a tensão ter aumentado consideravelmente, um dos recalcitrantes levantou imperiosamente e disse, no final de muita comunicação frustrada: "Faça, não imite!" — um sermão curto sobre a autenticidade. Ele me pegou no fim da minha corda e eu soltei, caindo direto no meio deles enquanto minha enorme raiva explodia por causa das longas frustrações na comunicação. Confrontei-os com meu próprio ressentimento quanto a seu sistema fechado, a partir do qual eles faziam incursões para o exterior e depois se retraíam em seu próprio enclave, entrincheirados, mas gritando inutilmente contra quem não se submetesse a seu sistema. Saí do palco e me aproximei deles, berrando minhas palavras. Agora eles ouviram meus gritos. Quando terminei, eles falaram como se um furúnculo tivesse sido lancetado e passamos da religião para tumultos, e depois de alguns palavrões de parte a parte, o grupo se uniu, não unificado em consenso, mas como pessoas capazes de estarem unidas no contato. Como havia acontecido muitas vezes antes, a entrada na confrontação havia aberto espaço para o fluxo.

Os eventos da cafeteria mostram uma abordagem à aplicação da prática básica da gestalt numa população natural. O desenvolvimento do bom contato mediante confronto ampliou o encontro entre as pessoas. A acentuação da *awareness* que as pessoas tinham de si mesmas e das outras pessoas serviu para facilitar a resolução de conflitos. Os experimentos, como os realizados por meio *role-playing*, dramatizaram os temas e os conflitos que necessitavam de resolução. Trazer representantes reais de diversos grupos de pessoas para a sala em vez de apenas falar sobre os temas ajudou a dar vida ao processo e ampliou o senso de realidade do envolvimento. O mero intelectualismo matava a interação, e a linguagem viva e incisiva atravessava o processo de despersonalização. O intelectualismo sustentado pelo contato serviu como orientação para aquilo que era importante para essas pessoas. Portanto, as três pedras fundamentais da gestalt-terapia — contato, *awareness* e experimento — foram todas trazidas ao se lidar com as resoluções de conflito das pessoas na cafeteria.

Outra aplicação dos fundamentos da gestalt-terapia para uma população natural é a orientação de calouros universitários. Geralmente, espera-se que os calouros venham a conhecer uns aos outros numa base de tentativas ou como um bando, em chás ou outros encontros sociais igualmente estéreis. Muitos calouros simplesmente não estão prontos. Eles têm dificuldade para morder aquilo que lhes parece grande demais para engolir ou assimilar. Um formato que

300

evoque o que é importante para eles é melhor do que deixá-los de pé, mudando o peso de uma perna para a outra, como se estivessem esperando que um banheiro aparecesse. Muitos desses jovens experimentam o ambiente como não-amigável e acreditam que ninguém está muito interessado neles nem em qualquer outra pessoa. O paradoxo é que muitos deles se sentem assim — ansiando por encontrar alguém e acreditando que ninguém deseja encontrá-los. Eles precisam de um veículo para se afirmarem de um modo significativo para os outros, em que possam receber tempo e atenção para o que têm a dizer.

Aqui está uma abordagem que funcionou bem em uma faculdade. Foram agendadas seis sessões de duas horas cada, durante um período de orientação de dois dias, de modo que as pessoas pudessem vir para as sessões quando estivessem livres. Algumas pessoas vieram duas ou três vezes, e o tamanho dos grupos variou de 12 a 150 pessoas. Começávamos com uma palestra curta, explorando como era estar ali uns com os outros e como nossas reuniões poderiam ajudá-los a se conhecerem uns aos outros e a si mesmos. Depois desse contato introdutório, eu lhes pedia para se dividirem em duplas e passarem dez ou quinze minutos conversando com seu parceiro, descobrindo o suficiente sobre cada um, de modo a poder apresentar o outro para um grupo de pessoas. Depois de fazer isso, eles se uniam em pequenos grupos de seis pessoas, nos quais essas apresentações seriam feitas. Essas instruções lhes davam a oportunidade e o suporte para se fazerem visíveis e também para explorarem a outra pessoa, não só para "jogar conversa fora". Para a maioria das duplas, essas conversas se mostraram muito estimulantes e formaram a base para um grupo inter-relacionado em que havia apoio e curiosidade para conhecer uns aos outros. Depois de aproximadamente meia hora, nos reunimos como um grupo total e discutimos o que havia sido descoberto. Outros exercícios foram usados para ampliar o contato entre as pessoas ou a *awareness* de si mesmo do modo como poderia ser comunicada para um "outro" interessado. Por exemplo, cada um deles nomeou um jogo e descreveu para o outro de que maneiras eles eram como esse jogo. Isto é, construíram uma "máquina" em que um indivíduo ficava de pé e começava a fazer um movimento simples e repetitivo e, um a um, os outros se juntavam a ele e se encaixavam com um movimento próprio na operação em andamento. Havia momentos em que esse exercício tinha todo o fluxo e expressividade da dança ou o humor livre de uma seqüência de palhaços num filme mudo.

Numa outra orientação de calouros, para uma escola de artes, pediu-se aos participantes que desenhassem uma tira de quadrinhos de quatro partes, com uma afirmação de alguns aspectos muito importantes de si mesmos ou de suas vidas e que a colocassem no peito, como se fosse uma placa, e andassem pela sala olhando para os desenhos que os outros estavam carregando, fazendo perguntas, fazendo comentários, comparando, explicando e descobrindo. Depois, no grupo total, pediu-se que fechassem os olhos e fantasiassem uma manchete no jornal do dia seguinte que traria uma grande mudança em suas vidas. Então, cada um contou ao grupo qual havia sido sua manchete e o que ela significava pessoalmente para ele.

Num *workshop* de dia inteiro, para alunos e professores de uma escola secundária particular, atividade consistiu de uma "caça ao tesouro emocional", na qual os participantes das equipes receberam listas com palavras como confiança, delicadeza, desconfiança, solidão etc. Pediu-se a eles que encontrassem objetos no câmpus que exemplificassem esses sentimentos. Todas as coleções foram reunidas no ginásio de esportes, e as pessoas passavam de uma exibição para a outra, explicando suas escolhas e como se sentiam sobre essas condições humanas. Por exemplo, para a palavra tristeza, um grupo trouxe um espécime biológico de um feto humano; para desconfiança, outro grupo construiu uma cerca portátil ao redor de um arbusto raquítico morto; para brincadeiras, uma professora trouxe seus dois filhos.

Em todas essas experiências, as pessoas comentaram como foi mais fácil conhecer os outros aqui do que simplesmente andando pelo câmpus ou em chás ou nos dormitórios, onde era difícil conversar sobre aquilo que tinha uma importância profunda.

Planejamento de grupos grandes

Existe uma ampla gama de atividades que se tornaram parte do movimento humanístico, começando com exercícios de treinamento de sensibilidade e experimentos de gestalt-terapia e incluindo invenções concebidas por líderes e planejadores de grupos de encontro.

O próprio conceito de *planejamento* é uma das inovações técnicas que ampliou a aplicação da metodologia do grupo de encontro, para poder incluir grupos muito grandes e, além disso, pode ser relevante para assuntos, propósitos ou usos específicos. Em geral, os métodos para grupos pequenos permitem e até mesmo dependem de um fluxo de expressões natural e orgânico dentro do grupo. Muitas vezes não existem intenções ou orientações prévias. Entretanto, é difícil ou até mesmo impossível administrar desse modo um grupo muito grande, porque quando a competição pelo tempo se torna pesada, existem simplesmente pessoas demais que podem perder a oportunidade de se expressar. É importante que todos os participantes pelo menos *consigam* falar, mesmo que possam optar por não fazê-lo. No pequeno grupo, mesmo que alguns possam não falar, todos sentem que a oportunidade existe e podem assumir a responsabilidade por seu próprio silêncio.

Ao se desenvolver um encontro de grupo grande, essa necessidade pode ser levada em conta, proporcionando-se a oportunidade para se dividir em grupos suficientemente pequenos para incluir a assertividade de cada indivíduo. Entretanto, também é importante planejar um ritmo entre a pequena subdivisão e a interação dentro do grupo total a fim de que o contraste dinâmico seja ampliado e que uma pessoa que consiga se manter por si mesma no grupo pequeno possa ser incentivada a arriscar-se na água mais profunda da multidão.

Recentemente elaboramos uma série de oito reuniões de um grande grupo de encontro,[5] no qual havia aproximadamente cinqüenta participantes. Queríamos ter um grupo de pessoas que se reunissem, *não* para uma única vivência, como é tão freqüente no caso de grandes grupos de encontro, mas para uma série de reuniões. Essas reuniões se centraram sobre temas pessoalmente relevantes como Pertencer, Tornar-se Conhecido, Aproximar-se e Ir Embora etc.[6]

Era claro para nós que, por causa de nosso formato e por acrescentar a televisão e uma cadeia de co-líderes, poderíamos ter um grupo de pessoas com um tamanho indefinidamente grande, em que todas estivessem simultaneamente envolvidas em atividades similares,

---

5. Patrocinada pela Case Western Reserve University, 1972.
6. Um exemplo de planejamento de uma das reuniões é apresentado no Apêndice B.

planejadas para ativar a criatividade individual, inspirar a *awareness* pessoal e o movimento para o contato. Com a televisão que representa a fonte central de orientação para as pessoas que estão todas agindo ao mesmo tempo, o senso de comunidade seria acentuado, amplificando a importância das atividades individuais. Qualquer oportunidade para que as expressões formadas individualmente tenham ressonância ao ser transmitidas num ambiente culturalmente significativo liga o indivíduo com sua comunidade.

A cultura global foi subestimada por tempo demais como um fator no desenvolvimento humano. Uma coisa é aprender algo num grupo que encontra *hostilidade* fora desse mesmo grupo e outra bem diferente é aprender algo num grupo que também seja *aceitável* para a comunidade mais ampla. Quanto maior o grupo — e mais compatível com a existência cotidiana —, maior a possibilidade de se chegar à harmonia entre as necessidades individuais conforme exercidas nas experiências do grupo, e as necessidades individuais exercidas na cultura geral. Mesmo as necessidades culturais de maior alcance estariam abertas a novas orientações.

A gestalt-terapia incentiva o indivíduo a buscar momentos e experiências de bom contato, não só em situações especiais de terapia, mas em todos os momentos em que existam possibilidades para um bom contato. É claro que ninguém nunca tem a garantia da excelência do contato. Mesmo sob as circunstâncias mais ideais existirá uma gama de habilidade; algumas pessoas terão probabilidade de alcançar um contato vivo e nutridor com os outros, e outras pessoas simplesmente terão probabilidade de *não* alcançar isso, do mesmo modo como sabemos que uma pessoa pode tocar violino melhor que outra. Entretanto, numa comunidade em que o bom contato seja valorizado, é provável que mais pessoas aprendam a realizá-lo bem. Se tocar violino e desenhar fossem atributos altamente valorizados na comunidade, o denominador comum de tocar violino ou desenhar estariam num nível de habilidade muito mais elevado do que numa comunidade em que essas atividades não fossem apreciadas ou incentivadas.

Além das variações de talento pessoal, outra complicação é que existem contradições entre aquelas características que nossa sociedade afirma valorizar. Reflita por um momento sobre alguns dos valores humanos adotados em princípios religiosos e códigos morais que caíram em desuso por causa de pressões ambientais gerais.

304

Por exemplo, numa época em que eu estava explorando o relacionamento de religião e psicoterapia, realizei alguns grupos em igrejas e templos. Esses grupos se encontravam com o objetivo de estender os dogmas de sua religião para a experiência real dos membros dos grupos. Num grupo realizado num templo começávamos com um serviço religioso real. Quando ele terminava, passávamos para a interação de grupo, centrando-nos no conteúdo das orações da noite. Numa noite, quando a oração havia tratado da expressão de gratidão, o processo do grupo desenrolou-se ao redor de nossas próprias expressões de gratidão, revelando muitas questões inacabadas. As pessoas estavam quase uniformemente conscientes de que expressar a gratidão havia sido em grande parte cortado de suas vidas, exceto pela rotina de dizer obrigado. Frank não podia expressar gratidão para com seu pai porque a gratidão iria aproximá-los de um modo insustentável e Frank teria de desistir de um rancor duradouro. Quando Frank falou com a imagem de seu pai e afirmou sua gratidão real, seu rancor dissipou-se — pelo menos temporariamente —, e ele se sentiu aquecido e aliviado. Na verdade, seu pai havia sido bom para ele em diversas ocasiões, e esta expressão de gratidão autêntica descongelou um senso de perdão por aqueles ferimentos que o pai de Frank também havia lhe infligido. Experiências semelhantes ocorreram com as outras pessoas no grupo.

Qual é de fato o bem quanto às pessoas de uma religião fazerem sermões sobre gratidão, e depois nem ensiná-las como aumentá-la, nem como mudar as normas culturais que a impedem? É claro que as pessoas são ensinadas a dizer obrigado, e elas expressam gratidão com sorrisos, retribuindo favores, com afirmações de prazer etc. Afinal de contas, não somos desprovidos totalmente de gratidão. Mas esses hábitos rotineiros não são suficientes para o desenvolvimento de uma experiência mais rica que acontece quando alguém se movimenta na gratidão com uma consciência acentuada, especialmente quando isso é feito com reconhecimento e apoio da comunidade. Um dos exercícios mais empolgantes e calorosos que já criamos em nossos grandes grupos de encontro é o que usamos freqüentemente para concluir nossas reuniões. Um indivíduo vai para o centro do grupo, diz seu nome, e o grupo aplaude e celebra por um minuto inteiro enquanto ele reconhece o aplauso do modo que sentir vontade. A princípio isso soa como uma manobra artificial. É claro que isso é

305

planejado, pois a pessoa não *fez* nada específico para merecer o aplauso. Entretanto, em quase todos os casos, o aplauso é experienciado como totalmente certo, até mesmo espontâneo e genuíno, e ainda mais, ele é uma delícia para ambos, os que aplaudem e a pessoa que é aplaudida. É um envolvimento momentâneo de amor, em que a única coisa a ser recebida é a alegria. Precisamos profundamente de afirmações de amor, mas nos treinamos bem a não fazê-las, exceto para as pessoas com quem temos intimidade, e mesmo assim apenas nos momentos "certos".

Numa turma de estudantes de teologia,[7] cada sessão de classe começava com um estudante apresentando uma experiência de adoração. Então nos reuníamos em grupo para elaborar o dilema humano apresentado pela experiência de adoração. Um dos estudantes começou sua reunião se virando de costas para a classe e falando diretamente com Deus. Ele estava enfurecido com o relacionamento de Deus com os homens e com o que Ele havia feito aos homens. Os comentários dele eram uma aula de paixão e também de projeção. Então, depois de falar com Deus, ele virou-se para seus colegas e falou com eles. Nesse momento tornou-se tedioso e banal! Passamos o restante da sessão guiando-o a interações com seus colegas que pudessem ser ao menos tão animadas como a que ele tinha estabelecido com Deus. Parte da intensidade que ele havia investido ao falar com Deus não estava sendo transmitida quando falava com seres humanos. Contudo, ele não podia viver apenas com Deus. A lição com Deus, se a pessoa acredita Nele, precisa ser transferível para a vida e as pessoas cotidianas. Nada menos que isso irá funcionar.

Casais e famílias

É um pequeno passo partir do trabalho com grupos, de qualquer tamanho, para o trabalho com casais e famílias, seja em particular ou em grupos compostos por essas unidades específicas. O entendimento filosófico básico quando se trabalha com essas combinações de pessoas

---

7. Curso chamado Worship & Human Relation, ministrado na Oberlin Graduate School of Theology, 1968-69.

é que esses casos têm economias naturais nas quais os sistemas estabelecidos são vistos como tão importantes quanto os indivíduos dentro desses sistemas. A soma das partes de fato é diferente do todo. John individualmente mais Maria individualmente muitas vezes é de modo surpreendente diferente do casamento de John e Maria. Essas surpresas são lugar-comum. Por exemplo, mal posso suportar determinada mulher quando ela está com seu marido, mas gosto dela quando ela me vê sozinha. A clara doçura de Sid, sozinho, se perde quando seu filho o confunde e ele se transforma num bruto. Mesmo o acréscimo de um bebê que ainda não fala e permanece no colo — quando uma babá não aparece e uma jovem mãe resolve manter sua hora comigo — tem repercussões inesperadas para a terapia de "família". Uma paciente muito falante se cala quando sua família está presente, uma mulher feliz e animada se transforma numa "mãe" séria, e assim por diante. Todas as vezes em que me afasto de pessoas com quem trabalhei individualmente e as vejo num grupo, sinto-me como um noivo prestes a ser apresentado à família da noiva. Este fenômeno seria ainda mais marcante se em vez de ver as pessoas em nosso consultórios, as víssemos em suas casas — como fazem muitos pesquisadores, por boas razões —, ou se jantássemos com elas, fôssemos ao teatro com elas, fôssemos ao escritório com elas, se as víssemos com seus pais...

Os princípios do trabalho com casais ou famílias são essencialmente os mesmos que descrevemos por todo este livro. Por exemplo, o desfazer de projeções é pelo menos tão válido no trabalho com casais e famílias quanto no trabalho individual. Qual o melhor modo de trabalhar para desfazer a introjeção do que quando a fonte da introjeção pode estar presente na sala? E desde que o desfazer da retroflexão é a busca pelo outro adequado, qual o melhor lugar para procurar este outro do que na própria família? A confluência, com o que e com quem, é quase inevitavelmente uma questão familiar sob diversos disfarces, e todos podem ser representados com imediaticidade e força quando todos os membros do elenco estão presentes no drama familiar.

Todo o tipo de fronteiras ao bom contato precisa ser colocado em foco, quer sejam fronteiras expressivas, corporais, de familiaridade etc., de modo que a qualidade do contato possa ser aumentada e a *awareness* de si e de cada um dos outros possa enriquecer o presente compartilhado pela família. Os casais e famílias precisam ver um ao outro, ouvir um ao outro, tocar um ao outro, saborear um ao outro, cheirar um ao outro, mover-se um para o outro e falar um com o outro. Quando eles limitam alguns desses modos de contato, têm dificuldades porque começam a carregar todas as questões inacabadas que deixaram para trás.

Existe uma empolgação e uma emergência especiais ao ver juntas na terapia pessoas que também estão juntas *fora* da terapia. É claro, qualquer terapia tem valor quando tem essa característica de emergência. Mas quando um indivíduo vem com as pessoas com quem ele vive, a emergência criada pela impossibilidade de se escapar da conseqüência é uma força adicional com que temos de lidar.

Por exemplo, depois de Chuck ter contado a sua esposa, na terapia de casal, que ele nunca gostou muito do corpo dela, isso não termina junto com a sessão. Esse é apenas um elo numa cadeia que incluem mágoas anteriores e se expande para as implicações que vêm do conjunto dos sentimentos feridos, do ressentimento, de sentir-se enganado e de complicações semelhantes. Imagine que quando Chuck diz a Tina que nunca gostou de seu corpo, ele receba um sorriso insípido de Tina — e mais nada. O hábito de Tina seria permitir que essa interação se oculte e fermente. Assim o terapeuta, não interessado em "conversa para boi dormir", explora a experiência dela. Logo ela diz: "Eu me sinto explorando porque sempre pensei que gostasse de meu corpo e agora acredito que você estava apenas me enganando". Suponha então que Chuck se sinta envergonhado e se lembre em voz alta pela primeira vez de como ele ficava nauseado com os corpos das mulheres, e se lembre de como foi ver sua mãe menstruar e sua irmã deixar fezes na privada. Assim, na maior parte do tempo, ele fecha seus olhos para não ver os corpos clara e irreverentemente demais. Tina então reconhece que não é *seu* valor que está em questão, mas sim a visão pessoal de Chuck com relação à pureza dos corpos. Agora, quando se pede a Chuck que olhe novamente para o corpo de sua esposa, ele diz que sente uma combinação de excitação e náusea, e seu rosto enrubesce. Tina diz: "Você acabou de olhar para mim como um menininho muito querido e eu poderia simplesmente pegá-lo no colo e embalá-lo". Ele diz: "Não posso deixar que você faça isso, mas estou me sentindo quente por dentro. Estou muito envergonhado para poder abraçá-la, mas parte de mim

308

deseja fazer isso. Sua pele está começando a parecer macia". Tina e Chuck têm de aprender a transcender o comentário introdutório que parece caracterizar *todo* o seu relacionamento. Eles podem fazer isso melhor quando sua responsividade é imediata e não adiada. Portanto, aquilo que começa como uma dura confrontação, se não for interrompido e entrar em foco, poderia supurar e se tornar outra cicatriz conjugal, machucada e sensível, provocando ainda mais ocultação e *unawareness*.

Ao planejar *workshops* ou experiências de grupo para casais e famílias, o fato de haver problemas comuns e estilos alternativos de lidar com os dilemas compartilhados se torna uma parte importante da comunidade do grupo. Um líder pode, por exemplo, pedir aos filhos que montem uma família alternativa com os participantes e encenem com esta "nova" família algumas das dificuldades que têm em suas famílias reais.[8] Os pais que o filho escolheu podem então se reunir com os pais reais e explorar aquilo que os filhos vêem neles e como os filhos se parecem para um outro pai. Ou num grupo de casais, as mulheres e homens podem ter sessões separadas como modo de explorar o estado comum de ser o "marido" ou a "esposa" ou a "mãe" ou o "pai" de alguém, e imaginar como satisfazer suas necessidades internas ao ser "mulheres" ou "homens" ou "amados" em face das exigências externas. Essas interações podem desbloquear o congestionamento do hábito pessoal.

As experiências no grupo muitas vezes levam a uma nova disposição de um membro de um conflito para ouvir o outro, para receber o pleno impacto do que ouviu e para continuar com isso até que chegue à conclusão. Esse é o andamento da resolução do conflito: ir além do envolvimento em que um lado busca vencer o outro a qualquer preço, e chegar a um novo relacionamento que impulsiona para a união. Naturalmente, onde existam incompatibilidades severas, a resolução pode estar em se reconhecer essas incompatibilidades e batalhar pelas próprias necessidades. Além disso, algumas resoluções podem exigir que duas pessoas desistam uma da outra e se movam em direções separadas. Mas muitos conflitos não poderosamente con-

---

8. Esta técnica foi criada por Virgínia Satir.

gelados na obsessão e na estratégia prematura não irão precisar de uma batalha prolongada.

Esses movimentos além do encontro um a um são explorações num território novo. Quando os desenvolvimentos individuais são contrariados por uma sociedade antagônica, as conseqüências podem ser o desânimo ou embates em que a nova aprendizagem pode acabar por ser gravada no sistema estabelecido — mas não sem alguns arranhões. Ainda assim, se as pessoas em grupos se abraçam ou se beijam quando se encontram, ou se tocam mutuamente enquanto conversam, elas precisam em última instância ser livres para fazer isso na cultura mais ampla. Se dentro dos pequenos grupos as pessoas podem dizer quando estão entediadas, também precisam ser capazes de dizer isso em outros lugares. Se as pessoas podem ficar silenciosas num grupo até que algo autêntico se forme dentro delas, precisam também ser livres para permanecer em silêncio na cultura geral, sem ser consideradas incompetentes ou pouco envolvidas. Falar apenas quando é organicamente certo num grupo de gestalt e, depois, temendo um momento de silêncio, tagarelar na empresa ou em casa, é como se um fiel devoto de uma igreja roubasse seu colega cego.

Embora retirar-se da toxicidade da cultura geral seja útil — quase indispensável para se recuperar das perdas que as pessoas têm em suas vidas cotidianas —, a integridade exige que aquilo que é praticado numa situação de terapia possa ser praticado lá *primariamente* para que a pessoa se torne mais habilidosa para se envolver de um modo geral, e não meramente para marcar um momento na vida cotidiana até que a pessoa possa se retirar e ser novamente "real".

Do mesmo modo, não existe um ponto em que uma pessoa se torne tão bem-dotada com seus próprios poderes que nunca mais venha a desejar a atenção da comunidade para suas necessidades psicológicas. Por exemplo, o final da terapia é a conclusão de apenas uma forma de ajuda comunitária. A visão tradicional da terapia finalizada é ingênua e mecânica, baseada na ilusão de que uma vez que uma pessoa se livre de sua própria visão defeituosa do mundo, o mundo irá se encaixar facilmente no lugar. É claro, o mundo nunca se encaixou no lugar em nenhuma época, e certamente não o fará agora. Problemas de criação infantil existiram desde Caim e Abel; disritmia sexual, desde Adão e Eva; catástrofes ambientais, desde Noé; os rigores de se pagar o preço, desde Jacó e Raquel; rivalidade entre irmãos, desde José e seus irmãos; comportamento organizacional disfuncional, desde a Torre de Babel. Essas histórias registram as muitas torturas naturais que são os efeitos colaterais de um sistema humano de interesses heterogêneos e contradições. Uma teia atemporal forma a inter-relação entre as necessidades individuais e as necessidades do grupo, e entre dois atos dissonantes da mesma pessoa.

A luta conseqüente exige orientação, apoio e estimulação comunitários para guiar ou ativar o comportamento que seja difícil demais para uma realização solo. A comunidade funciona como um *ethos* de grupo, proporcionando os costumes, rituais e instrução que dão conforto ao indivíduo, liberando-o de explorar pessoalmente tudo sob o sol para determinar aquilo que é certo para ele. Os ritos de puberdade facilitam a entrada no mundo adulto, os ritos de luto guiam a pessoa pela perda e a orientam para a moralidade, as cerimônias de casamento são um testemunho comunitário de uma afirmação de união pessoal etc.

Agora precisamos de novos rituais, costumes e instruções, sensíveis às necessidades recorrentes, mas também enraizados na experiência presente. Os psicoterapeutas estão finalmente começando a assumir parte da responsabilidade ao moldar algumas das possibilidades para se viver uma boa vida.

Os princípios da gestalt-terapia se aplicam especialmente a pessoas reais encontrando problemas reais num ambiente real. O gestalt-terapeuta é um ser humano na *awareness* e interação. Para ele, não existe uma essência pura de um paciente. Existe apenas a pessoa em relacionamento com sua cena social, buscando crescer ao integrar todos os aspectos de si mesmo.

Apêndice A

Algumas influências teóricas na gestalt-terapia

Jung diferia de Freud de algumas maneiras que se refletem na gestalt-terapia. Um dos motivos foi ele ter articulado a característica polar da vida humana. Segundo Jung, os aspectos da personalidade aberta, por sua própria predominância, lançam na sombra um aspecto oposto. O indivíduo permanece incompleto até que essa característica não aceita ou não reconhecida seja reconhecida e integrada na personalidade. A visão gestáltica da polaridade é mais abrangente e livre do que a visão de Jung — não está confinada ao arquétipo, mas brota para a vida como o oposto de qualquer parte, ou mesmo qualquer característica, do eu.

Jung também via os sonhos e o simbolismo do sonho como expressões criativas do eu, e não como disfarces inconscientes de experiências de vida perturbadoras. Jung dizia que os símbolos do sonho eram escolhidos porque eram o modo mais rico e mais completo de dizer aquilo que precisava ser dito. O gestalt-terapeuta também vê o sonho como uma expressão criativa, e não como uma camuflagem. Isso é uma conseqüência natural de nossa intenção de levar a sério os fenômenos, por si mesmos, em vez de procurar pelo significado oculto, "mais real". Não tentamos seguir o sonho até significados obscuros que podem ter sido obliterados na riqueza inventiva do imaginário do sonhador. Para nós, o sonho é um trampolim para o presente, um comentário sobre a existência presente do sonhador. Procuramos por significados ainda vagamente formados a serem descobertos na elaboração do sonho. A criatividade original do sonho é respeitada e leva de uma exploração para outra, até que as expressões do sonho encontrem toda sua voz. Concebemos o sonho em termos de situações inacabadas que requerem satisfação e conclusão.

O conceito de situação inacabada ou não concluída leva a outra influência: a teoria de aprendizagem da gestalt. Os primeiros psicólogos da gestalt acreditavam na necessidade humana inata de organização e integridade da experiência perceptual. Isso significava que o percebedor estruturava sua experiência de modo a ir na direção da totalidade e unidade da configuração. Afirmamos que a pessoa não pode seguir adiante até ter completado aquilo que estiver vivenciando como incompleto em sua vida, mas irá se preocupar com isso até que a experiência esteja terminada e lhe traga satisfação.

Um outro legado da teoria de aprendizagem da gestalt é sua definição da formação figura-fundo, a economia perceptual básica que permite que o percebedor organize suas percepções em sua unidade mais forte. Adaptamos esse conceito para que ele corporifique o ritmo básico entre a *awareness* e a *unawareness*. Ao fazer isso, transformamos esse conceito em nossa versão de um processo dinâmico da vida, ou como diz Wallen,[1] "...um 'critério' autônomo" para o bom funcionamento.

Os conceitos de Adler sobre estilo de vida e eu criativo sustentam a participação única e ativa de cada indivíduo que — durante sua evolução pessoal — esculpe sua própria natureza específica. Ele representou o homem como um criador consciente de sua própria vida, a ponto de proporcionar a si mesmo as ficções pelas quais suas ações eram guiadas. Adler lembrou aos psicoterapeutas a importância da superfície da existência. Para a gestalt-terapia, a superfície da existência é *o* plano do foco preordenado, a própria essência do homem

---

1. Richard Wallen: *Gestalt therapy and gestalt psychology* — Ensaio apresentado na reunião da Associação Psicológica de Ohio, 1957. Distribuído pelo Instituto Gestalt de Cleveland.

314

psicológico. É sobre essa superfície que a *awareness* existe, dando à vida sua orientação e seu significado.

Além disso, Adler era um terapeuta que tratava as pessoas não como patologias estilizadas, mas como indivíduos únicos que estavam tentando lidar com a ação em que acidentes como influências paternas e ordem de nascimento os haviam lançado. Ele usava palavras que não faziam parte do jargão e dava atenção aos desejos e necessidades comuns, preparando o caminho para uma abordagem na psicoterapia que pudesse lidar com o homem em termos da existência cotidiana, momento a momento. Também acreditamos que o homem cria a si mesmo. A maior energia para esse esforço prometéico vem de sua *awareness* e da aceitação de si mesmo como ele é no momento.

Duas das direções de Rank têm importância especial na evolução da gestalt-terapia. Embora sua teoria seja baseada na primazia do trauma do nascimento e em sua influência dominante em toda a existência subseqüente — uma questão polêmica —, ele afirmava que a luta primária na vida é pela individuação pessoal, também uma preocupação fundamental na gestalt-terapia. Essa luta é travada nos esforços do indivíduo para integrar seus medos polares de separação e de união. A separação traz o risco de perda do relacionamento com o outro, enquanto a união traz o risco de perda da individuação. A resistência construtiva a essas alternativas assustadoras leva a uma nova integração criativa dessas forças classicamente opostas.

A visão construtiva da resistência e de seu papel na resolução das partes separadas de si mesmo é um dos temas principais na gestalt-terapia. A gestalt-terapia reconhece o poder da resistência criativa, mobilizando-o como uma força importante, para ir além da mera resolução da contradição e entrar numa nova composição pessoal.

Finalmente, o interesse de Rank no desenvolvimento de um senso de identidade individual levou a uma mudança de foco na interação entre paciente e terapeuta. O reconhecimento dos aspectos humanos dessa interação faz dele uma das principais influências na direção de uma orientação humanística na psicoterapia — uma importante herança para a gestalt-terapia.

Mais do que qualquer outro, Reich levou Perls a um interesse pelo caráter do homem, visto distintamente dos sintomas do homem. Em vez de permanecer fixado nos padrões de sintomas, Reich trouxe o comportamento cotidiano para a cena analítica, dando atenção às

315

características lingüísticas, posturais, musculares e gestuais. Ele acreditava que as raízes dos neutralizadores crônicos da experiência estavam dentro dessas expressões habituais e que a psicanálise seria fútil, a menos que esses neutralizadores fossem dissolvidos. Reich desenvolveu uma metodologia com o objetivo de dissolver esses neutralizadores, e suas formulações eram concretas e específicas. Por exemplo, o conceito de libido, que originalmente tinha sido formulado para explicar a erogeneidade do bebê, tinha se tornado uma abstração mística no pensamento analítico. Reich reformulou a libido como ativação, que explica a atividade presente sem se envolver em especulações instintivas nem infantis.

Reich descreveu a criação da couraça corporal como o resíduo habitual do ato de repressão habitual, o que, para ele, consistia em nada mais do que uma pessoa tensionar seletivamente seus músculos. A terapia então era dedicada ao afrouxamento dessa rigidez corporal restritiva a fim de liberar a ativação pelo comportamento natural que havia sido enterrada pelo indivíduo. Essa era uma visão impressionantemente simples do homem, enfatizando aspectos básicos e sem enfeites como sensação, orgasmo, e a riqueza da expressão imediata e não distorcida.

Reich ficava indignado com as implicações sutis da teoria freudiana da sublimação, que descrevia atividades adultas, como cirurgia, arte, esportes etc., como apenas disfarces para se acomodar a uma sociedade que considerava condenáveis os motivos subjacentes a esses comportamentos. Ele queria considerar o comportamento por seu valor aparente — uma ênfase altamente respeitada na gestalt-terapia. A disposição de Reich para olhar para as ações simples *de um modo simples* levou a uma fenomenologia mais vigorosa.

Moreno reconheceu mais uma vez o poder atemporal das formas de arte para produzir mudanças nas pessoas. Ele colocou a arte a serviço de sua nova forma, psicodrama, e abriu as possibilidades criativas inerentes em se fazer uma afirmação artística sobre a própria vida. Além disso, talvez ainda mais importante no contexto de seu impacto sobre a gestalt-terapia, está a lição implícita no psicodrama, ou seja, a pessoa tem mais possibilidades de fazer descobertas ao *participar* numa experiência em vez de apenas *falar* sobre ela. Isso reconhece a força da experiência direta e vai além da confiança na função interpretativa tão central para o *ethos* da psicanálise.

316

Naturalmente, nas mãos do gestalt-terapeuta, a produção psicodramática é bem diferente daquilo que Moreno tinha em mente. Essencialmente, a diferença é que na gestalt-terapia o drama tem maior probabilidade de desenvolver-se a partir das improvisações do indivíduo do que de começar por um tema determinado ou com personagens determinadas. Os dramas da gestalt muitas vezes podem também ter um único indivíduo que desempenha diversos papéis — como os atores de Shakespeare. Embora ambos, Perls e Moreno, pudessem discordar, acreditamos que isso é principalmente uma diferença de estilo, e não de teoria. Perls acreditava que como cada um desses papéis era apenas uma projeção de partes do indivíduo, ninguém mais poderia desempenhar esses papéis. Entretanto, projeção ou não, existe ainda um mundo lá fora — e ele é capaz de configurações sempre em mutação e suscetível a interpretações diversificadas. Portanto, se alguém faz o papel de avô de John e John representa a si mesmo, a exigência de que John encare a versão de seu avô feita pela outra pessoa ainda pode ser uma confrontação válida na qual John pode investigar quaisquer possibilidades de ação que ele precise recuperar em sua vida. Isso não precisa excluir as experiências poderosas que John também pode ter ao representar a si mesmo e a seu avô.

A contribuição básica do existencialismo para a psicoterapia aconteceu mediante o desenvolvimento de um *ethos* novo — e muito abrangente. O existencialismo trouxe a relatividade para as ciências sociais e do comportamento ao definir novas visões de autoridade, confiança, experiência participante e ao aplicar os princípios da psicoterapia para o crescimento pessoal, não só para a patologia. Ele nos fez respeitar mais a importância das questões comuns e cotidianas para a vida: complicações no nascimento, morte, absurdo, confusão, impotência, responsabilidade etc. Ignorar ou negar esses problemas produz uma segurança seletiva, mas cara, que é paga pela despersonalização, pela violência explosiva e aleatória, e por vida de segunda mão. Embora os existencialistas ofereçam pouco com relação às prescrições práticas, seus conceitos de experiência, autenticidade, confrontação e a necessidade de ação viva e presente incentivaram a inventividade psicoterapêutica que busca dar substância a esses objetivos que de outro modo permaneceriam abstratos.

Apêndice **B**

Encontro de grande grupo e seminário Universidade Case-Western Reserve Sessão 2 – 6 de abril de 1971

Tornando-se conhecido

1. *Apresentação* — Afirmação curta referente ao processo de tornar-se conhecido (líderes de grupo).

2. *Minha sacola* — Todos recebem uma sacola de papel, algumas tiras de papel e uma caneta. Pede-se que eles escrevam:

   Do lado de fora da sacola: "quatro coisas sobre você que são conhecidas pela maioria das pessoas que o conhecem — elas lhe disseram isso ou perguntaram ou comentaram sobre elas — você tende a aceitar ou a concordar com essas coisas".

   Tiras de papel dentro da sacola: "quatro coisas sobre você que não são conhecidas de modo geral. Embora você não tenha objeção a que as pessoas saibam dessas coisas, por alguma razão, timidez, falta de oportunidade, elas não aparecem com muita freqüência — as pessoas simplesmente não viram essas coisas em você, ou têm de conhecer você muito bem antes que possam saber dessas coisas a seu respeito".

319

Agora, escolha um parceiro — troquem as sacolas e, antes de qualquer outra coisa, leiam e conversem sobre o que está escrito do lado de fora da sacola de seu parceiro.

Depois, alternem-se, retirando uma afirmação da sacola de seu parceiro e discutindo essas coisas que ele descreveu como menos conhecidas sobre si mesmo.

3. *Personagens de ficção* — Formem grupos de quatro pessoas — não fique com o parceiro do exercício anterior.

Dessa vez, olhe para as outras pessoas em seu grupo e decida como você vai usar cada uma delas numa história, romance ou peça que possa escrever. Imagine como cada uma das outras pessoas em seu grupo poderia ser um personagem nessa história. Por exemplo:

Quem você usaria num período histórico? Qual período: numa aventura romântica?
numa fantasia futurista de ficção científica?
numa trama de espionagem?, mistério?, melodrama?, comédia?
numa história realista sobre o presente?

Elas seriam:
herói ou heroína?
vilão?
namorados?
personagem engraçado, durão?
espião?
homem ou mulher sábios e pé-no-chão?
cômico?
espectador inocente?
personagem trágico?

Discutam por algum tempo como essa pessoa reage ao tipo de personagem que ela lhe sugere. Tente usar aquilo que você percebe neste momento, de modo a poder compartilhar suas razões para designar à outra pessoa o papel que lhe deu. Discussão com o grupo todo.

4. *Tocar*, Parte I — Fique em seu grupo de quatro, uma pessoa por vez fecha os olhos. As outras três vão até ela, uma por vez, e colocam as mãos sobre as dela. A que está com os olhos fechados tem de descobrir tudo o que puder sobre a outra pessoa apenas tocando suas mãos; apenas pelo contato com as mãos ela deve tentar descobrir o que puder sobre a outra pessoa. Discuta isso com seu grupo.

Parte II — Escolha um parceiro no seu grupo de quatro. Alternem-se, com uma pessoa fechando os olhos e a outra tocando apenas seu rosto — sem falar — para ter um senso de como são tanto o rosto da outra pessoa quanto a estrutura por baixo dele. Então, o que você pode saber sobre a pessoa cujo rosto está tocando? Para aquela cujo rosto está sendo tocado: preste atenção a como você se sente com isso, que partes de seu rosto são certas para serem tocadas? Que partes fazem com que se sinta pouco à vontade ao serem tocadas? Troquem de papéis, sem falar. Depois, discuta a experiência com seu parceiro.

5. *Fantasia acrescentando uma pessoa* — Três pares de pessoas se juntam para formar um grupo de seis. Feche seus olhos e pense sobre sua vida e na fantasia acrescente uma pessoa a seu passado que poderia ter contribuído com algo que você sente falta e que poderia ter feito uma grande diferença para você. Por exemplo, você poderia acrescentar um irmão mais velho, ou determinado tipo de professor etc. Conte a seu grupo sobre sua fantasia e as diferenças que você imaginou que esse personagem acrescentado poderia ter feito em sua vida.

6. *Aplauso! Aplauso!* — Os grupos se reúnem, sentados como um todo com um espaço vazio no centro do chão. Uma pessoa por vez, quem optar por fazer isso, vai até o espaço vazio e diz seu nome em voz alta. Depois, o restante do grupo lhe dá uma salva de palmas, celebrando, gritando "Bravo!" se desejarem etc. A pessoa no centro agradece ao aplauso, da maneira que desejar. Algumas outras pessoas também fazem isso.

ERVING POLSTER tem sido, há um longo tempo, líder no treinamento de gestalt-terapeutas e ativo porta-voz da gestalt-terapia com seus escritos, *workshops*, palestras e cursos. Contribui para diversos livros, incluindo *Gestalt therapy now*, *Recognitions in gestalt therapy*, *Encounter* e *Twelve therapists*. No início dos anos 1960, ele fundou o Programa de Treinamento e Pós-Graduação do Instituto Gestalt de Cleveland, onde, até recentemente, foi presidente do corpo docente de treinamento.

MIRIAM POLSTER foi membro do corpo docente de treinamento no Instituto Gestalt de Cleveland e lecionou psicologia nas universidades Case Western e Cleveland State, e no Instituto de Arte de Cleveland.

Atualmente, Erving e Miriam são co-diretores do Centro de Treinamento Gestalt de São Diego, Califórnia.

LEIA TAMBÉM

A BUSCA DA ELEGÂNCIA EM PSICOTERAPIA
Uma abordagem gestáltica com casais, famílias e sistemas íntimos
Joseph. C. Zinker

Um dos autores mais respeitados em Gestalt-terapia inspira-se em princípios estéticos para propor um método de pensar e atuar em terapia, trabalho que vem realizando há mais de vinte anos. Uma das suas mais valiosas contribuições é a possibilidade de abordar terapeuticamente "sistemas íntimos" – duas ou mais pessoas com relação de proximidade – como extensão de casais e famílias. Apresenta de forma clara e consistente os conceitos que norteiam o trabalho em terapia, descrevendo generosamente exemplos práticos de intervenção. REF. 10725.

GESTALT-TERAPIA
Frederick Perls,
Ralph Hefferline e
Paul Goodman

Esta obra é considerada a pedra angular da Gestalt-terapia, tendo sido publicada pela primeira vez em 1951 e reeditada em 1994 para resgatar os seus fundamentos teóricos. São apresentados os conceitos básicos elaborados por Perls, Hefferline e Goodman que deram origem a toda a literatura posterior e nortearam as técnicas utilizadas na prática gestáltica. REF. 10625.

PROCESSO, DIÁLOGO E AWARENESS
Ensaios em Gestalt-terapia
Gary Yontef

Publicado em 1991 é um dos trabalhos mais importantes da nova geração de profissionais ligados à Gestalt. O livro é uma coleção de ensaios sobre alguns dos temas essenciais na abordagem gestáltica: diagnóstico, tratamento de distúrbios de caráter, trabalho com grupos etc. Esta obra já é considerada um trabalho fundamental para desenvolvimento e atualização. REF. 10663.